北京师范大学教育学部2017年度学科综合建设

大学生主体性发展

邱化民 著

DAXUESHENG
ZHUTIXING
FAZHAN

知识产权出版社
全国百佳图书出版单位

图书在版编目（CIP）数据

大学生主体性发展/邱化民著. —北京：知识产权出版社，2017.9
ISBN 978-7-5130-5132-3

Ⅰ.①大… Ⅱ.①邱… Ⅲ.①高等教育—研究 Ⅳ.①G64

中国版本图书馆 CIP 数据核字（2017）第 222863 号

内容提要

本书旨在引导教育工作者应该关注大学生主体意识、主体地位、主体能力和主体关系的发展，关注大学生在社会实践中主动性、自主性、创新性和交往性的发挥。本书形成了完善的教育理念：将大学生培养成主体性发展的人，具有一定的理论价值和现实意义。

责任编辑：国晓健	责任校对：谷 洋
封面设计：臧 磊	责任出版：刘译文

大学生主体性发展

邱化民 著

出版发行：知识产权出版社有限责任公司	网　址：http://www.ipph.cn
社　址：北京市海淀区气象路 50 号院	邮　编：100081
责编电话：010-82000860 转 8385	责编邮箱：guoxiaojian@cnipr.com
发行电话：010-82000860 转 8101/8102	发行传真：010-82000893/82005070/82000270
印　刷：北京嘉恒彩色印刷有限责任公司	经　销：各大网上书店、新华书店及相关专业书店
开　本：787mm×1092mm 1/16	印　张：17
版　次：2017 年 9 月第 1 版	印　次：2017 年 9 月第 1 次印刷
字　数：294 千字	定　价：49.00 元
ISBN 978-7-5130-5132-3	

出版权专有　侵权必究

如有印装质量问题，本社负责调换。

序一

大学是人一生中发展的重要阶段，是世界观、人生观、价值观形成的关键时期。大学生从严酷竞争的高中朦胧地走进了自由奔放的大学，有时会感到不知所措。这时如果有教师的帮助和指导，他们就能顺利地步入知识的殿堂，在学习、实践中健康成长。大学生辅导员就肩负着引导学生的重任。

立德树人是大学的根本，所有教师都担负着教书育人的任务。但由于一般教师更多地关注学生的专业学习，无暇接触每一个学生，了解每一个学生的思想状况，因此，大学生的思想政治工作主要落在辅导员身上。辅导员要做学生思想信念的引路人、生涯规划的指导者。

当好一名辅导员，并不容易，我也曾经担任过学生辅导员，深有体会。几十名学生来自全国各地，习惯不同、脾性不同，时常会出现这样那样的矛盾。如何调动学生自身的主动性、积极性，把他们组织成一个和谐的、团结的集体，使他们有正确的政治方向、明确的人生规划，要靠辅导员的工作智慧和艺术。

邱化民是我校教育学部的辅导员，他在工作中不断钻研，把促进大学生主体性发展作为工作的指导思想，在辅导员工作中取得了很好的成绩。他在工作基础上开展了促进大学生主体性发展的研究，内容包括大学生主体性发展的哲学、心理学、教育学等理论基础，大学生主体性发展的内涵，并从大学生的社会实践能力、就业竞争力、创新创业力、领导力等几个方面论述了大学生主体性发展。有理论、有实践，将辅导员工作上升到理论高度，提高了辅导员工作的理论性、科学性、思想性，有重要的理论意义和现实意义。

作者要我写几句，是为序。

中国教育学会名誉会长
北京师范大学资深教授

2017 年 4 月 10 日

序二

大学生是十分宝贵的人才资源，是民族的希望、祖国的未来，是中华民族伟大复兴的中国梦的圆梦者。因此，解决高校培养什么样的人、如何培养人以及为谁培养人这些根本问题至关重要。高等教育的中心环节是立德树人，努力实现全员育人、全程育人、全方位育人，努力将大学生培养成德、智、体、美全面发展的社会主义事业建设者和接班人。

当我们都在不断思考和探讨将学生培养成什么样的人、如何培养人的问题时，邱化民作为一名高校辅导员给出了他的见解和实际行动。他根据自己对教育的理解，提出将大学生培养成主体性发展的人，而且更加难得的是将自己的教育见解进行了实践。的确，在大学生成为栋梁之材之前，从教育学的角度讲，大学生先要成为一个人、一个主体性发展的人，这个人要有主体意识、主体地位、主体能力和主体关系，在学习、生活和工作中，能够具备主动性、自主性、创新性和交往性。经过长达四年、七年，甚至是十年的高等教育，大学生应该是一个具有独立人格、活生生的人，而非冷冰冰的、精致利己主义的社会人。这种观点与北京师范大学教育学部提出的将学生培养成具有"扎实的学术基础、丰富的实践经验、博大的教育之爱、开阔的国际视野、不竭的创新动力"的精英人才目标是一致的。

当看到邱化民二十几万字的书稿时，我感受到了一名辅导员是在用心、用思想、用行动践行自己的教育事业，难能可贵的是，在繁重而琐碎的事务性工作之余，能够静下心来思考教育，形成自己的教育理念，并通过自己的实际行动去践行教育实践，对于一个刚刚开始正式工作两年多的同志，这是值得赞许的，这体现了教育工作者为教育事业的投入和付出，也反映了辅导员工作的专业化、职业化和专家化发展方向。

本书第一章从哲学、心理学、教育学和管理学多个视角论述了人主体性发展的理论渊源，让我们了解到了多个学科领域的专家学者对人成为主体性发展人的期盼；第二章论述了笔者作为大学生主体性发展推动者的理念和实践探索；接下来从大学生的社会实践能力、就业竞争力、创新创业力、领导力等几个方面论述了大学生主体性发展。这样的思考有理论、有实践、有高度，使辅导员工作上升到一个理论高度。最值得肯定的是，笔者分享了其守望大学生主体性发展的十五封书信，字里行间流露着对学生守望的爱和真情。

　　本书值得教育同仁一读，反思大学教育的理念与实践；值得高校辅导员一读，反思教育工作的专业化和专家化；也值得大学生朋友们一读，反思自我的成长和发展。

北京师范大学教育学部部长、教授、博导

2017 年 4 月 13 日

序三
在探索、求知的道路上

1762年，教育史上的"哥白尼"——卢梭，其构思20载、执笔3个春秋的《爱弥儿》横空出世，从此，新、旧教育有了分水岭、试金石。"出自造物主之手的东西，都是好的，而一到人的手里，就全变坏了。他要强使一种土地滋生另一种土地上的东西，强使一种树木结出另一种树木的果实。"他以此比喻"人手里"的东西——学校教育，尽管人所共知其重要价值，但在很多时候，教育不仅强使一种树木结出另一种树木的果实，甚至强使所有的树木结出同一种果实。正如同卢梭的思想成为启蒙运动的思想核心，不仅从思想上影响了法国大革命，也像一阵飓风扫荡过曾经的教育世界一样，一个全新的学校教育时代——主体教育，由此渐渐揭开帷幕。

无独有偶，1897年，杜威在自己的第一部教育论著《我的教育信条》中集中阐述了儿童中心论，主张教育应建立在儿童的主体性、天性、本能的基础上。"我们教育中将引起的改变是重心的转移，这是一种变革，这是一种革命。在这里，儿童变成了太阳，而教育的一切措施则围绕着他们转动：学生是中心，教育措施便是围绕着他们而组织起来。"

其实，从大学生主体性的视角来观察、透视我们的大学、教育乃至整个社会生活，常常会使我们惊喜、惊讶地发现，老师们难以体察到的、忽视的，或认为理所当然、应该如此的很多事情或事务，在具有主体性的大学生看来则完全是另外一种景观、别样的世界。然而，遗憾的是，随着时光流逝，作为从事大学生事务管理的辅导员与大学生之间也有了不少隔膜，大学生管理越来越行政化、家长式，不少大学生集体活动充满了急躁感与功利性，大学生的主体性、自主性、自我发展意识等被遗忘，尊重大学生的思维方式和成长规律，引导他们形成正确的价值观和人生观也成了无奈的口号。

爱因斯坦曾说："你能发现的关键在于你的发现方式。"对于我们身边熟悉的东西，一旦观察视角发生改变，就会有新的感触、不一样的体会，社会生活、教育教学工作、大学生事务管理等也莫不如此。

正是基于上述认识，北京师范大学教育学部的邱化民老师从大学生主体性成长的视角，不仅研读了大量的理论著作，而且还将自己的思考运用到实际工作之中。经过几年的探索，终于完成了这一凝聚着他的思考与探索、饱含着他的青春与热血、展示着北京师范大学教育学部学生管理工作转型的研究成果——《大学生主体性发展》。

邱化民是个积极主动、可亲可爱的小伙子。身材不高但很干练；平静的外表下，有一双探索、思考的眼睛；走起路来行色匆匆，常常无拘无束，一如他的思想，不拘一格。对苦难的同情、对成长的渴望、对平凡的关注，成为他献身大学生事务管理工作的原动力，他几乎把自己的全部心血都倾注到了工作之中，跟他接触，你很容易就能感受到他的人生理想、工作追求以及勤奋工作的态度与精神。

自留校工作以来，他努力进取、大胆创新，各项工作均有起色，赢得了同事们的赞扬。常年与大学生的接触，使他敏锐地察觉到这一工作的重要性。大学生不是小孩子，他们有思想、善思考，那种琐碎得甚至有些婆婆妈妈的"园丁型"辅导员，已不适应今日的大学生管理工作。因为时代已开始关注个体的价值，需要为有能耐的大学生施展他们的才华提供舞台，助他们抓住机遇、迎接挑战。由此，大学生事务管理工作由管理走向沟通、由说服转向引导、由安排具体事务转向发掘大学生生命的价值、存在的意义，并不断激发他们勇于探索、大胆前行的人生内驱力，进而达到促进大学生个体人生成长的根本目的。

在日常的工作中，他也领悟到仅靠组织大学生参与活动、自身踏实工作是远远不够的，还需要提炼自身的探索、总结经验并逐步形成理论，这一著作便是他思考的阶段性成果。

期待他——一个拥有家国情怀，一个务实的理想主义者，在今后的岁月里能够取得更大的成就！

是为序！

北京师范大学教育学部教授、博导

楚江亭

2017 年 5 月 25 日

于北师大英东教育楼

前 言

我是一名高校辅导员,按照国家相关政策文件的规定,我应该是大学生的知心朋友和人生导师。在日常工作中,我和其他辅导员一样,每天要做学生的就业与创业指导、实习实践指导、生涯规划指导、志愿服务等事无巨细的工作。我一直认为,我的工作虽然十分平凡,甚至单调,但是我内心一直绷着一根育人使命的弦,所以我不断思考如何通过我的工作来育人,用什么样的理念来影响人,为学生发展搭建什么样的平台。

我是一名大学班主任,算是天下最小的"主任",但是管的人可不少。2010年,我本科毕业开始做学生事务助理,担任2010级教育教管班54名大学生的班主任;2014年,我正式留校做辅导员,担任2014级教育经济与管理硕士班、2014级教育学本科一班共计96名学生的班主任;2015年,我又再次担任2015级教育学本科一班与本科二班93名学生的班主任,合计起来我曾是243名大学生的班主任。我十分重视这个"主任"的头衔,我对已毕业的54名学生和如今的189名学生投入了大量的时间和精力。在做班主任工作的过程中,我一直在思考:学校将这么多优秀的大学生交给我,我要把他们带往何方?把他们培养成什么样的人?我为他们的成长成才应该做些什么?

我是一名教育工作者,是大学生思想政治教育的骨干力量,担负着为国家培养社会主义合格建设者和可靠接班人的使命,这是党和国家所赋予我们的责任和使命。习近平总书记在2016年的全国高校思想政治工作会议上强调,要坚持把立德树人作为中心环节,把思想政治工作贯穿教育教学全过程,实现全程育人、全方位育人,重点提出了高校培养什么样的人、如何培养人以及为谁培养人这个根本问题。这进一步引发了我的思考,我作为教育工作者,与大学生朝夕相处,我应该如何响应总书记的号召?如何做一名"四有"好老师?如何做党和学生满意的好辅导员?

我是一名教育实践者,一直身处教育的场域之中,本科主修管理学,辅修教育学,硕士研究生攻读教育经济与管理专业,在长达6年的学习生涯中阅读了大量哲学、心理学、管理学和教育学的理论著作，这对我的教育实践工作有重要的指导作用。在工作中，我每天都要接触大量学生，会碰到学生各式各样的思想、学习和生活上的问题，实际上，我一直在教育一线，有得天独厚的机会实施教育理念。所以，我开始思考，我为什么不做一些教育研究呢？为什么不形成一些教育理念呢？这些研究和理念应该如何实施呢？

所以，在工作过程中，我将自己的定位由教育工作者、教育实践者向教育研究者进阶。最先思考的问题是将大学生培养成什么样的人；如何在我的工作中将他们培养成那样的人。

作为承担思想政治教育工作的辅导员，要了解学生、依靠学生和发展学生。学生首先是作为主体的人，所以辅导员的工作导向很大程度上是培养人、培养具有主体性的人。主体性主要是指作为主体的人在思想和行动中表现出来的能动性（自觉性、选择性和创造性）、自主性（主体的权力）、自为性（"为自"和"自由"）等基本属性。在现实生活中，主体性不仅存在于主体与客体之间，而且存在于一定社会关系中——主体与主体的交往互动中，亦即"主体间性"、交互主体性。马克思分别从主体意识、主体地位、主体能力和主体关系的角度阐述了主体性的要素——自觉性、自主性、能动性和交往性。因此，人的主体性发展可以具体反映在人的主体意识的形成、主体地位的确立、主体能力的发展和主体关系的交往互动当中。马克思的主体性发展理论实际上为辅导员推动大学生的主体性发展指明了方向，奠定了理论基础。因此，辅导员的工作应该关注大学生主体意识、主体地位、主体能力和主体关系发展的效果，关注大学生在社会实践中主动性、自主性、创新性和交往性的发挥效果。所以，我确定自己的教育理念是：将大学生培养成主体性发展的人。

在做辅导员和班主任的具体工作过程中，我时刻提醒自己，我是教育工作者、教育实践者、教育研究者和教育创新者，培养学生主体性发展是我的教育理念和方向。在具体的学生事务中，我开始涉足大学生的社会实践、就业指导、创新创业教育、领导力建构等多个领域的研究，努力探究各个工作领域的育人功能和实践模式。在具体的班主任工作中，我开始与学生们共同商讨和构建"领先一年级计划""四叶草教育感恩基金""北师大创客空间""诵读经典学社"，最终形成了良好的"联帮带"的朋辈互助体系，每个学生都在有目标、有计划的快乐成长中发展。

本书是我作为一名高校辅导员在促进大学生主体性发展过程中的一些研究和实践探索，肯定有很多不足之处有待改进。我会继续在不断地做好具体事务性工作的同时，学习理论和研究方法，用心呵护和关爱每个学生的成长，努力为每个学生成长成才搭建平台，努力让每个学生人生出彩，努力成为大学生主体性发展的推动者。

邱化民

2017 年 3 月 25 日

目 录

第一章　人主体性发展的理论溯源 ………………………………………… 1
　一、哲学：人主体性发展的理论奠基 ………………………………………… 3
　二、心理学：人主体性发展的动力基础 ……………………………………… 6
　三、教育学：人主体性发展的作用机制 ……………………………………… 8
　四、管理学：人主体性发展的路径探索 …………………………………… 11

第二章　大学生主体性发展探索 ………………………………………… 13
　一、大学生主体性发展的基本内涵 ………………………………………… 14
　二、大学生主体性发展的推动者 …………………………………………… 17
　三、促进大学生主体性发展的理念与行动——以北师大为例 …………… 21
　四、学校组织中的大学生主体性发展 ……………………………………… 33

第三章　大学生实践活动力培养 ………………………………………… 51
　一、大学生社会实践活动模式 ……………………………………………… 52
　二、大学生社会实践育人功能实现 ………………………………………… 56
　三、主体性发展视角下的大学生社会实践 ………………………………… 61
　四、大学生返乡调研实践实效性的调查 …………………………………… 67

第四章　大学生就业竞争力提升 ………………………………………… 73
　一、大学生就业教育模式 …………………………………………………… 74
　二、影响教育学硕士研究生就业的个体因素调查 ………………………… 77
　三、教育学硕士研究生提升就业竞争力的个案研究 ……………………… 84
　四、基于信息网络平台的高校就业指导服务 ……………………………… 90

·1·

第五章　大学生创新创业力开发 ·········· 97
一、大学生创新创业教育模式 ············ 98
二、大学生主体式创新创业教育 ··········· 106
三、主体性发展视角下的大学生创新创业教育 ······ 111
四、高校辅导员在大学生主体式创新创业教育中的角色发挥 ··· 118
五、教育类创新型人才的培养 ············ 123
六、大学新生创新创业素养的现状调查 ········ 132

第六章　大学生领导力建构发展 ············ 139
一、大学生领导力研究概述 ············· 140
二、大学生领导力建构理论 ············· 157
三、大学生领导力建构过程 ············· 161
四、大学生领导力建构反思 ············· 199

第七章　守望大学生主体性发展 ············ 209
一、我想说一下"感恩"这个事 ··········· 210
二、我们得说一下"选择"的事 ··········· 217
三、我想问，你是否有"主动性" ·········· 222
四、我们都应该在意"同窗情" ··········· 227
五、我会不间断地关注你成长 ············ 230
六、亲身经历来述说安全事项 ············ 232
七、要守望梦想，更要脚踏实地 ··········· 234
八、我们一起畅想美好新学期 ············ 236
九、好聚好散，你是我的牵挂 ············ 239
十、毕业的你们，现在还好吗 ············ 241
十一、用我的话照亮你前行的路 ··········· 244
十二、这个假期我们要注意什么 ··········· 247
十三、我想和幸福的你们唠几句 ··········· 249
十四、请你们接受我的真情表达 ··········· 250
十五、亲，你现在的状态如何？ ··········· 252

后　　记 ······················ 255

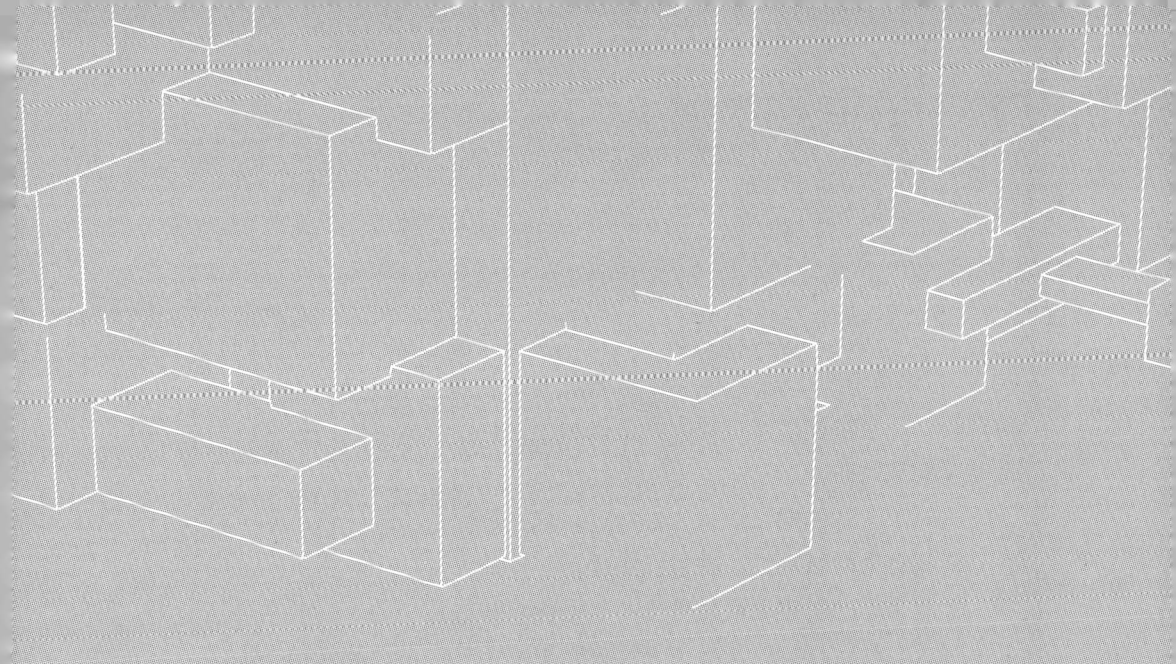

第一章

人主体性发展的理论溯源

有关学生主体性发展的研究在近代以来才得以诞生,具体时间可以追溯到20世纪70年代初。这个时期哲学领域有了较多的关于人主体性问题的讨论。可以说,学生主体性发展研究的基础根植于哲学领域对人的探究与对主客体之间相互关系的研究。

人对于主客体的认识从未停歇过,这些思考使人逐步认识到了自我的主体性并承认自我的能动性,并且在主体与客体的互动之中产生了辩证的看法。这些关于主客体的思辨,促使处于不断完善自我过程中的人逐渐觉醒与进化,重新审视人类社会与自然世界,并反过来推动了社会发展和人类进步。

在这一思想脉络下,人对主客体的思考延伸到心理学、教育学、管理学等不同领域,进而在教育领域的应用中对学生的培养提出了新的要求与挑战。简单地说,讨论学生的主体性发展,并以主体性发展的理论理解学生发展,是当代对人的思考所引发的必然结果,同时也会与当代世界的现实问题关联密切。

大学时期是个人成长的关键时期,大学生的成长发展也代表着国家与社会未来的发展方向。就个人发展而言,大学时期是个人心智迈向成熟、形成特定性格的关键时期,性格与思维方式往往在这一时期固化。在逐步接触社会并且迈入社会的转折时期,大学对于个人发展而言具有重要意义,就国家与社会发展而言,每一代大学生进入社会都显示一代人的性格特点,其所代表的不仅是一代人的思考方式与行事作风,更是隐含着未来社会的发展倾向。正是因为大学的关键作用,我国始终重视高等教育改革,并且随着我国社会转型与高等教育改革的深化,大学生教育的主体性问题才愈发凸显,成为引人关注且不断升温的问题。

教育问题不仅是一个实践问题,也是一个关于人的问题,因此,在试图探求大学生主体性发展的答案之前,考察人的主体性是首要的,同时也是一项重要的奠基性工作。关于人的主体性的探讨,最早出现于哲学领域对本体的思考与探索之中,这些原初的本体讨论在不断深入的过程中也蔓延渗透到各个学科。针对人的主体性探究,笔者认为,哲学上马克思主义的主体性全面、有效地概括了人的主体性意涵,以马克思主义的主体性理论为指导核心是必然而合理的要求。而在其他学科领域,心理学的相关理论为人的主体性发展提供了基于个体因素的内在动力,教育学与管理学的相关理论构造了大学生主体性发展的框架与机制，为实践提供了可操作的可能途径❶。因此，本章将从哲学、心理学、教育学和管理学的视角探究大学生主体性发展的理论基础。

一、哲学：人主体性发展的理论奠基

主体性问题是西方近代哲学的重要问题。"何为主体"的问题贯穿了西方哲学的历史发展，从古希腊对世界本源的追问开始，主体性问题始终是哲学家面临的核心问题。马克思主义认为，哲学的研究对象是人与世界的关系，人与世界的关系的本质是思维与存在的关系，或者说主体性问题在本质上就是思维与存在的关系问题，就是人与世界的关系问题。

人存在于世界之中，其存在与发展是以世界的存在与发展为基础的，但同时，人自觉地将外部世界作为自己的对立面，以经验和理性认识世界，以积极的活动改造世界，从而形成了人与世界对立统一的关系，也形成了主体与客体的关系。

主体是自觉地认识和改造世界的人。从事现实活动，能够主动地建构人与世界关系的人就是主体。主体一定是人，但人未必就是主体。人要获得主体的资格还需要具备一定的条件，首先要掌握一定的知识和技能，其次是必须能进行现实世界的认识与改造世界的活动。

客体是人认识和改造世界的活动所指向的对象，而自然界就是客体的存在形式，但并非自然界的所有部分都是客体，只有成为人的现实活动所指向的对象时，自然界的那一部分才成为人与世界关系中的客体。

"没有自然界，没有感性的外部世界，工人就什么也不能创造。它是工人用来实现自己的劳动、在其中展开劳动活动、由其中生产出和借以生产出自己的产品的材料。"❷ 所以可以肯定的是，主体不能离开客体而存在，客体也不能离开主体而存在，二者相互依存。❸ "只有音乐才能激起人的音乐感；对于没有音乐感的耳朵来说，最美的音乐也毫无意义，不是对象，因为我的对象只能是我的一种本质力量的确证，也就是说，它只能像我的本质力量作为一种主体能力自为地存在着那样对我存在，因为任何一个对象对我的意义……都以我的感觉所及的程度为限。"❹ 因此，人与世界的关系聚焦为主体与客体的关系，

---

❶ 牛慧娟. 大学生主体性发展研究 [D]. 武汉：华中科技大学博士学位论文，2007：35-43.
❷ 马克思，恩格斯. 马克思恩格斯全集（第42卷）[M]. 北京：人民出版社，1979：92.
❸ 袁贵仁. 马克思主义哲学原理 [M]. 北京：北京出版社，2003：46.
❹ 马克思，恩格斯. 马克思恩格斯全集（第42卷）[M]. 北京：人民出版社，1979：125.

作为主体的人的发展也必然与作为客体的世界的发展密不可分。❶

需要再次强调的是，人与主体始终存在区别。"主体和人是就不同方面而言的，前者主要是从活动方面，后者主要是从存在方面，分别反映人的不同性质，因而在使用中并不能随意地代换。"❷ 主体与人的区别在于，只有处于积极主动地位时，人才是主体，或者说在主客体关系中，主体是主动的方面。人总是依照自我的能动性去改造世界，按照自己的欲望与要求去改变客体。因此，主体与客体的本质区别在于其能动的部分，主体是认识和改造活动的施动者，客体是被认识与改造的被动者。❸

人在不断认识与改造世界的过程中，始终存在着尚未认识到的自在世界。这些尚未被人认识到的世界，其运动规律是自发的必然规律，没有人的目的出现在其中，而当人的认识不断蔓延深化，自在世界受到人的认识与改造时，这一部分被认识与改造的世界就成了人的活动现实指向的对象世界，其存在受到人的目的的影响。也就是说，自在世界转变成了人的世界，是人从"自然王国"走向"自由王国"的过程。这一过程表明，人与动物的区别在于人的能动作用能够使人的目的嵌入世界之中，也就是将自在世界转变为人的世界。"人作为对象性的、感性的存在物，是一个受动的存在物；因为它感到自己是受动的，所以是一个有激情的存在物。激情、热情是人强烈追求自己的对象的本质力量。"❹ 人的能动性是超越的，是自觉的，使人既能身处世界之中作为存在，又能超越世界之外认识并改造世界。❺

人与世界的依赖关系不仅是人与自然界的关系，更离不开人与人之间、人与社会之间的相互作用与相互交往。"凡是有某种关系存在的地方，这种关系都是为我而存在的；动物不对什么东西发生'关系'，而且根本没有'关系'；对于动物来说，它对他物的关系不是作为关系存在的。"❻ 因此，在人与社会、人与世界的关系中作为主体，具有一种为我特性，这种特性服从于人的目的、

---

❶ 庄严. 现实的人：历史发展的动力——对马克思历史动力理论的新阐释 [D]. 哈尔滨：黑龙江大学博士学位论文，2004 (6).

❷ 高清海. 主体呼唤的历史根据和时代内涵 [J]. 中国社会科学，1994 (4)：90.

❸ 甘德建. 可持续发展哲学引论 [D]. 北京：中共中央党校博士学位论文，2004 (5).

❹ 马克思，恩格斯. 马克思恩格斯全集（第42卷）[M]. 北京：人民出版社，1979：169.

❺ 许华. 马克思社会和谐思想研究 [D]. 合肥：安徽大学博士学位论文，2011 (5).

❻ 马克思，恩格斯. 马克思恩格斯全集（第3卷）[M]. 北京：人民出版社，1960：34.

欲望、利益与价值的需要。[1]"动物只是按照它所属的那个种的尺度和需要来进行建造，而人却懂得按照任何一个种的尺度来进行生产，并且懂得怎样处处都把内在的尺度运用到对象上去；因此，人也按照美的规律来建造。"[2] 从人的依赖关系看，人的主体性正是在依赖关系中不断发展的，并表现出一定的阶段性特征。人的依赖关系（起初完全是自然发生的），是最初的社会形态，在这种形态下，人的生产能力只是在狭窄的范围内和孤立的地点上发展着。[3] 以物的依赖性为基础的人的独立性，是第二大形态，在这种形态下，才形成普遍的社会物质交换、全面的关系、多方面的需求以及全面的能力体系。[4] 建立在个人全面发展和他们共同的社会生产能力，成为他们的社会财富这一基础上的自由个性，是第三个阶段。[5]

劳动是人的基本存在方式，人与世界的关系是在劳动中形成的，并在劳动中调整与改变。人的活动与动物活动的本质区别在于是否是有目的的自觉活动，是否可以积极地改变自然界。在人的劳动中，人与自然的关系、人与社会的关系都得以产生、存在和发展。而人的活动分为两类：实践活动和认识活动。实践活动是主体通过中介改造客体的活动，认识活动是中介反映客体的活动。在两种基本的活动形式中，主体与客体相互作用。

从人的主体性发展而言，劳动实践创造了人，在实践的中介作用中，人逐渐认识分离了主体与客体，使人产生了区别于客体的自我意识。紧接着，人开始有意识地通过实践使自在世界向人的世界改变，实践联结了主体与客体，并使主客体之间完成的相互影响成为可能。在实践中，人创造了属于人的世界，并发展了人的能力，工具、语言的创造与发明都在实践中不断产生、不断创新。可以说，个体主体性的发展与自身的实践活动紧密相连。主体通过实践使对象化的客观世界发生转变，成为主体化的世界，同时在客观世界转变为主体世界的过程中，也逐渐改造着主体世界，同时主体的能力也在主客一体化的过程中得到不断提升。这种转化与改变的过程，不仅发生在人与自然界之间，在人与人之间、人与社会之间也同样地发生着。

---

[1] 庄严. 现实的人：历史发展的动力——对马克思历史动力理论的新阐释 [D]. 哈尔滨：黑龙江大学博士学位论文，2004（6）.
[2] 马克思，恩格斯. 马克思恩格斯全集（第42卷）[M]. 北京：人民出版社，1979：97.
[3] 隽鸿飞. 论马克思历史理论的实践根基 [J]. 江海学刊，2005（6）.
[4] 宋德勇. 现代思想政治教育的人学解读 [D]. 北京：北京交通大学博士学位论文，2011（6）.
[5] 马克思，恩格斯. 马克思恩格斯全集（第46卷）（上）[M]. 北京：人民出版社，1979：104.

马克思对人的主体性进行了全面而深刻的阐述。第一，人的主体性是建立于人与自然的依赖关系之中的自觉与超越。人与世界的依赖关系将人限定于自然存在之中，但马克思意识到人虽然作为世界的存在物，受到自然界规律的约束与限制，但在其能动的属性上，人可以将自然对象化，认识并且改造世界，依靠对世界的认识将人的目的融入世界发展之中，这种作为世界存在物的人的自我超越将自在世界改造为自由世界，从"必然王国"走向"自然王国"。第二，人的主体性使人在各种关系中保持了自我倾向。人对于世界的认识与改造不是盲目的，而是根据人的自身需要、欲望、利益与价值，有目的地进行改造，这些倾向使世界发展不是单纯依靠自然规律的运作，而是融合了人的目的，这种自我倾向不仅是人与社会的，也是普遍存于人与社会的关系之中的。第三，人认识并改造世界并非是被动的结果，而是主动实践主体性的结果。人只有在具备一定能力条件后积极主动地参与实践，改造世界，才能从人与世界的关系中升华为主体与客体的关系，进一步将人的目的融入世界发展之中。主体性发展的程度取决于主体实践活动的程度，人作为主体时，多大程度地进行实践，也就多大程度地发挥着主体性的作用。

二、心理学：人主体性发展的动力基础

人作为有生命的个体，其主体性生成的机制必然离不开作为个人存在基础的肉体，肉体组织的生理特性为人的主体性发展提供了基础、必要的条件。"人类历史的第一个前提无疑是有生命的个人的存在。因此，第一个需要确定的具体事实就是这些个人的肉体组织，以及受肉体组织制约的他们与自然界的关系。"[1]

人的一生经历着不断变化，这些变化是全面的、连续的、完整的，并且具有一定的内在规律。个体的身心发展指的就是个体一生中在生理、认知和社会心理等方面的变化，各种变化的机制以及他们对个体生活的影响。[2] 虽然个体的身心发展是一个连续的过程，但也可以分为不同的阶段。在个体发展的每个不同阶段都将表现出与该年龄阶段相符合的行为特征。但个体的特异性决定了每个发展阶段的划分只是相对的，各阶段起止时间也因个体差异而具有不同的表现。从心理学视角考察人的全面发展形成了不同的流派与观点，不同年龄阶

---

[1] 马克思，恩格斯. 马克思恩格斯全集（第3卷）[M]. 北京：人民出版社，1960：23.
[2] 彭聃龄. 普通心理学 [M]. 北京：北京师范大学出版社，2001：485.

段的心理特征是人的主体性发展的内在动力。

皮亚杰认知发展阶段理论从心理发展的本质和原因上阐述了人的主体性发展。在他的《智力心理学》(piaget, 1950)中,皮亚杰认为心理、智力或者思维既不是起源于先天的成熟,也不是起源于后天的经验,而是来自于主体的动作。主体通过动作与外界进行互动,通过动作完成对自我的认识,这种动作的本质是主体对客观的适应,而这种适应乃是心理发展的真正原因。具体来说,皮亚杰认为个体的每一个心理反应,无论指向的是外部的行为,还是内化的思维,都是一种适应。这种适应的本质是在互动中达到机体与环境的平衡。他提出了适应的两种基本形式:同化和顺应。同化是把环境因素纳入机体已有的图式或结构中;顺应则是改变主体的动作以适应客观变化。个体的动作将环境因素纳入已有的图式或结构,在此基础上,主体的动作伴随着同化过程发生改变,以求适应同化的结果并完成顺应过程,采取新的动作,完成新的适应。这样,机体通过同化与顺应达到与环境的平衡,一旦失去平衡,新的同化与顺应过程便继续发生以维持或重建平衡,机体与环境持续不断的平衡、不平衡、平衡的连续状态,就是适应过程,也就是心理发展的本质和原因。而平衡就是不断成熟的内部组织和外部组织的相互作用,正是在平衡的动态过程中,心理结构不断变化和发展。简单说来,任何心理结构,都是主体与客体相互作用的结果。

艾里克森将人格的社会心理发展划分为八个阶段:口唇期、肛门期、性器期、潜伏期、两性期、青春期、成年期、老年期。其中在青春期阶段,艾里克森提出了自我同一性(self-identity)的重要概念。自我同一性指个体尝试把与自己有关的各方面结合起来,形成一个协调一致的自我,是个体在寻找自我的发展中,对自我的确认、思考与选择。自我同一性包含三个层面的同一性,即最初意义上的自我同一性(ego identity)、个人同一性(personal identity)和社会同一性(social identity)。青春期是自我同一性发展的关键时期,这一时期的自我同一性如果未能得到较好的发展则会导致角色混乱。其发展过程将经历如下三个阶段:首先,感到自己是一个独立的个体,虽然与他人共同完成某些活动,但是自己与他人是分离孤立的;其次,意识到自我的统一性,自我的持续发展从幼年、童年发展至今并将在未来继续发展下去,自我是连续而统一的个体;最后,自我设想到自身与社会他人对于自己的观察具有一致性,相信自我所采取手段追求目标的过程是能够被社会所承认的。而同一性混乱(identity confusion)又称同一性扩散(identity diffusion),是自我同一性发展过程中失败的结果，体现为不能理解自己，缺乏对自我的认同。同一性危机（identity crisis）是个体发展在青春期因面临自我同一性的混乱所产生的心理冲突，突出地表现为情感障碍。自我同一性概念揭示了个体在发展过程中主体意识的觉醒过程，并显示了主体意识在个体发展中所占据的重要地位。

人本主义心理学从心理学的角度研究人的本性、潜能、价值、经验等特征，取得了广泛的成果与深远影响。马斯洛的需要层次理论将人的自我实现置于重要的位置。马斯洛认为，人性是积极的、有建设性的、乐观的，同时人的价值是内在的、固有的、有倾向的，此外，在人内驱力的指引下，形成了个体的自我实现基础。其中，对动机的论述展现了人的主体性的内容。马斯洛认为，动机是人类生存和成长的内在动力，需要是动机产生的基础和源泉，而欲望则使人想到某种东西或达到某种目的的内在要求，它既是对需要的一种体验形式和指向，能够满足需要的对象的行为倾向，又是将需要转化为活动动机的中介。由此，需要成为动机产生的最根本的心理基础。马斯洛进而提出了人的基本需要的五个层次：生理需要、安全需要、归属和爱的需要、尊重需要和自我实现的需要。其中，自我实现是人本主义心理学的基本理论的核心，也是马斯洛心理学的主旨所在。所谓自我实现（self-actualization）就是一个人力求变成他能变成的样子，成为"自己力所能及"高度的人。自我实现是完满人性的展现，是人潜能的充分发展，在人的本性之中自由地表现自己。❶马斯洛的自我实现概念揭示了自我实现在个体发展中的重要地位，并且从侧面来说，自我实现是人的主体性全面、充分的发展状态。"理想的大学将是一种教育的隐退，使你能试着发现你自己……理想大学的主要目标将是自我同一性的发现，同时也是使命的发现。"❷

心理学关于认知与自我实现的研究，揭示了人在发展过程之中，主体性的需要来自自我生理与心理的双重需要，人在身体的动作之中完成了主客体的分离，认识到了自我的存在，并在生长发展过程中，不断强化自我的理念、意识，以达成与自我的统一，并不断满足个体的需求，以完成主体性充分的、完全的、全面的发展。

三、教育学：人主体性发展的作用机制

教育，是指通过一定的手段，把某种本来潜在于身体和心灵内部的东西引

---

❶ 车文博. 人本主义心理学［M］. 杭州：浙江教育出版社，2004：181.
❷ 同上书，441.

发出来。从词源上说，西方"教育"一词是内发之意。强调教育是一种顺其自然的活动，旨在把自然人所固有的或潜在的素质，自内而外引发出来，以转化为现实的发展状态。教育有广义和狭义之分，广义的教育泛指一切有目的地影响人的身心发展的社会实践活动。

教育实际上可以作为人的主体性发展的作用机制，但是并不能承载主体性发展的所有问题，因为归根到底，主体性发展的问题是关于人的问题，而教育作为一门影响人的发展的手段，与主体性发展必然存在着密不可分的关系。

从实践上讲，培养学生的主体性是教育的潮流与趋势所在。1937年美国教育委员会发布了《学生工作人事宣言》（Student Personal Point of View，SPPV）❶，文件强调学生的发展是一个有机整体，仅靠智力训练不足以支撑人的发展，人的发展是全面的、综合的，包括情感获得、身体条件、社会关系和技能、道德和宗教价值观等在内的各方面的发展。随后于1949年又进行了修订，修订后的《学生工作人事宣言》（Student Personal Point of View，SPPV）❷再次强调，学生学习不是一个被动接受的过程，而是一个主动建构的过程，尊重学生的个体差异，相信每个学生都有其独特而丰富的价值。这两份报告所主张的全方位、全面的学生发展指导思想构成了美国高校学生事务管理的重要理论依据，以此为基础生发的美国高校学生发展理论成为美国高等教育发展的核心。

美国高校学生事务理论确定了学生发展的各个侧面以及影响学生发展的因素，形成了社会心理学理论、认知结构理论、类型学理论、人与环境互动理论。该理论以学生发展为核心，认为学生发展是人的发展概念在高等教育语境下的延伸，如何全面地从理论与实践的角度推动学生发展是该理论的核心问题。而对于学生发展的定义，美国高校学生事务理论描述了五个重要的学生发展理论维度：智力发展、道德发展、心理发展、职业发展和自我发展。可以说，美国高校学生事务理论的出现是美国高等教育发掘学生主体性的重要标志，标志着将学生的学习态度由视为被动消极到视为主动积极的思想转变，从思想源头说是对学生主体性的张扬。此外，近代美国著名教育家杜威提出的"教育即生长""教育即社会""学校即社会"等主张，也充分体现了学生的主体地位，对美国高等教育发展也发挥着重要影响。

---

❶ American Council on Education. The Student Personnel Point of View, 1937 [EB/OL]. Available: http://www.myacpa.org/pup/documents/1937.pdf, 2005-12-15.

❷ American Council on Education . The Student Personnel Point of View, 1949 [EBOL]. Available: http://www.myacpa.org/pup/documents/1949.pdf, 2005-11-15.

19世纪的德国也提出了促进学生主体性发展的思想。新人文主义学者威廉·冯·洪堡认为，教育是人自身的目的，也是人最高价值的体现，教育是建立于充分认识人性的基础之上的，而人性自由、全面地发展就是教育的最终目的。具体来说，教育是人的全面、和谐地发展，也是个性、特性的整体发展，而大学教育正是需要培养全面发展的"完人"，"完人"作为脱离了片面发展，达到个性和谐、全面发展的人，是高等教育的培养目标，而大学营造的"独立、自由、合作"的氛围是培养"完人"的最好氛围。德国存在主义哲学家雅斯贝尔斯在《什么是教育》一书中阐述了自己的教育思想，他认为，"大学的生命全在于教师传授给学生新颖的、符合自身境遇的思想来唤起他们的自我意识"[1]，大学生应当带着批判精神从事学习，拥有学习的自由，学会学习，善于思考。英国教育家怀特海在《教育的目的》一书中也指出，大学教育的目的在于培养学生的想象力和智慧力，学生通过接受大学教育获得主动性的思维，大学的教育内容和课程设置，应以满足学生个性发展的实际需要为出发点。[2]

从理论上讲，教育的本质要求就是对人主体性发展的满足。在教育的历史上，人们对教育本质的认识存在偏差，教育成为统治者进行统治的手段与工具，教育本身被异化。20世纪以来，教育改革的浪潮席卷全球，19世纪末的欧美教育革新运动带来了各国教育的变革与发展。其中影响最大的是美国哲学家和教育家杜威的教育思想。杜威认为，教育的出现是因为人类自身存在和发展的需要，"社会群体每一个成员的生和死的这些基本的不可避免的事实，决定教育的必要性"[3]，教育的本质是以人的发展为基础的。杜威提出"教育即生长"与教育无目的论，认为教育对个人而言是促进个体生长的，但是教育本身没有目的，任何于个体生长之外的教育目的都是对教育本质的曲解与误导，一旦教育在其自身之外确定了目的，那么教育本身即沦为达成目的而所需要的手段。个体的生长本身并无目的，生长本身就蕴含目的，类似地，教育在其自身之外并无目的，教育的目的蕴含在教育之中，或者说教育的目的就是它自己本身。教育的异化是从教育的外部去寻找教育的动力及其存在的基础，而不是从教育自身着手，如果把教育本身看作植物，那么教育的目的即是植物本身，就具有有目的发展的倾向。从个体身上来看，教育应该帮助每个人发展他

---

[1] [德] 雅斯贝尔斯. 什么是教育 [M]. 邹进, 译. 北京: 生活·读书·新知三联书店, 1991: 139.
[2] 薛绍聪. 大学主体间文化的缺失与构建 [D]. 济南: 山东师范大学博士学位论文, 2012 (6).
[3] [美] 约翰·杜威. 民主主义与教育 [M]. 王承绪, 译. 北京: 人民教育出版社, 2001: 7.

自己的能力，发挥他自己的潜能，解放并实现人的创造能力。教育的目的必须以人为重点，或者说以其自身为重点。教育起源于人的发展的需求，也应当以人的发展为其目的与归宿。教育本质与人的主体性正是在这一过程中实现了内在统一，人的主体性成为教育本质的核心部分。

如马克思所说，主体是人，但并非人人都是主体。成为主体的条件在于人的自身条件与基础，并积极地发生作用。教育的作用正在于唤醒人的主体意识并提升人的主体能力。人的主体意识发展从自发到自觉，而教育不断地推动着人自发自觉的过程。教育的唤醒过程不是单方面的，而是全面的，在知识传授与学习的过程中，教育通过提出问题、解决问题的过程使人意识到自我的力量，认识到自己作为主体所拥有的主体能力。在不断地学习实践的过程中，作为主体的人不断意识到自身所能认识与改造的范畴，越是教育的深入，主体意识越强。同时，教育使人意识到自己与他人的不同，意识到作为一个独特个体所具有的主动性、能动性和创造性。另一方面，教育不断提升了人的主体能力。通过不断地学习实践，主体逐渐认识并掌握了自身所具有的主体能力，并在不断地练习中加深对于主体能力的应用程度，并且通过同化客体的过程，主体能力不断扩大并形成新的能力以完善自身。"一旦为人类个体所掌握并进入认识和实践活动领域就会转化为现实的主体能力，它们或者成为主体接受和理解客体的背景材料，或成为个体同化或顺应客体的范本，或成为引发新的认识发生的契机，或成为人们提出实践观念和实践模型的根据。"❶ 主体能力的发展在教育的不断深化中逐渐升华。

四、管理学：人主体性发展的路径探索

管理学理论的发展经历了古典管理理论、行为科学理论、现代管理理论三个阶段。管理学在发展过程中也面临着如何应对人的主体性的问题。其中，科学管理制度在19世纪末工业化进程中占据了重要地位。

工厂对工人的管理实行工作定额，选择一流工人，实施标准化的管理，培训工人以严格的最佳方法来从事劳动，极大地提高了生产效率。最典型的例子是砌墙，通过仔细地分析砌砖时的工作过程，将砌砖的动作从18个减少到一半甚至4个，再训练工人砌砖动作，以提高工作效率。早期的科学管理制度可以说将人视为从事生产工作的机械，编制最佳的程序教给工人，工人就能如同

---

❶ 李火林. 论个体主体性生成的内在机制［J］. 中国人民大学学报，1993（4）：54.

机械一般将最佳的工作方法应用于实践从而达到最佳的工作状态。在早期的管理学看来，这是一种高效的方法，但缺点也是明显的，或者说将人作为机器的观点是片面的，工人在工作岗位上不仅仅是作为一架机器在工作，而首先是作为"人"在工作。工人是"经济人"，更是"社会人"。

行为科学理论在20世纪中期对科学管理制度做出了补充，认为工人的工作态度与士气是影响工作效率的关键，企业中存在着非正式组织。最著名的实验是霍桑效应。1924年11月，以哈佛大学心理专家梅奥为首的研究小组进驻西屋（威斯汀豪斯）电气公司的霍桑工厂，霍桑工厂是美国西部电器公司的一家分厂。他们的初衷是试图通过改善工作条件与环境等外在因素，找到提高劳动生产率的途径。他们选定了继电器车间的六名女工作为观察对象。在七个阶段的试验中，主持人不断改变照明、工资、休息时间、午餐、环境等因素，希望能发现这些因素和生产率的关系——这是传统管理理论所坚持的观点。但是很遗憾，不管外在因素怎么改变，试验组的生产效率一直未能上升。为了提高工作效率，这个厂请来包括心理学家在内的各种专家，在约两年的时间内找工人谈话两万余人次，耐心听取工人对管理的意见和抱怨，让他们尽情地宣泄出来。结果，霍桑厂的工作效率大大提高。这种奇妙的现象就被称作"霍桑效应"。最终，学者们意识到人不仅仅受到外在环境因素的刺激，更受到自身主观因素的激励，管理行为理论也就此诞生。

"霍桑效应"的偶然发现揭示了人在管理过程中，首先需要被当作一个完整的人来看待，对于人的假设是进行管理的出发点。人在管理中的表现，不仅受到客观因素的影响，更受到自身主观的激励。或者说，作为劳动主体的人具有主体性。管理者需要重视人在工作中的主体地位，强调具有主体能力的人的主观能动性的作用，重视激励人的工作热情、事业心、成就感，这对管理效率的提高具有重要的影响。

从哲学、心理学、教育学和管理学对人的主体性的认识中可以看到，人的主体性对于个体发展、组织发展和社会发展而言都有积极且深远的影响。人的主体性发展不是抽象的，而是具有深远的认识，是由具体的实践作为支撑的，人在不断认识世界的同时也在不断发掘自身的主体性。发展学生的主体性既是学生作为一个独立个体的自发自觉的需求，也是教育自身蕴含的意义所在，发展学生的主体性不仅需要借助于各种方式方法，更重要的是意识到学生的主体意识，激发并引导学生的主体意识，使其认识到自身的主体性并自发自觉地发展。

第二章

大学生主体性发展探索

大学生是十分宝贵的人才资源，是民族的希望，是祖国的未来。我国在校大学生包括本科生、专科生和研究生共两千多万人。2016年12月7日至8日，全国高校思想政治工作会议在北京举行，中共中央总书记、国家主席、中央军委主席习近平出席会议并发表重要讲话，他强调，高校思想政治工作关系高校培养什么样的人、如何培养人以及为谁培养人这个根本问题。要坚持把立德树人作为中心环节，把思想政治工作贯穿教育教学全过程，实现全程育人、全方位育人，努力开创我国高等教育事业发展新局面。

关于培养什么样的人，是教育领域一直不懈研究的历史课题，从第一部分的理论溯源内容可以总结出：首先要将大学生培养成一个人，一个主体性发展的人。在主体性发展的人的基础上再加强和改进大学生思想政治教育，提高他们的思想政治素质，把他们培养成中国特色社会主义事业的建设者和接班人，然后才能谈全面实施科教兴国和人才强国战略，才能谈确保我国在激烈的国际竞争中始终立于不败之地，才能谈确保实现全面建设成小康社会、加快推进社会主义现代化的宏伟目标，最后才能谈确保中国特色社会主义事业兴旺发达、后继有人。

因此，引导大学生主体性发展是人才培养的前提和基础，是高校思想政治教育工作的着力点，是教育工作者和教育研究者的目标。

一、大学生主体性发展的基本内涵

虽然主体性概念具有重要、深远的意义，但是关于主体性概念的具体特征却存在着不同的认识。在教育领域，有学者认为，学生的主体性就是学生的自主性、独特性、能动性、整体性和创造性[1]；有学者认为，学生的主体性表现为"为我"性、自主性、能动性和创造性[2]；有学者提出，我们期望培养和弘扬的主体性概括起来有社会性、自主性、能动性、创造性[3]；在哲学领域，有学者把主体性理解为主体的自主性、主观性和自为性的统一[4]；有学者将主体

---

[1] 田慧生. 论学生主体地位的确立与教学实践重心的转移 [J]. 教育研究，1989，(8).
[2] 张天宝. 试论主体性教育 [D]. 武汉：华中师范大学硕士学位论文，1996.
[3] 王道俊，郭文安. 关于主体教育思想的思考 [J]. 教育研究，1992，(11).
[4] 刘福森. 主体、主体性及其他 [J]. 哲学研究，1991，(2).

性主要概括为自觉活动，其中包含自立性、自为性、自主性和能动性等❶。这些不同的观点在以不同的方式对主体性进行解读，其中有相似之处，也有不同的地方。其中，有学者对主体性的有关论述进行了详细的解读与概括，还原了一个较为清晰的主体性图景，并提出了其教育影响。天津师范大学教授、博士生导师和学新将主体性概念概括为以下三个主要方面❷。

1. 自主性——关于自主性、自立性、自由性

自主性、自立性、自由性实为同一含义的概念，是人成为主体的前提和基础，也就是人在与客体相互作用中表现出的主人性，是人作为主体能自由、独立行使和支配自己的权利的特性，他有这种观念、意识，并有这种能力。作为活动主体，是活动的主人，能够自由根据自己的意志进行改造客体的活动，其工具可以是自然生存条件、社会生存条件以及自我的生理、心理潜能，自我的情感和意志，其主体活动表现为对自然、社会和自身本质的把握和占有。

2. 主动性——关于为我性、自为性、主观性、选择性、自觉性

为我性、自为性、主观性、选择性、自觉性是几个彼此缠绕的概念，使用主动性能更好地表达其内在的实质。所谓主动性，就是指主体自觉主动地从事自己的活动，目的是为满足自己的需要。在活动中，主体要从自身的现实情况和客观实际出发，选择活动的客体、条件、过程。主动性意味着主体的自觉，会积极努力地行动，对客体信息进行选择、加工、分析和推断。此外，主动性也意味着自主性的发展与延续，知道作为主体应当如何行动是对自主性的进一步阐释，或者说，自主性和主动性在实际活动中是密不可分的，前者区分主客体，后者为主客体提供实践的可能。

3. 创造性——关于创造性与能动性

能动性是主体性的集中表现，二者在内涵上是一致的、同一的，主体性就是主体的能动性，能动性是对主体性的总体描述和概括。自主性、主动性、创造性都包含在能动性之中，创造性是主体性内涵中的一个组成部分，是主体性的一个特征。此外，创造性最能展现主体的主体性特征，也只有在对客体的主体改造中才能发生创造性的活动。可以说，创造性是主体性最为独特的性质。

重视人的主体性发展，简单来说，就是需要做到"以人为本"。"以人为

---

❶ 李林昆. 对主体性问题的几点认识［J］. 哲学研究, 1991（3）.
❷ 和学新. 主体性的内涵、结构及其存在形态与主体性教育［J］. 西南师范大学学报（人文社会科学版），2005（1）：66.

本"的基本精神是正确认识和充分尊重"人"的主体地位，充分发挥人的主体能动性和创造性，实现"人"作为实践主体、历史主体和价值主体的目标和意义。❶ 在教育领域中，"以人为本"的基本精神表现为"以学生为本"的生本理念。生本理念不仅是教育从"以教师为中心"到"以学生为中心"的观念转变的产物，也是教育作为发展人的活动的根本诉求。生本理念要求将学生视为学校的主体，从学生的根本利益出发，充分考虑学生的个体差异，以学生的发展作为首要目标。

生本理念下高校学生工作体系主要是将以学生为本的理念渗透到体系的目标定位、组织建构、运行实施、保障机制四大要素之中，同时通过四大要素的相互作用、相互联系形成一个整体。❷ 从本质上说，生本观念即是对学生主体性发展的概括，二者并无本质上的区别，由此不难总结出大学生主体性发展在具体情境之下的基本目标与特征。

马克思将人的全面发展概括为三个方面：一是人的活动特别是人的劳动活动及其能力的全面发展；二是人的社会关系的全面丰富、社会交往的普遍性和人对社会关系的全面占有与共同控制；三是人的素质的全面提高和个性的自由发展。❸ 具体对应到教育情境之中，大学生的全面发展应该包括三个方面：一是专业技巧和能力的发展，大学生需要全面发展自己的智力、体力，按照自己的天赋、特点、爱好，自由地选择专业领域，发挥自身能力与特质，努力掌握现代科学文化知识和专业技能，成长为专业人才，从事实践劳动，积极锻炼身体，增进身心健康；二是社会性的发展，大学生需要融入社会，积极发展个人的社会交往能力、适应社会的能力，关注社会进步，培养自己的社会责任感；三是素质的提高与个性的发展，大学生需要遵守公民道德规范，培养良好的道德品质和行为习惯，提高个人修养，培养审美情趣。

大学生主体性发展的基本目标，即是完成大学生全面自由发展的过程，解放大学生的主体性，使每个大学生能够充分实现主体能力的解放，自主地、主动地、创造性地完成发展的需求，全面地、充分地、自由地发展主体能力。人的发展是一个历史过程，人的自由而全面的发展也是人的发展以及社会发展的最高目标。要做到人的全面发展就必须尊重人的主体性，使人自主地、主动地、创造性地发展自身的潜能。

---

❶ 朱江. 主体性：人本主义教育观的核心原则 [J]. 山东社会科学，2007（03）：153.
❷ 童静菊. 生本理念下高校学生工作体系研究 [D]. 武汉：华中科技大学博士学位论文，2008：46.
❸ 袁贵仁. 马克思主义哲学原理 [M]. 北京：北京出版社，2003：222.

在大学期间，大学生主体性发展重点是根据大学生的现实需求，能够自主地、主动地、创造性地提升主体能力，本书主要探讨大学生社会实践力的培养、就业竞争力的提升、创新创业力的开发以及领导力的建构发展，这些部分属于大学生主体能力，在提升主体能力的过程中，会强化主体意识和主体地位，会增强主体交往，促进大学生的全面发展，使之成为一个主体性的人。

二、大学生主体性发展的推动者

在当前全员育人的背景下，培养大学生主体性发展，应该是人人有责，承担大学生教育发展的每个人都应该守好一段渠、种好责任田。高校中，辅导员是大学生的知心朋友和人生导师，担负着将大学生培养成为社会主义合格建设者和可靠接班人的育人使命。从大学生主体性发展、成长的角度来讲，高校辅导员与大学生朝夕相处，能够以身示范，为大学生成长树立标杆；能够为学生成长搭建平台，锻炼其主体能力；能够通过活动融入大学生，促进其主体意识和主体关系的发展。因此，高校辅导员应该是大学生主体性发展、成长的重要推动者。

（一）做以身示范的好辅导员❶

在第30个教师节来临之际，习近平总书记在北京师范大学考察时号召全国广大教师做党和人民满意的好老师，全面系统地阐述了新时期好老师的新标准和新要求。高校辅导员是高校教师队伍的重要组成部分，作为高校辅导员，也应以习总书记的讲话精神为指导，结合工作实际，努力做一名党和学生满意的好辅导员。

要讲政治，有理想信念。自从1953年在清华大学、北京大学试点设立辅导员以来，辅导员就承担起了党的政治工作，是学生"政治领路人"的角色。所以辅导员在工作中最重要的一点是要讲政治，有坚定的政治立场，能够时刻与党中央保持一致。辅导员要有坚定的理想信念，做中国特色社会主义的坚定信仰者和忠实实践者，强化对核心价值观的认知、认同和践行，增强道路自信、理论自信和制度自信。辅导员作为大学生健康成长的指导者和引路人，只有自身做到讲政治、有理想信念、有追求、有梦想，才能成为大学生的指路明灯，才能帮助大学生筑梦、追梦和圆梦，才能塑造大学生的灵魂和生命。

要讲使命，有道德情操。辅导员是大学生思想政治教育工作的骨干力量，

---

❶ 本部分改编自：邱化民. 做党和学生满意的好辅导员［J］. 北京教育（德育），2016（7、8）：104.

担负着培养社会主义合格建设者和可靠接班人的使命,承载着维护高校和社会稳定的责任,承担着保证高等教育事业持续、健康、快速发展的任务。担负使命,立德树人,要求辅导员率先垂范,以身作则,不断增强综合能力,提高自身修养,提升人生品质和魅力;要求辅导员以德立身、以德施教,以德感染学生、教化学生,成为学生道德修养的模范;要求辅导员发扬优良的工作作风,做到"纪律严、作风正",处处体现为人师表的品德风范,以人格魅力引导学生的心灵。因此,辅导员要时刻牢记以德树人的使命,严格要求自我,提升道德修养,努力践行北京师范大学"学为人师,行为世范"的校训精神。

要讲业务,有广博学识。辅导员在高校中不仅发挥着思想政治教育的功能,还承担着班级管理和辅导咨询等多方面的工作,这就要求辅导员要具备扎实、深厚的业务素养,能够不断适应新的形势、胜任新的任务,能够始终具有强大的战斗力,做到"站起来能讲,坐下来能写,静下来能思,跑出去能干",各项工作做到"业务精",向职业化、专家化方向发展。辅导员是高校教师队伍中的一员,承担着《形势与政策》课的教学任务,这是一门常讲常新的课程,需要辅导员关注时事政治,涉猎多门类学科,修炼过硬的教学能力,才能有自信站上三尺讲台,赢得大学生的尊重和好评。因此,辅导员要始终处于学习状态,广泛涉猎多领域知识,不断充实、拓展和提高自己,才能做到习总书记所讲的"要有一潭水才能给学生一碗水"。

要讲奉献,有仁爱之心。教师常被喻为"春蚕""蜡烛""园丁",标志着教师的工作需要奉献,辅导员是教师中的一员,更应该"甘当人梯,甘当铺路石"。辅导员的工作事无巨细,从学生入校一直到离校都需要辅导员的倾心投入,需要辅导员有"捧着一颗心来,不带半根草去"的奉献精神,有"两眼一睁,忙到熄灯;两眼一闭,提高警惕"的投入精神,有"微笑面对,笑脸相迎"的服务精神。辅导员是大学生的人生导师和知心朋友,要求辅导员用爱培育爱、激发爱、传播爱,用心灵陪伴心灵,用青春点燃青春,用梦想照亮梦想。因此,辅导员要无私倾注自己的情感和爱,关注每一名大学生的成长,欣赏每一名大学生的付出,分享每一名大学生的喜悦。

辅导员寄托着党的厚望,承担着人民的重托,搭载着学生的梦想。根据十六号文件的要求,辅导员担负着对大学生思想政治教育的使命,同时要承担指导大学生思想、学习和生活的职责。为了做让党、人民和学生满意,辅导员要努力做到讲政治、讲使命、讲业务、讲奉献的"四讲"好辅导员,努力做有理想信念、有道德情操、有广博知识、有仁爱之心的"四有"好辅导员。

(二) 辅导员工作的实践探索

高校辅导员在日常工作中承担着大量事务性工作，包括新生入学教育、党建工作、团建工作、社团活动和班级活动的指导、心理健康教育、就业与创业指导、生涯规划、毕业教育等，推动大学生主体性发展就是在辅导员事无巨细的日常工作开展过程中进行的。因此，辅导员作为大学生主体性发展的推动者，应该心中牢记责任与使命，将意识与思想"润物细无声"地带入大学生的头脑。

1. 开展深度辅导，了解学生，解决学生问题

大学生，无论是本科生还是硕士生，进入大学就标志他们人生步入了一个新的台阶，无论所处环境还是身心期望方面，都发生了很大变化，同时在踏入大学的那一刻起，便伴随出现了很多迷茫和困惑的问题。因此，在新生入学后，帮助他们正确理解大学、适应大学生活非常重要。这个阶段，辅导员开展深度辅导是必不可少的内容，也是缓解学生新环境焦虑的最好办法。开学初始，我拟订计划，征求班委、宿舍长们的建议，最后形成了每周一次宿舍代表座谈会以及个别一对一的深度辅导安排。工作一年来，我每个周五的上午定时出现在学生宿舍楼的生活指导室，先是一个一个宿舍座谈聊天，再后来是每个宿舍有代表参加，聊每个阶段遇到的具体问题，如选课、导师、读书会、宿舍卫生、个人情感、班级活动等。每个学生都能够畅所欲言，对于学生提到的问题我也及时解决，比如没有选上课的及时找教务老师调换，生活上有困难的及时提供兼职等，通过深度辅导，及时发现和解决学生的问题。同时，深度辅导也成为我与学生交流思想、感悟人生的渠道，我以知心朋友的身份尊重学生的主体地位，有意识地强化学生的主体意识，激发学生的自主性。

2. 打造班级特色，依靠学生，强化专业认同

班级特色是凝聚一个班集体的纽带，同时，班级特色需要依靠学生共同来打造。我所带的四个班集体都是学习教育学专业，围绕教育专业，与班委讨论班级建设的特色。经过一段时间的酝酿，本科三个班级都形成了自己的特色，一个班级做感恩教育，接手我曾经带领2010级教育教管班创立的四叶草教育感恩基金，并将其拓展，带着该基金支教做各种志愿服务活动；一个班级做创新创业教育，与我所创立的北师大创客空间结合在一起，倡导教育领域的创新，开发创新教育课程，研发创业项目，参与创新创业大赛；一个班级做生态教育，与我发起的耕读学社结合在一起，诵读传统文化经典，下地耕种蔬菜，

将教育与生态结合在一起。三个班级在努力打造班级特色的过程中，我尊重同学们的决定和选择，尊重他们的主体地位，有效地强化了教育学专业的认同感，增强了学生们的主体意识，强化了学生们的主体交往性。

3. 强化朋辈互助，服务学生，发挥榜样力量

辅导员个人的力量是极其有限的，不仅体现在时间的分布上，更体现在知识的储备上，还体现在时代的局限性上，所以，辅导员要学会借力打力，发挥朋辈的力量，发挥先进榜样的作用。我之所以带四个班集体，跨度为本科、硕士两个阶段和大一、大二两个年级原因就在于此，我个人认为效果要好于一个班主任带一个班。四个班的活动在一起，便于学长的交流、过来人的交流，学生可以交流学业、思想、生活，甚至是情感。经过我的周密计划和安排，学生之间都接成了一对一、一对多的对子，定期搞些正式的交流活动，如专业学习典型经验分享。不定期地做些集体活动，如一起外出游玩、班集体过节日等。经过一年多的实践，我发现，学生之间形成了很好的对子关系，时常交流，很多问题不需要我来解决，效果比我预想的还要好。在此过程中，极大地锻炼了学生们的主体交往性。同时，成为榜样的同学或者是作为学长的同学有了更大的责任意识和人生出彩的机会，主体地位得到了尊重，主体意识得到了强化。

4. 利用新型媒体，深入学生，引导思想动态

当前处于信息化时代、自媒体时代，辅导员的思想政治教育工作面临着新挑战，工作阵地也要向网络平台转移，辅导员要有掌控网络阵地的意识，要有信息化素养。我作为辅导员，心中一直有根网络思想政治教育的弦，努力提升网络思政的基本素养。在新生开学前建立了QQ群、微信群，通过这些平台与新生沟通学习、生活、情感、娱乐等大学生活，并开通了大学生在线撰写博文《写给新生》。新生入学后，每个班级都开通了微信公众号，每天有学生值班推送班级建设、宿舍文化、天气预报、近期活动等与学生生活息息相关的符合学生口味的内容，深受学生喜欢。我通过学生微信朋友圈、QQ空间及说说，每天关注学生心情、生活及学习变化情况，主动与学生进行邮件沟通，把我的想法与学生们分享，有时还会转发分享学生们较好的感想；还经常登录学生的博客、人人网，察看学生们的日常所思、所想、所追求。我们组织召开的班委会，我都会形成会议纪要，向全体学生以邮件形式公布，让学生们了解我对他们的期许，让学生们知道我是他们的后盾。通过网络思想政治教育，我深入学生，倾听学生网络媒体的发声，尊重学生的主体地位，关注学生的思想动态，引导学生的主体意识。

5. 重视社会实践，发展学生，增强实践能力

大学生社会实践是大学生按照学校培养目标的要求，有计划、有组织地参与社会政治、经济、文化生活的教育活动，是大学生思想政治教育的重要环节，是与第一课堂的有机结合，对于促进大学生了解社会、了解国情，增长才干、奉献社会，锻炼毅力，培养品格，增强社会责任感等具有不可替代的作用。社会实践是促进大学生发展的主要途径，同时社会实践的最终目的也是为了大学生的主体性发展。作为辅导员，我非常重视大学生实践能力的提升，首先向学生讲清社会实践的重要性，要求学生将社会实践与第一课堂紧密结合起来，鼓励学生参与寒假返乡调研、暑假支教调研、周末打工子弟学校志愿服务等活动。努力为学生创造社会实践的平台，暑假亲自带团队进行实践活动，到目前为止，所带研究生和本科大二学生基本上都进行了不同程度的支教、调研、志愿服务等社会实践活动，多个学生实践项目获奖，自己也被评为社会实践优秀指导教师。经过我对大学生社会实践实效性的研究发现，大学生的社会实践对学生主体意识、主体地位、主体能力和主体关系发展的启蒙、发展和提升都有重要作用。

6. 理论联系实践，研究学生，提升自身素质

辅导员的工作不仅仅是日常事务的工作，还有更重要的研究工作。如果仅限于日常事务工作，我们的工作就会脱离学生，与大学生的代沟会越来越深，我们的工作也会变得更被动、死板和盲目。因此，我从上岗的第一天起，就对自己的辅导员工作定位除了是事务性工作者外，更要成为教育实践者、教育研究者和教育创新者。首先从自己所负责的就业与创业工作、社会实践工作入手进行研究，对自己所带班级的管理工作、学生发展工作进行研究。工作过程中撰写了多篇关于学生创新创业教育、社会实践、新生入学教育等的文章，发表在《中国教师》《大学生就业》《北京教育（德育）》《北京教育（高教）》《高校辅导员学刊》等杂志，并申请了多项北京师范大学大学生思想政治教育课题、北京市首都大学生思想政治教育研究课题、中国学位与研究生教育学会研究课题等，积极争取机会参加市级、校级的职业素养培训。通过实践工作、培训学习和课题研究，我在工作中思考，在思考中研究，在研究中提升自我，各项工作进入了良性循环。

三、促进大学生主体性发展的理念与行动——以北师大为例

高校辅导员作为大学生主体性发展成长的推动者，除了在日常工作中有意

识地推动学生主体性发展，同时也要培养自己的育人理念，摸索自己的工作方式方法，要全程、全时段、全方位地将主体性发展理论应用起来。

（一）快乐成才的新生入学教育[1]

大学一年级是学生发展的重要阶段，也是大部分学生个体正式迈出家庭、初步走向社会的重要转折点。对于学生个体而言，这个阶段的学生心理、思想和行为将在很大程度上影响学生大学期间甚至是一生的发展，因此，做好新生入学教育至关重要。

入学教育重点在于帮助新生养成良好的学习和生活习惯，帮助新生完成自我的重新审视和正确定位，帮助新生建成一个团结友爱、和谐互助、共同成长的班集体。最终通过开展不同内容的讲座和形式各样的课外活动，提升新生的交际、学习、自我管理、团队合作等方面的能力，发掘新生的自身潜能，开阔新生的国际化视野，培养新生对所在学校以及院系高度的认同感和荣誉感，增强新生的社会责任感和使命感，树立自我潜力拓展意识和社会的感恩意识等。

北京师范大学教育学部针对一年级新生的特点，有计划、有步骤、有特色地精心设计并开展了一系列以"快乐生活 健康成才"为主题的入学教育活动。

1. 学校认同教育

新生报到当天，学校到处彩旗飘扬，横幅悬挂，各个院系和学生社团在京师广场喜迎各位同学的到来，新生在迈入百年学府校门那一刻便被引入了美好的憧憬中。从新生来校报到的那一刻起，老师和学长以热情的接待来告诉家长和新生"你们来对地方了！"学长会双手向新生赠送北京师范大学校徽，同时会在师大的象征"木铎"下对学校做简单的介绍，新生来到校园在学长的带领下会很快了解学校的历史、文化以及现在的发展。针对家庭经济较贫困的学生，我们郑重承诺"北师大不会因为家庭贫困让任何一个学生失学"，班主任老师积极鼓励学生并给予爱心补助，请家长放心。报到当天，学部的领导和老师会深入新生每个宿舍了解学生情况，及时解决新生入学遇到的困难，尤其提醒学生入学谨防上当受骗。入学的第二天，学部班主任老师要带领所有新生参加学校的开学典礼和入学教育。入学的第三天，学部班主任老师会带领学生参观北京师范大学校史馆，新生深入了解了学校的发展历史和师大名人，新生个个有种"今天我以学校为荣，明天学校以我为荣"的感慨。短短不到一周的时间，每个新生都熟悉了校园的环境、悠久的历史和知名大师，对大学四年生

---

[1] 邱化民. 快乐生活 健康成才 加强新生入学教育 [J]. 北京教育（高教），2012（9）：59-60.

活有了美好憧憬和简单规划。

2. 院系认同教育

教育学部是北师大于2009年组建的,是中国教育创新的策源地,是高素质教师的培养基地,是教育决策的思想库,更是教育国际交流的窗口。学部高度重视人才培养,尤其重视新生对学部认同感的教育。学部学生工作办公室力求在迎新工作中做到精致化、特色化,力求给新生入学耳目一新的感觉,从而使家长和新生产生身为学部人的自豪感和荣誉感。迎新宣传主要围绕学部成立以来的党建、学术、社团建设、外事交流、文体活动、就业指导以及众多荣誉七大板块,直观地展示了教育界航母的形象。迎新时,为新生发放学部精心设计的T恤衫和部徽,同时专门为每个新生、新生与家长留影,每位家长和新生都难以忘怀,笑容满面。开学当天,教育学部会组织召开以"大学生活三重奏:学生、家长、学部"为主题的教育学部新生家长会,为家长精心准备新鲜的水果、印有学部标的杯子和学部简介,主管学生工作的领导以及优秀学长和新生家长就新生入学适应、教学模式和就业等重点方面的问题亲切交流,产生了良好的效果。学部新生入学教育负责老师会专门为新生设计"百年大计,教育为本,百年师大,教育为先"的口号,新生喊完口号,倍感自豪。开学第二天,教育学部新生开学典礼会在英东学术会堂隆重举行,中国教育学会会长顾明远先生、学校和学部领导以及学部各院、系、所的负责人都会出席。入学新生对学部的老先生、名师校友以及优秀学长产生了深深的敬佩之情,每个人都树立了以他们为榜样,为学部增光添彩的信心。

3. 入学适应教育

新生处于高中生向大学生转变的过渡期,入学适应教育关系到新生的大学成长甚至整个人生。学部领导十分关心新生入学情况,带领学生工作办公室老师以及班主任老师亲自到宿舍去看望新生,给新生带去了关怀和慰问。学部为每个新生班配备了新生班主任助理,帮助班主任指导新生在最短时间内融入大学,精心设计《教育学部本科生入学安排一览表》,详细安排新生每天不同时段的活动,给新生一种快节奏、高效率的提示,帮助新生尽快融入半社会化的大学生活。开学第二天,新生班级都会在班主任老师组织下召开主题新生班会,让新生充分体会大家庭的温馨和民主。开学的第一个周末,学部会组织新生开展"师大寻宝"活动,以此来帮助新生在最短时间内了解师大的校园,方便以后的学习和生活;学部还会组织新生宿舍长座谈会,了解新生入学一周以来的学习和生活情况,并提出一些改进意见,新生倍受关注。

4. 自我拓展教育

新生在适应大学学习生活的过程中，围绕"自我组织、自我管理、自我服务"，积极开展了拓展教育活动。新生自发组织了中秋晚会，晚会上的节目全部由学生自己组织、编排、主持，学生个个热情洋溢、积极参与。鼓励并保障新生根据自己班级实际需要主动邀请师大知名教授开展了纠正普通话发音、户外素质拓展等活动，锻炼了新生的组织协调以及团队合作能力。新生入学第一周形成了良好的宿舍自我管理制度，为了更好地学习和生活，新生自发形成了打扫卫生和合理作息制度，保证了健康生活和有序的学习。新生入学后，班级有同学生病，同学们自发形成了自我服务的关心同学小团队，陪同学到医院看医生，帮扶同学一起去上课；班级有同学丢东西，同学们主动帮助同学去保卫处查找等，加强了班级同学的凝聚力。

5. 社会使命教育

教育学部把新生定位于全校高起点、高标准、高水平的本科生，社会使命教育不容忽视。学校投入一定经费由专门负责新生入学教育的老师带领新生集体去参观国子监，瞻仰先圣风采，感受太学氛围，领悟"万世师表"的内涵，帮助新生树立读书人的社会使命，关注社会、关注国家和民族的发展进步。组织新生观看《乡村女教师》《一个都不能少》等教育类电影，通过电影加强教育人的社会责任感和使命感。组织专场公费师范生暑期社会实践队与新生交流会，通过公费师范生的亲身经历了解基层教育现状，树立志愿服务基层教育的意识。

6. 入学感恩教育

感恩教育是大学一直以来不断强化的一项教育内容，饮水思源教育对于社会、学校和大学生个人都是至关重要的。大学生有了感恩的心，从学校得到的知识才能有效运用到社会和学校的建设上，社会和学校不断发展才能为学生提供更好的学习发展空间。北师大教育学部专门设立了感恩教育主题，入学时要求新生向父母写封感恩信，感谢父母给予生命、给予成长成才的保障，帮助其实现上大学的梦想；学生社团组织新生通过手语学唱《感恩的心》，这种感恩之情内化于每个新生心中；学部要求获得国家助学奖金以及其他各类助学奖金的同学向社会和学校写封感谢信，感谢社会给予的资助和支持。鼓励并指导部分学生在入学第一学期创建了"四叶草教育感恩基金"，旨在通过自身的努力以志愿服务和基金捐助的形式帮助更多需要帮助的学生和社会群体（比如残障人士、打工子弟），帮助学生发现和提升自我的价值。通过以上简单的活动形式培养了新生感恩社会、感恩学校、感恩父母和他人的意识，新生的学习、生活和工作将更加有激情、热情和动力。

北京师范大学教育学部实施新生入学教育以来，新生很快融入了大学的学习生活中，每一位学生都展现了当代大学生的良好风貌，各个方面都达到了新生入学教育的预期目标。

(二) 别出心裁的大学寒假作业❶

大学毕业后，我非常荣幸地成为高校辅导员队伍中的一员，担任北京师范大学教育学部2010级教育教管班班主任。在工作的近半年时间里，看着同学们从刚入学时的腼腆害羞，到现在的自然大方；从开始时的空虚迷茫，到现在的充实紧张；我一面享受着学生们带给自己的成就感和满足感，一面也深深地认识到了自己肩上的责任。要让同学们快乐、充实而又有进步地生活与学习，让他们成长成才，许多工作任重而道远。回顾那半年，我在用心呵护他们成长的同时，对大学新生班主任的工作也有了一些新体会、新思考。最主要的一点就是不放过任何一个机会，润物细无声地引导他们成长成才。上学期期末，时值寒假来临，我抓住这一契机，围绕父母情、师生情、家乡情、班级情和自我情给学生们布置了五项寒假作业，希望学生在"做作业"的同时能有所体悟、有所收获。而学生们的寒假作业一次次地让我内心激荡。

1. 回报父母情：给父母写封家书，带一份小礼物，寒假期间给父母洗一次脚

每个孩子的成长之路都饱含了父母太多的辛劳和太久的期盼，而今孩子已经在大学里成长半学期，父母十分期望他们能够有质的飞跃和情的回报。因此，我要求每个学生以书信的方式向父母汇报上大学后的收获，并表达对父母的感激之情。很多学生是第一次真正写信，更是第一次给父母写信，也是第一次真心坦诚地与父母交流，说出了他们平素想说却不敢说的心里话。同时我还要求他们在条件允许的情况下给父母带份小礼物，不必太贵重，能够代表儿女的心意就可以，既不让父母担心破费过多，又能够感受到儿女对自己的关心。还要求他们在假期给父母洗一次脚，这个作业可以说是很难完成的，也许有人一辈子都没有给父母洗过脚，给父母洗脚算是给予父母含辛茹苦养育我们的一点回报，对父母承担家庭重担的一点理解。

开学后，当在班会上问及是否给父母洗脚时，学生们都齐刷刷地举起了

---

❶ 邱化民. 为学生布置作业 [J]. 北京教育（德育），2011 (6): 62 - 63.

手，我对学生们的表现非常满意。同时，寒假期间我也向58名同学的家长写了家书，汇报了每个学生半学期的成长情况，很多家长来信来电感谢，表示孩子这半年成长胜过之前十年。

2. 增进师生情：安全到家后给班主任老师发条短信，返校后与老师深入交流

很多人认为，大学里的师生情很淡，老师对学生的影响也很小，与中小学无法相提并论。我班的这58名学生是我初为人师的"开门弟子"，我给自己的定位是，既是他们的兄长，也是他们的老师，更是他们的朋友。在各个方面我会倾其所有给予他们，用心关爱呵护他们，孜孜不倦引导他们，为他们搭建成长成才的平台。经过一学期的相互了解，学生们和我关系亲切，总是主动找我谈心，我们之间没有隔阂和代沟。要求学生们到家后给班主任老师发条短信报平安，一是了解每个学生的回家情况，二是顺便传达对学生父母的美好祝福。要求同学们返校后主动与老师深入交流，以此了解他们的假期生活以及家庭情况，最主要的是通过面对面的交流，增进师生的感情。在他们到家的那几天里，我不停地回复他们的短信，送去祝福；在他们返校的那几天里，我一个个地接待，打破了办公室一假期的冷清，有了新年的新活力。

3. 深入家乡情：回家后认真做好家乡家庭调研活动，返校后与同学们分享

家乡，生我养我的地方；家庭，呵护我成长的港湾。不管那里是否贫穷落后，是否温馨浓浓，都应该是我们值得付出深爱的地方，因为那里有游子的心。要求同学们做三分钟的家乡和家庭展示，一是以此来加深对家乡和家庭的了解和热爱，二是以此督促大家对家乡进行深入调研，三是以此提高大家上台展示自我的能力。在家乡家庭展示环节，同学们展示了各自家乡的不同特点，南方的小桥流水、山清水秀；北方的粗犷旷达、白雪皑皑。各自家乡的风土人情、风味小吃、历史人物等尽收眼底，让我们不出教室就游览了祖国的大好河山。很多学生在没有相机的情况下通过手机拍摄，还有学生给大家带来了家乡土特产，大多数同学都深情地介绍自己的家乡和家庭，台下同学一片片感动、一阵阵掌声。更重要的是，这次展示使同学们更加热爱自己的家乡和家庭，更加自信地上台介绍，更加盛情地邀请大家做客了。

4. 建立班级情：设计自己心中的班旗班徽，思考感恩基金用途，联系支教点

2010级教育教管班是学生们大学里的家，每个学生都有责任去建设。我

为班级树立了较高的目标，要让班级成为一个团结友爱、融洽和谐、积极向上的班集体，成为一个有着巨大凝聚力、向心力和战斗力的班集体。这个目标要每个学生一起去努力、去实现。通过寒假里设计班旗班徽活动，增强学生们对班集体的归属感；为培养学生们感恩社会、回馈社会的意识，班级设立了教育感恩基金，通过大家思考教育感恩基金用途来培养学生们感恩社会的意识；暑期带领学生们一起出去支教，通过学生们自主联系暑期支教地点，培养大家主动参与社会实践的意识。所有的要求都是以强大的班集体为后盾的，都是以建立好班集体为目标的。在班会的汇报上，学生们各显神通，每个学生都展示并说明了自己所设计的班旗班徽，由专门的学生设计了感恩教育基金章程，部分学生已经联系好当地支教点，充分显示了学生们良好的组织协调以及团队协作能力。

5. 树立自我情：认真思考总结上学期得失，规划人生远近目标，并与老师交流

大学生基本都进入了成人阶段，离开了父母的怀抱开始独立思考自己的人生，并对自己负责，追寻自己的梦想。经过一学期的大学生活，每个学生的适应能力不同，大学收获也有很大不同。大学之初的起跑线相同，但是最终的毕业表现却有很大差距。"君子博学而日参省乎己，则知明而行无过矣"，不断地反省、总结、思考，对我们每个人都是十分必要的，我要求他们把对自己的反省以及远近的人生目标形成书面语言通过电子邮件发给班主任老师。一是督促他们形成自我反思、规划的意识；二是帮助他们建立人生成长档案；三是指导个别有错误倾向的学生尽快改进。开学之初，学生们纷纷把自己或长或短的总结规划以电子邮件形式发给了我，根据每个学生的特点我都给予了回复，甚至找他们来办公室面谈，在帮助学生进行人生规划的同时，我个人也受益匪浅。

经过一次寒假作业的展示，学生们增进了对祖国各地风土人情的了解，提高了自己上台展示的能力，加深了与家长的亲情和对老师的感情，加强了班集体的向心力和凝聚力，深入思考了自己人生的规划发展。很大程度上，这次展示更是学生们之间的一次思想交流和学习，甚至是一次心灵与心灵的沟通和融合。

（三）深度辅导，守望学生成长

随着社会形势的急剧变化，高校大学生在思想、学业、生活、情感等方面呈现出了新的特点，对高校辅导员做好大学生的思想政治教育工作提出了新的要求。《中共中央国务院关于进一步加强和改进大学生思想政治教育的意见》

颁布实施以来，虽然高校辅导员队伍的职业化和专业化建设有了质的飞跃，但在高校辅导员队伍建设过程中也暴露出一些新的、深层次的问题。高校辅导员在针对学生开展深度辅导的实践中面临着许多困惑和矛盾，很重要的感受是力不从心，即使是达到了文件所规定的要求，但是离自己心中的目标还差之甚远，并不是"跳一跳就够得到的"。

1. 开展深度辅导的要求

高校辅导员是开展大学生思想政治教育的骨干力量，各高校辅导员为落实教育部下发的《普通高等学校辅导员队伍建设规定》，不断创新工作模式与方法，与时俱进地改进大学生思想政治教育工作，"深度辅导"应运而生，成为高等教育多元化和创新人才培养的重要举措，并已经逐渐发展成高校辅导员与学生之间深入交流的新型互动模式。北京市委教育工委明确把"确保每名学生每年都能得到至少一次有针对性的深度辅导"作为辅导员工作的一项具体要求。

"深度辅导"是指辅导员深入、动态地了解学生，根据学生成长发展需求，有针对性地采取措施，帮助学生解决问题的过程。[1] 深度辅导要求辅导员运用科学的知识和方法，有目的地对学生进行思想、学业、情感、心理等方面的深层次辅导。[2] 从"深度辅导"的概念界定来看，深度辅导并不是简单意义上的师生聊天和谈心，而是有着很高专业化、科学化要求的思想政治教育活动，是一种心灵与心灵的沟通，智慧与智慧的交流，灵魂与灵魂的体验。

深度辅导并不是一项简单的工作，要真正做到有深度、高质量，对高校辅导员以及辅导环境都提出了比较高的要求。辅导员首先要具备高度负责的工作精神，一定要把它作为自己的一项事业去做，而不只是一项工作；其次，要具备扎实的专业知识，掌握系统的心理咨询、职业指导、生涯规划方面的专业知识；再次，要具备良好的人际交往沟通能力，能够做到以情感人、以理服人，成为学生的知心朋友；还要具备良好的心理素质，能够应对各种突发事件。除此以外，辅导员还要有创新精神、法律意识和团队合作意识，更要处理好深度辅导工作和其他工作之间的关系，更要注重自身专业化的发展。

2. 深度辅导所面临的问题

高校辅导员的工作是一项研究人、影响人、改变人的工作，是一项无止境

---

[1] 王民忠. 辅导员要努力提高开展深度辅导的能力 [J]. 北京教育德育，2010（2）.
[2] 寇红江，王洵. 对辅导员深度辅导工作的若干思考 [J]. 思想政治教育研究，2010（6）.

的工作，需要个人全身心地付出，将其作为自己的终身事业去做，需要不断地通过学习去补充自己、完善自己，不断地深入学生，去发现问题、解决问题。笔者在具体实施深入辅导以及和同事交流的过程中，发现辅导员面临着很多的困惑和矛盾。

（1）辅导员专业化不强。

当前，大学生在思想道德、学习就业、生活适应、心理健康、人际关系等方面都存在诸多困惑，这些都是高校辅导员应该进行深度辅导的内容，如果这些问题处理不好，会直接影响到他们的健康成长，所以需要辅导员以专业化的知识和技能对学生进行科学、有效的引导，帮助学生有针对性地解决问题。可是，高校辅导员做学生辅导时大多局限于自己的工作经验，远没有达到专业化、专家化的水平和要求，对学生心理咨询、就业指导和职业生涯规划专业知识了解较少。据一项调查显示，北京高校辅导员在专业结构方面，具有思想政治教育、教育学、心理学等相关专业背景的只占30%左右，专业知识与技能相对薄弱，这与深度辅导的要求有一定差距。本人作为教育学的硕士毕业生，在深入辅导实践的三四年中，不断加强自身工作领域知识学习，依然深感自身的专业化知识不足，往往感到力不从心，更何况那些没有相关专业背景的辅导员。心理、就业、职业生涯指导，还有学生所学专业，任何一个领域都是一个庞大的体系，单是把这些知识框架搭建起来都需要很长一段时间，更不必说精通所有领域了。深度辅导需要辅导员不断地去学习，通过实践、学习交流和各种专业知识培训来积累经验，但是这方面的交流学习、实践和理论培训又比较少，无法满足深度辅导的需求。

（2）辅导员队伍不稳定。

高校辅导员工作是一项烦琐而事无巨细的工作，是一个工作量大、责任重大而待遇相对较低的岗位，直接导致了辅导员队伍稳定性差、流动性快的局面，这十分不利于深度辅导工作的开展。调查表明，目前北京高校辅导员年龄结构方面，21～30岁的辅导员占60%，这个结果说明，一是辅导员队伍年轻化，工作经验不足，对学生深度辅导说服力不够；二是辅导员队伍不稳定，流动性快，不利于与学生建立长期信任关系，这两点均不利于开展深度辅导工作。做好深度辅导工作，首先要和学生建立良好的信任和互动关系，除了要进行不止一次的深入辅导之外，还要定期进行后续的跟踪反馈，需要付出较多的时间和精力。要与学生建立良好的信任关系，甚至要形成可信任的良好形象，如"知心姐姐""知心哥哥"等，否则辅导工作很难深入，不能从根本上解决学生的苦恼问题。目前，一些高校选拔优秀本科毕业生留校做辅导员，担任班主任工作，两年之后开始读研究生。还有一部分高校是由在校研究生担任低年级辅导员，这部分辅导员是辅导员队伍中最不稳定的一部分，绝大部分是两年之后就不再带班，班级再交由另外一个老师管理。甚至有的本科生班大学四年换了三四个班主任，每个班主任都认不全自己班上的学生，有的学生也记不清谁是班主任。如此这般，深入辅导开展的数量和质量都难以保证。

（3）辅导员角色定位不准。

在不同的历史时期，高校辅导员工作有其不同特点，但是高校辅导员始终承担的是思想政治教育的角色。而当今随着高校学生事务管理内容的增多，工作任务加重，在一定程度上导致辅导员深陷繁重而琐屑的学生事务之中，更严重的是部分辅导员被学院和学校的行政事务占去了大部分时间和精力，严重削弱了其自身承担的德育功能。辅导员长期重复地做一些"低层次"工作，会严重影响其业务水平和辅导能力的提高，将使辅导员的定位混淆不清，丧失其在学校的地位和存在的价值，最终使辅导员无法对学生进行深入辅导。高校辅导员是思想政治教育者，首要的职责是"辅导员"，而非领导的"行政秘书"，当然也不是学生的"保姆"，首要的工作是"辅导""深度辅导"，而非整天陷入各种事务性工作中去。在深入辅导工作中投入的时间和精力以及愿意程度将直接决定深度辅导的质量和数量。[1] 深度辅导工作的出发点和落脚点是尽可能地帮助学生解决困难，要真正达到有"广度、深度、精度"，因材施教，关注学生个性发展，促进学生全面成长，首先需要辅导员明确自身的定位。

（4）深度辅导工作氛围差。

绝大部分高校专职辅导员人数不足，远没有达到国家规定的1∶200的比例。部分高校大院系学生近两千人，专职辅导员只有三四个人，不可能保障深度辅导做到全员覆盖，不得不依靠班主任、导师等师资力量开展工作。同时，对辅导教师开展深度辅导的激励、保障措施十分有限，约束机制比较弱，较大程度上依靠教师的职业道德与个人自律来开展工作，没有制度保障，单靠教师热情很难保证深度辅导的质量。根据北京市相关要求，部分高校向辅导员、班主任老师下发了《深度辅导手册》，要求辅导老师对学生进行深度辅导并做好记录。根据反馈，大部分老师做得不到位，深度辅导开展的数量和质量不高。

---

[1] 周翔，王婷. 对大学生深度辅导工作若干问题的思考——从学院层面深度辅导工作实践出发[J]. 高校辅导员学刊，2011（2）.

面对如此多数量的学生，深度辅导工作不得不只是关注到了优秀学生骨干群体和问题学生群体，忽视了人数众多的中间群体。如此，不但没有达到北京市教工委文件的基本要求，更会引起中间群体学生的不满。另外，笔者在深度辅导的工作实践中经常受到没有合适场地和足够经费的困扰，为了能够不受其他因素的干扰，保证辅导的质量和学生的隐私，经常是找周末老师们都不来上班的空余时间在办公室里进行；为了建立和学生的信任关系，保证顺利沟通，经常自掏腰包请学生吃饭。

3. 针对深度辅导的保障机制

要保证深度辅导工作的顺利开展，除了高校辅导员自身要加强责任感和使命感，加大时间和精力的投入，增强学习的意识，不断提升综合素质之外，更重要的是学校要为深度辅导提供制度、队伍、合力等多方面的管理和支撑。

（1）建立健全培训和交流机制，提升辅导员专业化水平。

深度辅导是一项专业技术性工作，辅导内容涉及学生思想、学业、生活和情感等多方面，对辅导员的知识面、专业技能都有比较高的要求，需要辅导员掌握专业领域知识和专业技术。学校应建立健全培训机制，在培训时间上，贯穿辅导员职业生涯全程；在培训内容上，针对本校学生专业特点开展针对性培训，同时强化心理咨询、就业指导、生涯规划方面的技能技巧，全方位、有重点地提高辅导员的能力水平。❶通过培训能够帮助辅导员建构专业知识方面的理论框架，提升实际解决问题的能力和技巧。学校还应建立健全交流机制，定期举办专题交流会、研讨会、案例分析会等，举办覆盖面较广的深度辅导经验交流会、观摩会、角色扮演等，为辅导员提供交流学习的平台。

（2）建立健全激励和督查机制，推动深度辅导可持续发展。

为进一步加强和改进深度辅导工作，学校应该结合本校实际，完善深度辅导工作指导细则和执行标准，建立健全激励和督查制度，定期督导和抽查辅导员深度辅导工作开展情况，并在辅导员年度考核中，把深度辅导的落实情况作为确定考核结果的重要指标。深度辅导工作的记录可以多样化，比如学生谈话录音、QQ或微信聊天记录、邮件往来、辅导后反思记录等都可以作为检查的重要内容，同时让学生参与到辅导员的年度考核中来，并且要让学生的评价占主要部分。可以开展评选校级或者院系的优秀辅导员、十佳辅导员等多种方式

---

❶ 周贤君. 职业化. 专业化高校辅导员队伍建设的着力点［J］. 当代教育论坛：宏观教育研究，2009（1）：122-124.

来加强辅导员的工作动力。针对深度辅导工作做得好的辅导员应给予荣誉和物质上的奖励，并组织召开学习经验交流会；针对深度辅导工作开展得较差的辅导员要给予警告和批评，督促辅导员真抓实干，把深度辅导落到实处。

（3）加强辅导员队伍建设，保持队伍的稳定性，明确职责定位。

辅导员队伍建设是开展深度辅导的前提和基础。首先要在数量上充实辅导员队伍，就是说要根据中央文件的要求，按照师生比1:200的比例充实辅导员队伍。当然，不只是满足数量上的要求，整合学校内外多方面的力量，使更多的教师、学生干部甚至是退休老教师、优秀毕业生都可以进入辅导员的行列，促进全员育人、全社会育人的实现。要保持辅导员队伍的稳定性，成为一名优秀的辅导员需要长达几年的工作经验和岗位知识积累，带一届学生同样需要三四年的时间。为了保证深度辅导的可持续和质量，至少应该让辅导员带完一届学生，而非一届学生换好几个辅导员，最好是辅导员入职带班签订相关协议。另外，一定要明确辅导员的工作职责，明确辅导员的岗位定位，最大限度地减少辅导员辅导工作之外的工作量，给辅导员留出自我充电的时间，尽量避免辅导员完全陷入事务性、行政性的琐碎工作当中去，要为辅导员留足做好深度辅导工作的时间和精力，保证深度辅导的效果。

（4）建立保障机制，形成深度辅导合力。

要做好深度辅导工作，除了加强辅导员队伍建设之外，还要为辅导员工作的开展做好保障工作。比如提供必要的资金支持，提供深度辅导的工作场所等。据多数辅导员反映，每年按学生人头给辅导员发放的津贴都不够请学生吃饭、参加学生活动的，辅导员经常自己掏腰包，如果遇上一个问题学生进行多次深度辅导更是如此。多数辅导员还反映深度辅导没有合适的场所，建议建立温馨、私密性的生活指导室或者交流谈心室。为提升深度辅导的数量和质量，即使按照国家规定配备了专职辅导员，单靠辅导员队伍也是远远不够的，应该形成一个深度辅导合力机制，应该充分调动班主任、导师、学生干部等力量共同投入到深度辅导工作中来，甚至可以返聘已经退休的老教师，充分发挥老师们各自专业特长和经验优势。针对辅导员、班主任和导师难以解决的学生问题，还应该将心理咨询中心、就业指导中心等单位纳入到深度辅导的体系中来，发挥这些机构的优势力量，做好突发事件的预警机制，确立定期排查和跟踪反馈问题学生机制，利于形成全员育人的良好氛围。可以根据学生的具体问题情况实行分类、分等级，按照问题的轻重缓急和种类进行划分，形成一定的处理程序机制和指导手册，便于更加深入地开展辅导工作。

深度辅导是辅导员工作的新模式，是思想政治教育精细化的过程，也是全员育人的系统过程。❶ 在实践过程中，需要辅导员全身心地投入，通过自己的热情和专业化水平走进学生、融入学生，更需要学校做好后勤保障工作，形成合力，全员参与，通过深度辅导将思想教育融入到学生发展过程中。

四、学校组织中的大学生主体性发展

习总书记在全国高校思想政治工作会上强调了高校培养什么样的人、如何培养人以及为谁培养人这个根本问题，将立德树人作为中心环节，要求实现全程育人、全方位育人。班级是大学生的基本组织形式，是大学生自我教育、自我管理、自我服务的主要组织载体。团支部是高校共青团工作的基础，与广大学生团员保持着最直接、最广泛的联系，肩负着团结教育青年学生的重任。在高校中，大学生基本上都是共青团员，为了便于教育管理服务，班级和团支部往往建在一起，统称班团组织，由辅导员（班主任）指导班干部和团干部加强班团组织建设。

（一）大学生主体性发展的现状调查

大学生是国家和民族未来的希望。在大学生成为栋梁之前，从教育学的角度讲，大学生先要成为一个人、一个主体性发展的人，这个人要有主体意识、主体地位、主体能力和主体关系，在学习、生活和工作中，能够具备主动性、自主性、创新性和交往性。

1. 调研基本情况

关于主体性的研究，哲学、心理学、教育学和管理学都有相关研究。哲学领域中，马克思对人的主体性有全面而深刻的阐述。在教育领域，多位学者认为学生的主体性是学生的自主性、独特性、能动性、整体性和创造性❷；北京师范大学肖川教授总结说："主体性的内涵包括自主性、能动性和创造性。"❸ 本研究以前人研究成果为基础，提出以下主张：第一，自主性是人成为主体的前提和基础，是人作为主体能自由、独立行使和支配自己的权利的特性。第二，主动性是指主体自觉主动地从事自己的活动，目的是满足自己的需要。第三，创造性最能展现主体的主体性特征，正是在对客体的主体改造中才能发生

---

❶ 樊昌茂. 论辅导员深度辅导机制的构建和完善 [J]. 北京教育（德育），2010（11）.
❷ 田慧生. 论学生主体地位的确立与教学实践重心的转移 [J]. 教育研究，1989（8）.
❸ 肖川. 主体性道德人格教育 [M]. 北京：北京师范大学出版社，2002.

创造性的活动。大学生主体性发展的基本目标是完成大学生全面自由发展，解放大学生的主体性，自主地、主动地、创造地完成发展的需求；全面地、充分地、自由地发展主体能力。

基于对上述大学生主体性发展的基本内涵的研究，本研究采用了自编的《高校班团组织中本科生主体性发展现状调查——以北京师范大学为例》调查问卷，调查对象为北京师范大学在校本科生。基于大学生主体性的自主性、主动性和创造性三个维度，分别从个人生活和集体生活两个方面进行调查，设计了相关问题。问卷采用 Likert 5 点量表进行测量，"1 分"为非常不符合，"2 分"为比较不符合，"3 分"为一般，"4 分"为比较符合，"5 分"为非常符合。各项平均分作为最终得分，分数越高说明该性质越为显著。研究通过网络发放问卷，最终收集了有效问卷 244 份，有效率为 100%。同时采用 SPSS17.0 进行问卷数据的统计和分析，结果证明，该问卷具有较为良好的信度（Alpha =0.759）。

2. 调研结果分析

根据主体性的三个基本特征，我们分别对每一特征进行了问卷分析。

（1）大学生自主性水平高，主动性水平较低。

在调查自主性的部分，问卷设计了三个问题，分别为："你对自己的课程学习或者课外学习有明确规划""你的日常饮食很健康，作息很规律"和"你有较强的民主参与意识和独立判断思考的能力"，前两问对应个人生活维度的自主性，后一问则针对集体生活中大学生的自主性表现。三项的平均得分分别为 3.52、3.02 和 3.64，因此，自主性维度的总平均分为 3.39。

在调查主动性的部分，问卷设计了"你经常与课程老师或辅导员沟通交流"和"你会积极参与班建活动和团日活动"与"你能正确对待身边的竞争，并能很好地处理好人际关系"三个问题，同样，前一问用校园生活中的一种典型表现形式来调查学生的主动性，后两问则是基于集体生活情境下的主动性调查。数据分析的结果显示，这三个问题的平均分分别为 2.6、3.66 和 3.85，因此，主动性维度的总平均分为 3.37。

在调查创造性部分，基于个人生活和集体生活两个维度分别设计了"你有自己独特的学习方法"和"你经常积极对班级建设进行建言献策"两个问题，得到的平均分结果为 3.44 和 3.68，因此创造性维度的总平均分为 3.56。

综合比较，问卷调查对象所代表的北京师范大学本科生的整体主体性水平较高，其中自主性水平最高，创造性次之，主动性则为最低。

(2) 大学生学习自主性强，个人生活自主性差。

自主性强调的是个体对于自身作为一个主体的认知，是指在一定条件下，从事实践活动的个人对活动对象具有控制、支配的权利和能力，而不被一些条条框框所束缚，自己的意识和言行，能够根据对活动对象的认识来支配自己和活动对象。❶ 数据表明，大学生对于自己的学习计划有良好的个人规划和学习方法，说明大学生对于自己的学生身份以及随之而来的责任和义务有清晰的认知。以选择"比较符合"和"非常符合"两项为高水平标准，"对自己的课程学习或者课外学习有明确规划"达到高自主性水平的比例为55.7%，"有较强的民主参与意识和独立判断思考的能力"则为61.5%。大学生在学习能力和思辨能力方面的水平较高，反映出学生在学业方面有较强的独立意识，自主性水平较高。但是对于个人生活方面的调查发现，个人生活自主性水平显著低于学习规划的自主性。关于日常规律饮食作息的调查，平均得分仅为3.02，显著低于自主性整体的平均分3.39，且高水平的比例仅为37.7%。相对于学习自主性而言，大学生对于规律化的生活重视度并不高。

由于自主性的体现方式着重点在个人，班团组织对个人自主水平的影响难以测量，但是同样可以借助集体的力量来帮助提升自主性水平，比如针对调查的问题，如果班集体开设倡导饮食、锻炼等规律化的活动，可以利用相互监督、相互竞争的方式带动学生参与，从而改善对于自身生活水平提升的自主性。

(3) 师长交流主动性差，朋辈互助主动性强。

从大学生主动性水平的测量来看，平均分为3.37的水平总体上也较高，但是在"与教师/辅导员的交流频率"的调查中得分远低于平均分，其中选择"比较符合"与"非常符合"的人数比例仅为18.03%。大学生在高校中交往的对象主要是教师/辅导员群体和学生群体，主动性交往是大学生主体性水平的重要标志。高校中教师/辅导员群体是指导和帮助大学生成长发展的最重要群体，但是数据却表明大学生并不倾向于选择教师/辅导员群体进行主动交流，更倾向于朋辈的交往互动。关于"参加团日活动"和"能够良好处理人际关系"的调查中，达到高水平的比例分别为67.2%和76.2%，说明大学生主动性交往问题并不在于学生主动性本身的缺失，而是在于互动对象的不同。高校环境远不同于中小学，学生活动多样化、课程选择多元化和上课与住宿的差异

---

❶ 胡正平. 试论大学生主体性培养[J]. 高等农业教育，2011 (11)：78.

化对于大多数本科阶段的学生有较大冲击，教师与学生都有较大的科研压力和学业压力，除了上课时间的面对面，课下很少有时间和机会谈心，直接导致大学生很难将信任托付给并不常见面的老师和辅导员，是大学生与教师间缺乏良好互动的主要原因。

（4）个人情境中的创造性较佳，集体情境下创造性较弱。

创造性是大学生主体性中最能体现能动性的特征之一，它不仅对个体在主动改造客观事物上提出了要求，同样在对方式上的条件限制也提出了创新性的要求。创造性是大学生主体性发展的主要动力，同时是大学生主体性成长发展的目标，是参与班团组织建设的源泉。北京师范大学学生在班团组织中创造性平均分为3.56，反映了大学生在个人生活和集体生活两方面的较高创造性水平。调查显示，北京师范大学大学生集体活动创造性水平的高水平人数比例为37.7%，个人生活的情境下创造力的发挥更为充分，达到了54.1%。很明显，在集体环境下较低的创造性水平并不是源于学生本身创造性能力的缺失，而是与集体情境有较强的联系。这也反映出在班团组织创设的集体条件下，当前大学生的创造性水平还有较大的提升空间。

3. 当前大学生主体性发展的特点

根据众多学者的研究，大学生的主体性是指大学生在学习、生活、班团组织管理、学生活动以及社会性交往中的主观能动性，具体包括能动性、独立性、选择性、创造性、自我意识性。[1] 而主体性发展还可以从主体意识、主体地位、主体能力和主体关系四个方面进行剖析。

（1）大学生主体意识觉醒，缺乏主动性。

主体意识是作为主体的大学生对于自己的主体地位、主体能力和主体价值的一种自觉意识。[2] 只有大学生认识到自身所具备的主体权利，才能够真正在高校中确立自身的主体地位，也才能够充分发挥自身的主动性。在当代全球化背景下，新媒体迅速发展，多种文化交融在一起，多种文明相互冲突，大学生的主体意识开始觉醒，不再"谨遵教诲"，教师的"一言堂"已经无法灌输给学生，大学生有了自己的主见，不再轻易相信什么、遵循什么，而是有了自己的判断和选择。部分大学生对主体意识也有片面理解，将主体意识完全等同于自我意识，将主体性的发挥视为个性的张扬。在大学生主体意识觉醒的阶段，

---

[1] 石中英，王卫东. 主体性教育[M]. 北京：教育科学出版社，1999：6.
[2] 仪建红，杨波，李晓惠. 浅议大学生主体性教育的内容[J]. 山西高等学校社会科学学报，2004（7）：103.

进一步加强大学生思想政治教育工作非常重要。

主动性是指个体按照自己规定或设置的目标行动，而不依赖外力推动的行为品质。[1] 主动性是主体意识觉醒的催化剂，能够帮助主体意识朝着正确的方向养成。根据尹明雪等人对山西省几所高校的调查发现，在大学生的主体意识调查设置的6分中，调查分值均在5分左右，相对较高，但是主动性则相对居中。[2] 大学生的主动性主要表现在对学习的适应和选择的能动性上。[3] 高等教育为学生提供各种便利条件和资源，学生可以根据自己的需要，选择教学内容、教师、教学时段等。例如大学实行选课制度，学生可以根据自身兴趣，选择相关课程或者跨专业选课等，但是由于学生长期受传统教育的影响，对老师的依赖性太强，仅仅依靠教师及相关工作人员的指导，学生的主动性很难得到适当的发挥，学生的选择也可能缺乏科学性。

（2）大学生主体地位崛起，缺乏自主性。

随着当前高等教育的改革和发展，教育治理体系和治理能力的现代化加快推进，高等教育坚持"以学生为主体"，构建"以学生为主体"的高等教育体系，学生成为高校治理体系的主体之一。大学生既是接受教育的主体，也是探求知识的主体；既是接受管理的主体，也是参与管理的主体；既是高等教育消费的主体，也是享受高等教育服务的主体。随着大学生主体意识的觉醒，主体地位也随之崛起。不管是从国家层面还是学校层面，大学生的主体地位都受到了同样的高度重视。大学生主体地位的崛起，利于形成良好的教育氛围，利于大学生主体性的发展，利于大学生主体价值的实现。

然而，学生具有主体地位，却不具备一定的自主性。大学生的自主性是指学生在高校中的主体权利，具有主体意识，获得主体地位，发挥主体作用，形成主体品质。[4] 所谓自主性就是学生能够根据自身需求和条件，合理地安排自己的学习和生活，以寻求更好的发展机会和条件。大学生的自主性可以分为两个方面：第一，在学习过程中，学生能够自主确定学习目标、自主制订学习计划、自主选择学习方式方法、自我监控和调节学习进展、自主检测和评定学习

---

[1] 和学新. 主体性的内涵、结构及其存在形态与主体性教育[J]. 西南大学学报（社会科学版），2005（1）：65-71.

[2] 尹明雪，崔华静，何云峰等. 山西省高校大学生主体性培养的问题与建议[J]. 中国农业教育，2012（4）：40.

[3] 匡令芝. 高校教学管理促进学生主体性发展的研究[D]. 长沙：湖南大学硕士学位论文，2005.

[4] 李福华. 高等学校学生主体性研究[D]. 上海：华东师范大学博士学位论文，2003.

结果等。部分大学生缺乏生涯规划，甚至沉溺于电子游戏中，存在学业问题，最终被退学或者肄业。第二，在生活中，学生能够自主地安排自己的日常生活，成为一个独立生活的人，但因为大学生上大学之前只关注学习，没有养成独立自主的能力，生活上的自主性很差，如有的大学生"带着保姆上大学""脏衣服打包带回家""父母不在断不了网瘾"等，所以很多大学生是只会学习、不会生活。

（3）大学生主体能力不足，缺乏创造性。

主体意识的强化和主体地位的稳固需要有较强的主体能力。主体能力的范畴非常广泛，对于大学生来讲，大学生主体能力包含学习能力、沟通能力、创新能力、领导力和就业竞争力等。在传统教育模式下，"唯分数论"现象严重，一直存在"高分低能"的现象。进入大学后，绝大多数大学生依然将所有精力放在学习上，不注重个人能力方面的培养和锻炼，毕业找工作时才意识到自身能力不足，而大学是大学生主体能力提升的关键阶段。因此，大学生应该充分利用大学阶段提升自身的主体能力。

所谓创造性是指个体产生新奇独特的、有社会价值的产品的能力或特性。创造性是对现实的超越，是主体性发展最重要的表现。❶根据尹明雪等人的研究发现，山西省几所高校的学生创造性的得分只有3.89分，离满分（6分）有较大差距。❷孙玮等人对北京师范大学新生创新创业素养研究发现，新生创新创业素养较低，存在创新创业意识不强、知识不足、能力不高等问题。❸习总书记强调，创新是引领发展的第一动力，要加快形成一支规模宏大、富有创新精神、敢于承担风险的创新型人才队伍，要重点在用好、吸进、培养上下功夫。在"大众创新、万众创业"的背景下，各高校响应国家号召多措并举为大学生创新创业提供课程、资金、技术、设备等方面的支持，大学生已经成为"双创"的主力军。

（4）大学生主体关系较弱，缺乏交往性。

随着高校人才培养模式的改革，学分制成为一种新型教学管理模式，学生可以自主选课，同一专业学生课程安排各不相同，班级成员在时间和空间上的流动性都很大，加之大学生班团组织观念淡薄，这就导致同学之间关系变得疏

---

❶ 李福华. 高等学校学生主体性研究 [D]. 上海：华东师范大学博士学位论文，2003.
❷ 尹明雪，崔华静，何云峰等. 山西省高校大学生主体性培养的问题与建议 [J]. 中国农业教育，2012（4）：41.
❸ 孙玮，葛玉良，邱化民. 大学生主体式创新创业教育研究 [J]. 中国大学生就业，2016（6）：39.

远,同学之间的交往减少。目前的大学生中多数是独生子女,部分学生没有住校经历,处理同学关系能力较弱,容易形成自我封闭,甚至酿成云南大学马××杀人案、复旦大学投毒案等悲剧。当前网络时代的迅猛发展,无处不网络,无人不网络,人与人之间的交际更倾向于使用网络,而缺少了"面对面"交流。普遍存在的一个现象是同一个宿舍的同学很少说话,大家都各自对着电脑,有事就通过微信、QQ等网络工具进行沟通。由此可见,大学生之间的交往性机会正在丧失,很多大学生变得更加孤僻,缺乏安全感。

根据阚爱金等人对浙江大学的调查发现:大部分大学生对自己目前的人际关系评价不高,认为实际的交往效果与自己的预期有差距。调查研究显示,60.1%的学生认为自己的同学关系"一般",64.9%的学生选择"疏远""竞争"甚至"冷漠"来评价学分制下大学生同学关系的总情况。[1] 因此,可以看出当前同学之间的主体关系较弱,且彼此之间关系疏远,交往性大幅度降低。

(二)班团组织建设中大学生主体性发展

在新世纪里,教育的使命是找回失去的人,在教育中重新发现人的价值,而不再是将人当成工具或者容器,不再将大学生当作教育的产品,而是要将大学生看成活生生的、有情感的、有思维的主体。[2]

主体性发展是每位大学生的发展方向,同时也是高校培养大学生的目标。班级和团支部作为当代大学的基层学生组织,是大学生人才培养的重要平台。中共中央、国务院在《关于进一步加强和改进大学生思想政治教育的意见》中指出,"坚持教育与自我教育相结合。既要充分发挥学校教师、党团组织的教育引导作用,又要充分调动大学生的积极性和主动性,引导他们自我教育、自我管理、自我服务。"大学生的主体性发展状况在一定程度上反映了班团组织建设的作用和存在的问题。因此,调查高校班团组织中大学生主体性发展现状对提升班团组织建设有重要意义。

1. 高校班团组织对大学生主体性发展的作用

班级和团支部是高校的基本构成单位,是大学生自我教育、自我管理、自我服务的主要组织形式,承担着引领学生发展、助力学生成长、提高学生能力和促进学生交往的职能作用。

---

[1] 阚爱金,黄婷婷,梁秋丽. 学分制对大学生同学关系的影响调查研究——以浙江大学为例[J]. 长春理工大学学报:社会科学版,2010(6):120.

[2] 牛慧娟. 大学生主体性发展研究[D]. 武汉:华中科技大学博士学位论文,2007:13.

（1）班团组织是树立学生主体意识的平台。

每位大学生都是班团组织中的一员。新生入学的第一个归属组织是班级和团支部，学生对班团组织的直接感受就是对学校文化的体验，对班团组织产生强烈的归属感，同时意识到自己有参与班团组织建设的权利与义务。在班团组织中，每位学生都会受到彼此的尊重，受到朋辈的教育影响，形成独立的发展需要。高校班团组织是具有身份认同的集合体，是高校教育教学和学生管理的基层组织形式，大学生在学习活动中会认识到班团组织的重要性。班团组织要组织好、引导好、协调好同学们的学习、工作、生活，❶帮助大学生逐渐认知自我、发展自我和超越自我，帮助大学生明晰自我身份，明确社会化过程中的责任。每位大学生都置身于班集体中，班团组织为大学生主体意识的形成打造了一个平台，让学生意识到自己是班集体的一分子，从而才能融入班集体，找到归属感。

（2）班团组织是强化学生主体地位的阵地。

大学的班团组织人数有限，少则十几人，多则几十人，大学生都会在班团组织中找到归属感，找到自身的存在感。大学生的主体地位要求高校把学生培养成具有能动性和独立性的个体，要培养学生在活动中的自主性、主动性和创造性，而班团组织建设为学生主体地位的确立提供了前沿阵地。每个学生都有参与班团组织建设的机会，每个学生都有做班团干部的机会，每个学生在班团组织中都是不可忽视的主体。通过班团组织这个基层工作单位，展示大学生的能力和风采，进一步强化了大学生的主体地位。班团组织能够充分调动学生的积极性，学生在班团组织中能够体现自身的"主人翁"地位，参与班团组织管理，发挥自身的主体性作用，展现个人的主体价值，真正把自己的主体地位落到实处。

（3）班团组织是提升学生主体能力的载体。

参与班团组织建设是大学生提升自身主体能力的重要途径，而班团组织发挥着载体的作用。学生工作和活动是大学生锻炼自我和提升自我的重要部分，是大学生自我教育、自我管理和自我服务的要求。大学生通过参与团支部建设加强思想认知，养成良好的世界观、人生观和价值观，通过参与班级建设服务同学，提升服务他人的意识和开展服务的能力。在班团组织中锻炼提升自我主体能力，最有效的方式是组织开展班团组织活动。班团组织能够为学生的日常

---

❶ 姜利化．浅谈如何增强班级凝聚力［J］．法制与社会，2009（16）：154．

生活和学习提供一个发展平台。班团活动经过精心策划，同学们积极配合完成。在组织活动的过程中，班级同学可以充分锻炼自己的组织协调能力、沟通交流能力；还可以与自身的特长、专业知识相结合，充分地展现自我。例如，调动具有艺术细胞的学生开展音乐歌舞比赛；组织专业相关的辩论赛，不仅可加深对专业知识的理解，还能提升学生的逻辑思维能力，锻炼学生的语言表达能力等。

（4）班团组织是增强学生主体关系的纽带。

班团组织是高校中最小的组成单位，大学生在班团组织中的交往性相对是最高的。在辅导员（班主任）的指导下，团支部和班级会经常组织思想建设、评奖评优、入党推选和丰富多样的班团活动，同学们除了在一起学习和生活的交往，还有在各色活动中的协调配合，班团组织为大学生主体关系的增强提供了纽带。而当前大学生的主体关系较弱，班级同学的学习呈现个体化和分散化的特征，班级同学更是以宿舍为单位进行区分，学生的班团组织概念淡化，正需要从最基层的班团组织开始为同学间的沟通交流搭建平台，通过开展各种班团活动，让同学们相互认识，相互交流，把同学间的交流从以宿舍为单位扩大到以班团组织为单位。同时，班团组织活动的开展也为学生提供了一个充分展现自我的平台，也是调动学生积极性和主动性的有效方式。

2. 班团组织中促进大学生主体性发展的途径

班团组织是大学生在高校中直接接触的基础校园组织，在培养和提高大学生主体性上具有独特的优势。尽管提升和发展大学生的主体性是高校人才培养的重要目标，班级和团支部却担负着大学生自我管理、自我教育和自我服务的重要职能，是大学生提升和发展自主性、主动性和创造性的最基础的平台。

（1）增强大学生的个人生活自主性。

班团组织要充分运用校园生活这一载体，积极开展班团活动，形成相应的文化氛围，将正能量传递到每一个学生的身上，通过营造整体积极向上的氛围，进而帮助提升每个个体的生活自主性。班团组织与大学生的个人生活之间往往存在一定的距离，很难直接对生活的自主性产生影响，所以班团组织可以充分发挥文化的功效，把集体的道德标准、价值观浸润到每一位成员的生活中，使之潜移默化地接受健康积极的生活文化。班团组织开展的活动同样可以具备一定的个性，针对成员的特点、难点和热点来设计、开展活动，并在活动内容和形式的选择设计上做好准备工作，以调动整体参与的积极性。例如，组织兴趣小组活动,以宿舍为单位定期举行趣味运动,开展室内外素质拓展活动等,让成员感受到运动在生活中的重要作用,并将体育锻炼融入自己的生活中,养成规律运动的好习惯。班团活动的形式要生动活泼,活动的内容要丰富多彩,才能有效改善在校大学生生活的单一化现状。通过形式与内容的变化让学生产生新鲜感,进而激发参与和尝试的欲望。

(2) 建立和谐科学的师长交往方式。

班团组织可以通过建立健全师长互动机制和信息沟通平台的方式,为学生搭建广阔的交流平台,让师长交往方式更加和谐、科学。例如,座谈会、研讨会、沙龙交流等丰富的活动形式可以让班团组织直接有效地了解到成员的动向、需求和困难。另外,随着信息技术和社交软件的发展与成熟,除了线下对话的传统交流方式,学生与辅导员、课程老师之间还可以进行更加方便的线上交流。除了创设平等民主的交流互动平台,班团组织需要在学生之间、师生之间、学生与辅导员之间在思想、情感的交流与互动过程中,注意培养学生的表达沟通及办事能力,进而提升学生在交往中的主体性。

(3) 营造积极活跃的创新创造氛围。

高校大学生的思维大多非常活跃,对当下的时政新闻往往都有着自己的独特看法,也对社会生活有着较高的参与热情。班团组织应该结合大学生的这一特点加以积极引导,为大学生营造积极活跃的创造氛围。班团组织在开展活动时,应该注重自由式、探究式、创新式的活动内容和活动方式,延伸活动开展的深度和广度。例如,一些学术讨论交流、主题辩论、文化沙龙等活动可以增强学生的逻辑思维和思辨能力,摒弃盲目、从众心态,使学生主体性的发展更具理智、更加成熟。在学习上,班团组织应该引导学生转变学习方式,从依附型向自主型转变,在平等相互尊重的基础之上,认识到自己是学习的主体,在学习过程中,持久地保持积极、独立、自主的心理状态,积极主动地去获取知识、迁移知识。另外,大学生主体性的发展更离不开大学生的自我投入、自我反思与自我教育。所以大学生要积极通过与外界环境的相互作用,督促自己,完善不足,塑造一个更好的个体,以实现自身主体性的纵向发展。[1]大学生在学习和生活中应注意观察、总结,养成反思、发问的习惯,不断累积自己应对外界问题的方法,同时要养成积极的态度,抵制懒惰、逃避、功利的情感态

---

[1] 尹明雪,崔华静,何云峰,刘冬. 山西省高校大学生主体性培养的问题与建议 [J]. 中国农业教育,2012 (4): 43.

度，使自觉参与形成习惯。在不断深化和提升自身自主性认知的同时，充分发挥主动性与创造性，实现主体性发展的本质目标。

3. 班团组织建设的对策建议

（1）加强班团组织的制度建设，调动学生参与意识。

制度是班团组织正常运行的重要依托。制度建设就是要建立一个共同遵守的行为准则来约束班团组织成员的行为，以保证班团组织建设的规范化和有序化。良好的班团组织制度是以全体成员作为主体而创造的群体文化，它在很大程度上能够获得成员的心理认同，体现成员共有的价值理念、思想情感和归属感。❶

班团组织的制度建设应当确立"民主管理"模式，保证人人都能参与班团组织的建设，尤其是能参与班级事务的民主决策。明确辅导员（班主任）和班团干部的职责，指明班团组织建设的方向，规定成员参与的要求。制度建设要树立"以人为本"的理念，满足大学生的合理需要，目的是加强大学生的自我教育，培养大学生对自身主体地位和角色、自我调控能力和自我存在价值的自觉意识。如团支部的推优入党制度、班级的综合测评制度，对学生参与要有严格的规定，必须达到全体成员的三分之二才能召开，不能参加的学生要有严格的请假制度，对于推优和测评有严格的条件，制度的制订要以学校和学院制度为基础，然后征求全体成员的意见，要求全体成员参与制订出符合本班团的具体条款。通过对学生主体意识的教育，让学生认识到其在班团组织建设中的作用和价值，这样才能够调动学生的参与意识和责任意识。

（2）打造班团组织的特色文化，激发学生的归属感。

高校班团组织的特色文化是指一个班级的成员在大学校园这个环境中基于相互交往而创造和形成的具有本班级特色的精神文化氛围，以及承载这些精神文化氛围的活动形式和物质形态。❷ 班团组织的特色文化是每位学生在班团组织中逐渐形成和认可的一种文化，学生在班团组织中会有较强的主体意识和归属感，能够找到自己的主体地位和存在感。班团组织的特色文化有着不同的表现形式，如组织一些特色班级活动和社会实践、设计一些创意宣传海报等，这些都是实体文化形式，还可以建立班级网络论坛、微信公众号等，通过利用新媒体不仅可以加强班级活动的宣传，扩大班团组织的影响力，打造积极健康向

---

❶ 李国梁. 关于大学班级文化的构建［J］. 高教论坛，2008（6）：22.
❷ 许岱民，王斐斐. 高校班级特色文化的构建［J］. 西北医学教育，2007（4）：602.

上的文化品牌；同时也可给学生更多的发言权，能够在班团组织中体现个人价值，增强学生的组织归属感。如北京师范大学2010级教育学班以"感恩教育"为特色文化，在全体同学共同努力下创立了四叶草教育感恩基金，四年的大学生活本着"汇聚爱心，传递感恩，投身实践，真情奉献"的宗旨，利用周末和寒暑假到打工子弟学校、偏远山区进行支教，将自己部分奖助学金捐给更加贫困的中小学生，每位大学生都在特色活动的实践中体验到了自我价值，找到了班团组织的归属。北京市教工委每年定期举办"我的班级，我的家"评选活动，参评的班级都有自己的特色文化，每名学生对班级都有强烈的认同感和归属感，班级同学的整体发展都比较理想。

（3）搭建班团组织的发展平台，提升学生主体能力。

班团组织是大学最小的组成单位，具有灵活性的特点，是大学生主体能力锻炼和提升的最佳平台。班团组织中的成员多数都是同一个学院、同一个专业或同一个宿舍的同学，大家有共同的志趣、课余时间、专业方向和学业需求，加之辅导员（班主任）的指导，因此班团组织活动的开展相对比较容易。在班团组织中，每个成员都有平等的地位和参与管理服务的权利，如果大学生有提升自我的意识，可以积极主动地参与到班团的组织管理中来，通过组织班团活动、服务同学来提升自我主体能力。根据多项研究表明，大学生的领导力、就业竞争力和创新创业能力多数是从班团组织建设的过程中建构出来的，尤其是班团组织的学生干部，他们充分发挥自身主体能力，利用班团组织的平台，争取学校班团组织建设经费，动员全体班团成员共同参与，设计丰富多彩的活动项目，开展能力训练与素质拓展，不仅提升了个人的组织协调能力、语言表达能力、逻辑思维能力和领导力等，而且拉近了与班级成员的关系，增强了班级同学的组织认同感。同时，班级成员在参与班团建设和管理的过程中，提升了主体能力。班团组织搭建的平台促使大学生自己在教育过程中由被动变为主动、从消极变为积极、从他律变为自律，提高其对外部世界的认识和把握程度。

（4）丰富班团组织的活动项目，创造学生交往机会。

班团组织的活动项目是学生交往的载体，只有丰富多彩的活动项目才能吸引更多的同学有兴趣投入，有机会交往。为了提高活动项目的特色和吸引力，班团组织建设应该采取日本片冈德雄的"一人一角色"方案，每个学生都能在班团组织建设的活动项目中找到自己的项目，发挥自己的专业特长和兴趣爱好，可以投入更多的时间和精力进行小组内部的交往。如班团组织中部分同学组建了读书小组，可以定期举办读书会分享个人观点；部分同学组建了健身小组，可以定期举办健身活动，研究健身方案；部分同学组建了研究小组，可以组队申请校内外课题开展研究……如北师大 2014 级教育学班根据同学们的兴趣建立了北师大创客空间，开展创新创业活动；在凤凰岭山脚下开辟了试验田，进行耕读教育；在实验小学上国学课程，开展国学教育等。班团组织中每名同学都有自己的交往对象和专业所长，归属感和成就感强烈。丰富多彩的班团活动能够让每个人尽量都参与到活动项目中来，调动班级同学的积极性，给学生创造更多相互了解、相互交流的机会。每个活动项目都经历从活动的前期策划到开展的过程，学生可以充分发挥自身的主观能动性和创造性，能够和各方面的人员打交道，不仅让学生在参与班级活动的过程中展现了个人才能，同时也加强了班级同学间的相互了解和信任，从而提高了同学们的组织认同感和班团组织凝聚力。

（三）高校后勤建设中的大学生主体性发展

高校后勤系统担负着"为教学服务，为科研服务，为师生员工服务"的重要任务，同时发挥着"服务育人，管理育人，环境育人"的重要功能。由高校后勤服务于教育事业这一本质特征，决定了后勤服务的教育属性，决定了其最终的归宿点是育人。

高校后勤育人功能是指后勤系统在做好后勤保障的同时，营造良好的育人机制，提高服务育人能力。要通过必要的管理和优质的服务，向学生传播正确的生活方式和价值观念，从而与课堂的思想道德教育相配合，提高学生综合素质。[1] 高校后勤系统担负着大学生第三课堂的育人功能，有责任、有义务促进大学生主体性发展。

在当前时代背景下，大学生的思想政治教育已经形成了全员育人、全程育人、全方位育人的格局。根据中央 16 号文件的要求，广大教职员工都负有对大学生进行思想政治教育的重要责任。要求后勤服务人员要努力搞好后勤保障，为大学生办实事、办好事，使大学生在优质服务中受到感染和教育。

北京师范大学后勤集团贯彻落实习近平总书记在全国高校思想政治工作会议上的重要讲话精神，"围绕学生、关照学生、服务学生"，从"学生参与"

---

[1] 朱建良，郭宁宁. 高校后勤"三服务、两育人"与科学发展之探索［J］. 高校后勤研究，2010（2）：3.

的视角出发，探究高校后勤促进大学生主体性发展的理念，探索实践高校后勤促进大学生主体性发展的功能。

1. 高校后勤促进大学生主体性发展实现的理念

（1）个人参与是教育实现的重要过程。

教育工作是一个极为复杂的过程，教育工作如何影响和促进人的进步仍然是一个"黑箱"。以杜威为代表的教育思想家提出，"一切教育都是通过个人参与人类的社会意识而进行的"❶。的确，通过我们的受教育经验，学生深入教育情境中，通过参与式学习可以获得认知、技能、价值观等多方面的成果。众多研究表明，学生参与度对学习收获产生着重要的正向影响作用。❷ 对于大学生来讲，高校后勤工作是个社会化的教育情境，只有学生参与其中，身临其境，才能体会到"不入厨房，安知柴米油盐贵"的道理。因此，高校要实现育人功能，应该吸引大学生参与其创设的教育活动，激发大学生参与的卷入程度和努力质量，帮助大学生在个人参与中获得收获与发展。

（2）社会实践是思政教育的重要环节。

中央16号文件指出，社会实践是大学生思想政治教育的重要环节，对于促进大学生了解社会、了解国情、增长才干、奉献社会、锻炼毅力、培养品格、增强社会责任感具有不可替代的作用；要求引导大学生到基层去，到工农群众中去，在社会实践活动中受教育、长才干、做贡献。习总书记在全国高校思想政治工作会议上强调，做好高校思想政治工作，要因事而化、因时而进、因势而新。对于大学生来讲，高校后勤是非常好的社会实践平台，是思想政治教育的重要基地。当前的大学生家庭条件优越，缺少生产、生活方面的经历和实践，生产生活常识缺乏，对生产生活认知不深、认识不足，动手能力较差，团队协作能力不强。因此，高校后勤可以因事而化、因时而进、因势而新地利用后勤实践性强、操作性强的特点，让学生在参与后勤建设中受教育，达到良好的养成教育的效果。❸

（3）"做中学"是教育的重要思想和方法。

后勤系统作为大学生的第三课堂，所传递出的教育理念和方法是"在做中学"，让学生在做的过程中去加强认知、提升技能和增长见识，甚至优化价

---

❶ 布鲁纳，伟俊，钟会. 杜威教育哲学之我见［J］. 外国教育研究，1985（4）：17.

❷ 王媛. 新疆高校本科学生参与度研究［D］. 北京：北京师范大学博士学位论文，2016：5.

❸ 代妮娜，张樑，陈向日，马雅群. 基于"三全育人"理念的高校后勤育人功能研究［J］. 科教文汇，2013（4）：191.

值观。"做中学"的理论是美国教育思想家杜威提出的,他认为从"做中学"是一种在经验情境中的思维方法,要"从活动中学,从经验中学"❶。从经验中积累知识,从实际操作中学习,要求学生运用自己的手、脑、耳、口等感觉器官亲自接触具体的事物,通过思考从感性认识上升到理性认识,形成亲自解决问题的能力,强调学生的动手能力和解决问题能力,能够激发学生的学习积极性和探究性。这使学生的学习变为经验与理性总结相结合,使单一知识和实际生产紧密的结合起来。高校后勤系统可以为大学生提供能够"从做中学"的平台和环境,并指导大学生去选择要做的事情和要从事的活动,促进大学生去实践、去体验、去创造,并获得知识和能力。

2. 高校后勤促进大学生主体性发展实现的模式

大学生是高校后勤服务、教育的主体,后勤要围绕学生、依靠学生、服务学生和发展学生,才能实现其育人功能。因此,大学生参与后勤的服务、管理和教育,甚至包括研究规划等,是后勤育人功能实现的前提和基本要素。

(1) 主动参与模式。

高校后勤工作与学生生活息息相关,教室上课、食堂吃饭、寝室睡觉、超市购物、浴室洗澡、医院看病、校车乘坐等,这些都离不开后勤服务。后勤工作的质量直接关系到学生的生活质量,同样对学生的思想政治教育也发挥着举足轻重的作用。❷ 为了保证服务质量和教育功能,后勤系统要充分发挥学生参与的力量和学生社团的作用,招募主动对后勤工作关心的学生参与管理、服务和监督。比如,成立学生宿舍自管会参与后勤宿舍的管理,成立学生会权益部监督食堂饭菜质量,设立学生勤工助学岗位体验后勤工作,招募学生志愿者为师生做志愿服务工作等。激发和吸引学生的主动参与,形成制度和传统,学生在参与过程中了解和改进了后勤工作,同时达到了受教育的目的。

(2) 差异协作模式。

高校后勤工作涉及学校的方方面面,而学生的兴趣点和关注点不同,但是所关注的问题必然存在着一定的交叉点。比如,水科学学院的学生可以参与后勤用水节水的研制活动;生命科学学院的学生可以参与后勤的绿植栽种和保护活动;经管学院的学生可以参与后勤商贸中心的活动;马克思主义学院的学生

---

❶ 约翰·杜威著. 民主主义与教育 [M]. 王承绪译. 北京:人民教育出版社,1990.
❷ 余晓征. 论深化高校后勤社会化改革 [D]. 武汉:华中师范大学硕士学位论文,2006.

可以参与到后勤的党建活动中……后勤系统要将工作内容与学生专业特点、兴趣和关注点结合起来，找到可以差异化协作的共同点，通过制度、组织和传统将其模式固化下来，积极与学生团体组织平等协作，帮助学生在协作实践中接受教育，实现自我价值。

（3）有限参与模式。

在高校教学活动中，大学生最主要的受教育方式依然是课堂教学，大学生的学习精力和时间都是有限的，加之部分大学生对后勤工作没有兴趣，所以不能强求每个大学生都能参与到后勤工作中来。因此，要根据学生的具体情况和特点设置学生参与后勤的有限参与模式。后勤系统要找准学生有限参与的定位和参与目的。比如，通过抽调学生参与后勤工作建言献策座谈会，学生在有限的时间里反馈了意见，加深了对后勤工作的了解；通过设置后勤系统科研课题，学生自愿报名申请课题参与研究，将有限的精力投入到后勤科研课题当中，不但解决了后勤的实际问题，同时提升了学生的科研水平；通过开展厨艺大赛、知识竞赛活动，学生自愿以比赛的形式参与，不但激发学生参与活动的兴趣，同时也是掌握技能和知识的过程，而且对后勤工作是个很好的宣传和推广。

3. 高校后勤促进大学生主体性发展的实践探索

为实现高校教育与后勤工作结合发展，进一步提升后勤服务水平，发挥后勤"管理育人，服务育人，环境育人"的重要作用，北京师范大学后勤集团多措并举推动学生走近后勤、参与后勤、体验后勤、研究后勤工作，引导学生在点滴实践中"自主创新学习、多元优质发展"，开拓了大学生思想政治教育新平台，与师生共同构建校园和谐新常态。

（1）增强学生参与的育人意识。

作为高校的一个重要单位和部门，后勤系统与学校其他单位同样担负着育人的使命，后勤系统全体员工应该树立每位员工、每个岗位、每个时段、每个方位都在育人的意识。后勤服务是"没有讲台的课堂"，后勤工作者是"不上讲台的老师"。高校后勤优质的服务、热情的态度、文明的风尚和模范的行为，会对学生道德情操、治学态度和社会责任感的培养起到直接的渗透作用。[1] 后勤系统树立每位学生都是服务和教育对象的意识，每位学生都应该是积极争取参与后勤工作的对象，每位学生都是后勤服务质量保障的参与者和监

---

[1] 余晓征. 论深化高校后勤社会化改革 [D]. 武汉：华中师范大学硕士学位论文，2006.

督者，每位学生都是后勤工作改进的建言者和宣传员。只有后勤系统人人增强了学生参与的育人意识，才能主动去接触学生、服务学生和影响学生，才能有更多的学生在自愿参与、主动参与中受教育、长才干、负责任。

（2）营造学生参与的良好氛围。

后勤工作是与学生的学习和生活紧密融合在一起的，通过梳理学生参与后勤工作的案例、事迹扩大宣传，营造学生积极参与后勤工作、维护自身权益的良好氛围。育人是一个互动交流的过程，后勤管理人员及服务人员和学生的沟通交流会大大促进育人的效果，后勤员工要通过态度、言行等方面的主动服务给学生带来正面的影响和正能量，让学生在享受服务的同时感受到后勤员工的关怀，从而达到育人目的。[1]北师大后勤集团重视学生参与相关活动氛围的营造，比如每年推出师大新闻人物评选，发动学生线上线下投票，学生在投票的过程中加深了对后勤员工工作的了解；每年"世界水日、中国水周"与院系、学生社团一起在校园内外开展节水宣传活动，学生在参与后勤节水活动宣传的过程中，增强了节水意识，同时了解学校为节水采取的积极努力。通过活动氛围的营造，会有更多的学生参与到后勤工作当中来。

（3）搭建学生参与的实践平台。

后勤的组织平台是学生参与受教育的载体，是学生参与模式的实现途径。北师大后勤集团为实现学生有效参与，联合学校各个院系、学生社团和社会组织等部门搭建了实践平台。为方便学生参与后勤的管理，后勤开发了校园设施维护和报修的网上系统，学生可以非常容易地参与到校园建设中来。为满足学生参与后勤志愿服务活动的需要，后勤先后与教育学部、生命科学学院、哲学学院、艺术与传媒学院联合开发了多个服务体验岗位，学生们在餐饮服务中心（经理助理、窗口服务等）、外事服务中心（前台接待、客房服务等）、商贸中心（整理货架、查验食品质量等）、学生宿舍服务中心（宿舍管理、安全巡视等）和物业服务中心（园区绿化、种植修剪等）进行了岗位体验工作，让学生在后勤平凡岗位上体验工作的付出与收获。在各种主题日活动期间，后勤集团与校外社会组织联合为学生的参与搭建平台，比如植树节，发起与学生共同参与的郊区植树活动；雷锋主题日，与学生共同发出"学习雷锋精神，我光盘我光荣"倡议书，并邀请师生参与签名活动。

---

[1] 张丹平. 高校后勤工作服务育人问题研究［D］. 沈阳：沈阳航空航天大学硕士学位论文，2011：7.

（4）开拓学生参与的创新模式。

在多年的实践探索过程中，北师大后勤集团已经形成了学生的主动参与模式、差异协作模式和有限参与模式三种成熟的模式。通过不同模式，学生走进后勤，与后勤面对面交流，体验社会实践，体验基层工作的辛苦和劳动带来的收获，提高学生团队精神和合作能力，促进学生的全面发展。后勤不断开拓创新，开展了"学生后勤志愿服务体验岗"试点工作，第一、二期先后有500余人次体验后勤服务，第三、四期有24个院系的共1000余名同学积极参与，体验服务岗次数多达1600余人次，服务学时共达4000余个学时。相比第一、二期的试点岗位，第三、四期更加开放、更加多样，提供后勤"工作体验岗""志愿服务岗"以及"事务助理岗"三大类共37种岗位。同时，后勤启动了"学生科研进后勤"的工作，面向全校学生公开招聘课题组，共有291名本、硕、博学生跨专业、跨年级组成课题组积极报名参加，申报课题85项。学生研究课题主要涵盖了后勤党建、学生宿舍、物业管理、校园节能、餐饮食堂、校园电子商务、外事服务、人力资源等方面工作。学生科研进后勤是学生参与后勤工作的创新模式，改进了后勤的工作质量，同时提升了学生的科研水平。

第三章

大学生实践活动力培养

何谓大学生社会实践？学者们对其进行了概念界定，主要是指对在校大学生进行有组织、有计划、有目的的深入实际，深入社会，服务社会，完善学生知识结构和提高应用能力、创新能力，实现理论学习和实践有机结合的教育实践活动。❶ 社会实践的根本目的在于"育人"，在于全面提高大学生综合素质。

社会实践已经成为促进大学生主体性发展的一个有效的重要途径。社会实践能够与第一课堂理论知识有机结合，促进学生主体能力发展；能够与理想信念结合，促进学生主体意识发展；能够与社会现实紧密结合，促进学生主体地位确立和主体关系交往发展；能够承担起培养和发展人的主体性的重要任务，以保证其育人功能的实现。

一、大学生社会实践活动模式❷

大学生社会实践是高校育人工作的重要组成部分，在整个人才培养过程中起着不可替代的作用，可以帮助大学生在社会实践中感悟大学生应具有的时代精神，帮助大学生到社会实践中去提升各方面的素养和能力，帮助大学生在社会实践中"受教育、长才干、做贡献"，促使大学生全面发展。指导大学生社会实践活动是高校院系学生工作的一个主要任务，同时也是对大学生进行思想政治教育的有效途径。

北京师范大学教育学部历年来高度重视大学生的社会实践工作，不断探讨大学生社会实践活动的模式。由院系分党委直接指导，院系分团委积极组织，形成了由学生党员、入党积极分子、优秀团员为主的大学生参与团队，逐渐形成了"从实践中来感悟精神，到实践中去提升素质"的实践目标，并在社会实践中探索出了"实践与党建相结合，实践与德育相结合，实践与专业相结合，实践与志愿服务相结合，实践与就业相结合"的实践模式，效果显著。

---

❶ 高惠娟. 大学生社会实践的实效性和发展路径研究［J］. 徐州师范大学学报（哲学社会科学版）. 2010（11）.

❷ 邱化民. 大学生社会实践活动模式的探索——以北京师范大学教育学部工作为例［J］. 北京教育（德育），2013（8）：54-55.

1. 实践与党建相结合的模式：引领大学生党员在社会实践中树立先锋模范意识，提升社会实践能力

大学生党员是大学生群体中的重要组成部分，绝大部分大学生党员担任学生干部，起着主力军的作用，因此，如何引领学生党员发挥作用将成为工作的重点。北师大教育学部高度重视学生党员的引领工作，下大力量引领大学生党员在社会实践中树立先锋模范作用，成为学部学生的旗帜，努力提升所有同学的社会实践能力。学部在社会实践中重点突出学生党员的德育教育、党性教育和革命传统教育。在学部分党委的指导下，硕士党支部分别深入多个社区开展了为学校后勤工作人员献爱心和帮扶学习、走进临终关怀医院、帮助残障儿童进行康复训练等志愿服务活动；本科生党支部组织参与了"人人参与节水北京"大型社会公益活动、"访老教授知学科发展"、为灾区爱心捐助以及社区党支部共建活动。大一本科生党支部被推选为学校的标兵党支部，代表学校荣获了北京市高校红色"1+1"示范活动二等奖，此荣誉是对大学生党员参与社会实践的最佳认可。分党委每年大力支持大学生党员寒假返乡调研，深入基层、了解民情，仅去年就组织了25个研究生项目、19个本科生项目。项目经过立项、开题、中审和答辩等环节，完成的效果良好。在众多的学生党员社会实践活动中，学生党员的先锋模范意识、党员意识和社会责任意识增强，各方面的实践能力得到了提升。

2. 实践与专业相结合的模式：指导学生社团在社会实践中彰显教育的魅力，增强社会服务的本领

大学生社团是各种学生组织的重要组成部分，北师大教育学部的学生社团多是以大学生兴趣以及所学专业为特色而组建的，如教育学社、木铎手语社、野菊花社等。教育学部分团委整体统合各个学生社团和班集体的实践活动，配备相关专业教师进行指导。如木铎手语社请特殊教育专业的老师进行指导，野菊花社请学前教育专业的老师进行指导，彰显各个社团的专业特色，指导学生在实践中感悟教育的内涵。同时，给予充足的学生社团社会实践活动经费，让学生在社会实践中减少后顾之忧，全身心扎根深入基层，到实践中去锻炼自我、提升自我。各个班集体开展了学习雷锋活动，深入校内外社区开展了形式多样的志愿服务活动，教育学社长期组织志愿者到打工子弟学校支教，为中小学生补习功课；木铎手语社走进特殊学校帮扶残障儿童，义务向社会教授手语；野菊花社长期坚持不懈地为民工孩子开办幼儿园，多次被多家新闻媒体报

道，引起了社会的广泛关注……大学生在社会实践过程中，体悟到了教育的真谛，发现了自身的价值，增强了服务社会的本领。

3. 实践与德育相结合的模式：创立四叶草教育感恩基金，社会实践中重视感恩教育，加强志愿服务

感恩教育是高校开展德育教育的重要方面，高校要鼓励和引导青年学子走进基层、投身实践、真情奉献、服务社会。本着传递教育感恩理念、实践奉献精神的目的和宗旨，北师大教育学部在2011年5月组织学生创立了四叶草教育感恩基金，力求吸引和感染更多的学生，切实参与到感恩奉献的具体行动中来，汇聚爱心，为需要帮助的人们积蓄力量。作为北师大教育学部精心打造的思想政治教育特色平台，面向在校大学生开展感恩教育，同时又针对需要帮助的中小学校和孩子开展志愿支教服务和筹集物资、善款等活动。通过四叶草教育感恩基金这个感恩、实践和奉献的平台，向全社会传达教育人"心系教育，兼济天下"的理想夙愿。以"汇聚爱心，传递感恩，投身实践，真情奉献"为口号，希望大学生能通过自身的努力，切实参与到感恩奉献的具体行动中，在人生的道路上，体悟感恩，实践奉献，传递爱心，回馈社会，服务你我。短短一年的时光，"四叶草"在师大师生们的关心与呵护下茁壮成长，先后启动"大手牵小手，帮扶结对子""关爱生命，幸福续航""助力明天，共爱一家""志愿行动，心系教育"和"捐赠图书，传递知识"等项目；先后募集善款53790.09元，共资助76人，资助总额达32860.19元，共支持14支暑期社会实践队开展四叶草"大手牵小手，帮扶结对子"活动，支教队员们与64名优秀寒门学子结成帮扶对子；先后开展志愿者交流、爱心募捐、校园宣传等活动。希望开创全国高校先河、创学生自创基金新模式，成为高校贴近基层、投身实践的思想政治教育平台和典范，立感恩特色、树教育理想、传奉献精神。

4. 实践与志愿服务相结合的模式：组织大学生进行暑期社会实践，深入社会基层传递教育理念

大学生暑期社会实践是大学生参与社会的重要形式，是将自己所学所思应用到社会实践中的重要途径，更是大学生提前磨炼自己的重要平台，是深入基层、了解基层和服务基层展示自我的机会。北师大教育学部高度重视学生暑期社会实践活动，每年都给学生社会实践配备充足的师资和经费，2010年派出6支队伍近百名同学参与，分别赴安徽、湖北、四川、云南等省市，初步形成了

暑期社会实践的模式；2011年将特色模式进行了完善，最终组建16支队伍，共有200多名同学踏上了实践征程，实践地点跨越了广西、甘肃、西藏、新疆、云南、四川、内蒙古等全国13个省16个市；2012年总结出"调研—实践—结对子—研究"独特的暑期社会实践模式，最终有14支队伍奔赴祖国各地深入基层进行实践，暑期社会实践主要通过调研、支教以及宣传采访等形式进行，主题内容包括教学实践、素质拓展培训、教育宣讲、环保节能宣传、访谈先进党员、探寻新农村建设、关注特殊群体等，项目内涵丰富，紧跟社会热点，发挥专业优势，传递教育理念。在学部有计划、有步骤地指导下，学部的学生暑期社会实践取得了巨大的成绩。

5. 实践与就业相结合的模式：搭建学生实习实践平台，实践中指导学生，增强就业竞争力

大学生就业难的一个重要原因是学生的动手能力差，实践水平缺失，在北师大教育学部毕业生就业中体现尤其明显。为了提高学部学生就业竞争力，学部高度重视学生的实习实践，学部通过各种形式的社区共建，为学生争取更加多样的实践机会。在过去一学期中，学部在北京全宁科技有限公司、学而思集团、清华同方、红缨教育集团、中投发展公司、众享乐学教育科技有限公司、普尔摩咨询有限公司等知名企业建立了实习实践基地，同时与学校后勤党委共建，输送学生干部到后勤的餐饮、宿管、物业等中心担任助理；在石景山教委建立实习基地，推荐优秀的研究生到教委上岗挂职锻炼，到中小学担任校长助理。共建的过程中增加大学生的社会实践经验积累，提高大学生的社会实践工作技能，端正工作态度，培养意志品质等，为就业做好充分的准备。通过实习实践，学生就业指导工作取得了突破性进展。

北师大教育学部对大学生社会实践模式进行了有效的探索，由最初的实践点到如今成型的实践系统，通过社会实践这个平台有效地把学生党建、团建、评奖评优、感恩教育、志愿服务以及学生就业等多方面学生思想政治教育工作有机整合在一起。通过北师大教育学部所探索的大学生社会实践模式，学生树立了社会实践的意识，培养了道德情操，提升了综合素质，教师在思想政治教育工作中得心应手，取得了显著的成绩。

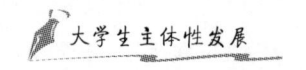

二、大学生社会实践育人功能实现[1]

2004年10月，中共中央，国务院针对大学生思想政治教育下发了《关于进一步加强和改进大学生思想政治教育的意见》，指出："社会实践是大学生思想政治教育的重要环节，对于促进大学生了解社会、了解国情、增长才干、奉献社会、锻炼毅力、培养品格、增强社会责任感具有不可替代的作用。"党和国家高度重视人才的培养，重视社会实践在大学生培养中的重要作用。

高校越来越重视社会实践尤其是寒暑假社会实践对大学生培养的作用，开展了形式广泛的社会实践活动，在充分发挥社会实践育人功能的同时，也暴露出了一些问题。笔者作为高校辅导员，在指导大学生进行社会实践的过程中，对育人功能的实现进行了深刻反思。

1. 大学生社会实践的育人功能

社会实践是大学生认识和感知社会的重要途径，能够激发大学生的学习兴趣，提高思想认识，促进其树立正确的世界观、人生观和价值观。对大学生具有理想信念教育、专业强化教育、感恩奉献教育、科研创新教育、社会融入教育等多项功能。

（1）理想信念教育。

培养当代大学生形成正确的世界观、人生观和价值观，树立崇高的理想信念，是摆在广大高校教育工作者面前的重要课题。解决这一问题不仅要靠正面的理论教育，更需要帮助大学生走出校门，深入社会，在社会实践中塑造自我。高校通过"大学生党员下基层""红色1+1""西部阳光行"等社会实践活动，让大学生走进基层，接触群众，熟悉社会，投身到多样的实践活动中，通过切身体验全面了解和认识当今社会政治、经济、文化、教育的全方位变迁和基本国情，有利于学生在实践中发现自己的价值，有利于形成崇高的理想信念，有利于找到自己的合适定位。通过社会实践的教育平台，大学生充分认识到了当今社会发展的症结所在，根据自己的实际情况，部分学生选择了下基层做"村官"、到社区做"助理"、到西部去支教等，为基层培养了一大批优秀人才，坚定了大学生扎根基层、服务基层，到祖国最需要的地方去的理想信念。

---

[1] 鲍红玉，邱化民. 大学生社会实践育人功能实现的研究［J］. 北京教育（高教），2015（3）：52-54.

(2) 专业强化教育。

大学生社会实践最大的优势在于有比较专业的理论知识作为实践的基础，能够将学校里所学所思运用到具体的社会实践中。大学生在实践中会感受到学习理论的重要性，增加理论学习的兴趣。通过专业较强的社会实践锻炼，让理论知识在实践中得以运用，能提高学生对所学知识的理解和掌握，不断加深和巩固所学的理论知识，能改变他们对理论学习的某些偏见。笔者曾带多个学生团队进行社会实践，一组是学习特殊教育的学生团队，针对某县城的残障孩子教育以及优生优育进行了科普宣传教育；一组是学习教育技术的学生团队，针对农村小学教师进行计算机基础知识以及相关办公软件的培训。这两组学生的社会实践都是专业较强的，在实践的过程中强化了学生对自己所学专业的认识和理解，同时学生在实践后发现自己不喜欢的专业变成了自己最热爱的专业，感受到了专业的实用性和魅力所在。

(3) 感恩奉献教育。

大学生社会实践的主要形式是志愿服务，大学生担任志愿者进行"三下乡"活动、社区服务、扶贫开发、心理援助等。大学生志愿服务注重"感恩社会，回馈社会"，在感恩回报社会中实现自己的价值。为在社会实践中培养大学生感恩奉献的意识，笔者带领学生创立了"四叶草教育感恩基金"，倡导大学生捐出部分所获得的奖助学金，通过与贫困地区中小学生建立长期帮扶对子，给予物质上的资助和精神上的鼓励以及知识上的帮助，现已帮扶全国十余个省市的近百名中小学生。大学生通过自身的社会实践将自己的爱心奉献给更加需要帮扶的群体，怀着感恩的心，在助人过程中感受伟大的志愿精神，不断培养感恩与奉献的意识。

(4) 科研创新教育。

培养大学生具有一定的科研能力是大学教育的重要目标。开展一定的带有科研性质的社会实践活动利于对大学生进行科研创新教育，利于培养大学生的科研能力和创新能力。在社会实践中，引导学生在自己感兴趣的领域做好课题研究和调研报告或者其他形式的科学研究，最后取得一定的科研成果，有助于培养大学生的科研素养和创新精神。部分高校的社会实践在科研创新教育方面已经初见成效，部分团队通过社会实践进行科学调研已获得了国家级"挑战杯"大赛奖项，培养了大学生的科研创新能力。

(5) 社会融入教育。

如今的大学已不再与世隔绝，逐渐与社会接轨，社会融入教育对大学生的成长至关重要，社会实践是大学生融入社会的重要途径。大学生参与社会实践，有助于学生全面分析社会现实状况及其发展趋势，了解不同社会角色的权利和义务；有利于学生反观自己的素质、能力、个性特征，把握自己的优势与劣势，综合分析社会角色与个体社会化的对接情况，找准方向，以便较好地达到角色的实现。[1] 在社会实践做得较好的部分高校，学生在社会实践过程中，了解社会并融入社会，用自己所学的知识服务社会，提高了自身的创造能力、实践能力、就业能力和创业能力，为步入社会和走上工作岗位奠定了基础，坚定了就业理想，找准了就业方向，部分学生在社会实践中直接与用人单位签约，找到了适合自己的工作岗位。

2. 社会实践育人功能实现中的问题

随着大学生社会实践活动的深入开展，各高校根据自己学校的特点开展了形式多样的社会实践活动，形成了自己的特色，打造了一系列品牌活动，引起了广泛的社会反响，对大学生实现了教育的功能。但在大学生社会实践育人功能实现的过程中，还不同程度地存在着一些问题，限制了社会实践育人功能的有效发挥。

（1）师资力量缺乏。

大学生社会实践是大学课堂的有益补充，其作用不亚于正式课堂，要保证社会实践的专业性和高质量以及实效性，应该为学生团队组织配备专业学科的教师进行指导。大学生社会实践最大的缺点是社会经验不足，遇到突发事件难以应付，另外，学生在将所学理论与实践结合中存在一定难度，这些都需要专业教师的指导。为保证社会实践的有效进行，保证学生的安全，应该为学生配备有经验的教师带队。笔者作为高校辅导员曾多年组织学生社会实践活动，遇到的最大难题是学生组成了社会实践队却苦于找不到专业老师指导，更难以找到合适的老师带队。大学生社会实践所选择的地点大部分是环境条件比较差的地方，尤其是志愿服务工作，再加之学校所配备的经费不足，参与的老师往往要自己垫付经费，压制了老师们参与活动的积极性。另外，高校教师所承担的科研项目和行政职务过多，在学生培养上投入的时间和精力不足，尤其是在假期，教师很难抽出一段完整的时间指导学生社会实践。因此，师资力量的缺乏是制约社会实践育人功能发挥的最大障碍。

---

[1] 屈善孝. 论大学生社会实践的教育功能 [J]. 教育理论与实践，2005（5）.

(2) 学生参与面窄。

社会实践是大学生接触社会、融入社会的重要途径，大学生对社会实践充满了好奇心，参与热情高涨，想将自己所学付诸实践，奉献自己的爱心，提高自身的多方面能力。但是，学校所提供的社会实践机会非常有限，根据了解，笔者所在高校得到资助的学生人数不到全校人数的二十分之一，受到资助的学生团队也只是其中一部分得到了全额的资助，很多学生因为经费的原因不得不放弃原计划参加的社会实践活动。另外，大学生社会实践主要采用社会调查、党建、支教、挂职锻炼、医疗服务等形式，对大学生本身的素质要求较高，学生实践队的组建不可避免地要进行甄选，很容易形成"精英实践"的模式，无法满足广大普通同学对参与社会实践、体验社会生活、增长社会见识、提高社会适应能力的一般要求，直接导致学生参与面比较窄。

(3) 管理机制不健全。

有效的管理机制是推动社会实践持续有效开展的重要保障。虽然大学生社会实践每年都大张旗鼓地开展，但是依然有很多高校社会实践管理机制不健全。主要表现在：一是缺乏组织制度，寒暑假前只是向全校学生发个通知，学生自愿组队，实践形式以及实践主题自定，指导老师和带队老师更是自找，虽然是给了学生广阔的空间，但是没有指导意义，只是要求社会实践结束后要上交调研报告。二是缺乏保障制度，大部分社会实践根据学生具体情况自定，关于社会实践项目的意义很难定义，实践的地点无法固定，往往是打一枪换一个地方，每年都去不同的地方，因为师资和资金的短缺，学生的人身安全无法保障，更无法保障社会实践的质量。三是缺乏激励机制，大学生社会实践本是全校师生共同参与的活动，但是因为激励不到位，老师们不愿意带队，学生本身对实践活动往往是流于形式，做得好与差没有多大的差别，难以调动大学生参加社会实践的积极性。

3. 社会实践育人功能实现的保障

(1) 做好保障工作，保证社会实践有序进行。

要保证大学生社会实践正常进行，实现社会实践的育人功能，高校应该做好充分的保障工作。首先，学校应该根据学生社会实践内容建立长久而稳定的社会实践基地，而非学生自己去寻找实践基地，学校应与实践基地建立互赢合作的关系，如学校提供资金，实践基地提供食宿，并在实践中配备一线教师或者技术人员进行指导，保证实习的效果。其次，学校应该有计划地为实践队配备专业的指导教师和经验丰富的带队教师，社会实践是大学生培养的重要内容，因此，应该将教师指导学生社会实践纳入考核教师的内容，并作为职称评定的一项指标。再次，学校应该根据社会实践的项目配备充足的资金，减少学生实践的后顾之忧，严格把关项目的预算和决算，保证项目资金用到合理之处。

（2）建立健全机制，规范社会实践活动管理。

形成一套行之有效的社会实践组织管理机制，是大学生社会实践持续开展的重要保证。要不断建立、健全大学生社会实践活动的组织管理机制、奖惩机制、保障机制、评价机制，实行领队负责制，形成培训—申报项目—审核立项—实践开展—举办成果答辩会—评价表彰—总结交流的项目化运作流程。❶首先，建立健全社会实践组织制度，学生社会实践活动要在学校多个部门联动的情况下才能顺利进行，因此要将学生各个部门的职责分工写入规章制度。其次，建立健全激励机制，一是要激励更多的教师参与到学生社会实践中来，二是奖励优秀的社会实践团队，三是奖励提供充实保障的实践基地和院系。再次，建立健全活动考核评价机制，将社会实践计入学分，与学年的综合测评挂钩，作为入团入党的必要条件，并作为学生各类先进评比的重要条件。通过建立健全学生社会实践的各项管理制度，对各院系、团队的暑期社会实践进行管理和综合考核评估，使学生社会实践工作进一步制度化、规范化、系统化。

（3）创新实践形式，强化社会实践育人功能。

发挥社会实践的育人功能，应根据社会新形势、新政策，不断创新社会实践形式，注重与社会时事热点问题相结合、与时代精神和主题相结合、与学生专业学习相结合、与学生志愿服务相结合、与科技创新活动相结合。不断创新实践形式，改变形式单一、被动参与的实践角色，激发和鼓励大学生担任不同的角色，如教师、村官、行政助理、调研员等，将自己所学所思投入到社会实践中来。其次，要不断扩大社会实践活动的参与面，争取让更多的学生参与到实践中去，可以采用集体实践、团队实践和个人实践等多种组织方式。将社会实践活动纳入正常的教学计划当中，促进社会实践活动在学生中的全面开展，进行集体实践；由学校和院系支持一些重点团队，以团队实践的形式参加一些较大的实践项目，进行团队实践；学生个人根据自己的兴趣和资源优势可以自己做一定的社会实践，最终形成集体、团队和个人互补的实践模式。

---

❶ 杨赟，董欲晓. 新形势下如何实现大学生社会实践活动的育人功能［J］. 山东省青年管理干部学院学报．2006（3）．

社会实践是高校人才培养的重要环节，承担着重要的育人功能。要保障社会实践育人功能的实现，就要不断建立和健全大学生社会实践活动的管理机制，不断完善和强化社会实践的后勤保障，不断探索和创新社会实践的组织形式。

三、主体性发展视角下的大学生社会实践[1]

大学生社会实践是大学生按照学校培养目标的要求，有计划、有组织地参与社会政治、经济、文化生活的教育活动，是大学生思想政治教育的重要环节，是与第一课堂的有机结合，对于促进大学生了解社会、了解国情、增长才干、奉献社会、锻炼毅力、培养品格、增强社会责任感等具有不可替代的作用。[2] 各高校在大学生社会实践方面采取了多种措施，搭建了多个平台，有力地提升了大学生社会实践方面的思想认识和基本能力，取得了一定成效，但是就大学生主体性发展的培养方面还相对欠缺，缺乏实效性。

1. 以大学生主体性发展为视角，探究大学生社会实践的意义

主体性是主体之所以成为主体的质的规定性，主要是指作为主体的人在思想和行动中表现出来的能动性、自主性、自为性等基本属性，具有潜在性、差异性、阶段性和层次性等特征。[3] 根据马克思所创建的"实践唯物主义"，社会实践对人的主体性形成具有重要作用，对于作为主体的大学生，利于其主体意识的形成、主体地位的确立、主体能力的发展和主体关系的交往互动，利于其自觉性、自主性、能动性和交往性的养成。

（1）社会实践是学生主体性发展的有效途径。

随着高校及社会各界对大学生社会实践的认识逐步加深，社会实践的内容和形式在不断创新和丰富，规划运行机制也在科学发展观的指导下不断完善和优化，社会实践在培养学生能力方面的重要作用正逐步凸显，使学生在实践中逐渐获得了"受教育、长才干、做贡献"的效果。诸多研究者对于大学生社会实践的研究也开始围绕着促进学生全面发展展开，学生的全面发展不但是德、智、体、美、劳方面的发展，还强调学生人格等各方面的全面发展，其中

---

[1] 刘立，邱化民，姜绵茹. 主体性发展视角下的大学生社会实践实效性研究[J]. 高校辅导员，2016（12）：42-45.

[2] 中共中央国务院. 关于进一步加强和改进大学生思想政治教育的意见[Z]. 中发16号.

[3] 李永华. 发挥校长信箱对大学生思政教育的促进作用[J]. 中国高等教育，2012（8）.

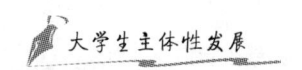

包括学生主体性的发展。

（2）社会实践是学生主体性发展的重要保障。

学生主体性的发展，要依附于主体与客体、主体与主体的交往互动。在马克思创建的"实践唯物主义"中，将"实践"的概念引入主体性之后，赋予了人以实践主体的资格，而实践是作为主体的人发展的重要平台和保障。

研究表明，大学生以社会实践为平台取得一系列积极成果和优化发展，[1]如认知能力发展、身心健康发展、事务处理与人际关系发展以及当代社会意识发展。在社会实践中，"985"院校学生的认知能力和当代社会意识发展水平明显较高，但事务处理与人际交往能力发展水平明显偏低，[2]需要进一步加强。随着高校对学生社会实践的高度重视，社会实践与第一课堂紧密结合，已经成为促进学生在思想认识、专业发展、服务社会和实践能力方面提升的重要保障。[3]

（3）社会实践是学生主体性发展的动力引擎。

人的主体性发展水平是衡量一个社会进步的重要标志之一，也是衡量人的发展水平的主要尺度，[4]因此提升大学生主体性发展水平迫在眉睫，高校开展社会实践应定位于促进学生的主体性发展，将学生的主体性发展作为社会实践的最终目的。

社会实践本身形式多样，如乡村支教、教育调研、社区义诊、走访工厂等，大学生可以"在做中学"，强调学生的动手能力和解决问题能力，能够激发学生的学习积极性和探究性；社会实践活动多是学生团队集体参与，能够帮助学生形成学习互助组，激发学生的参与性和交往性；社会实践活动与第一课堂、学生兴趣有机结合，能够激发学生做到"学以致用"，加强对专业知识和兴趣的认知。社会实践成为学生主体意识、主体地位、主体能力和主体关系启蒙、发展和提升的动力引擎。

2. 以学生主体性发展为视角，推进大学生社会实践的实施

学生主体性得到发展是开展社会实践的最终目的，也是考核社会实践活

---

[1] 孙沕睿，丁小浩. 大学生课外参与投入的适度性研究［J］. 大学教育科学，2010，（12）：53-61.

[2] 李福华. 高等学校学生主体性研究［D］. 上海：华东师范大学博士学位论文，2003：13-14.

[3] 邱化民，呼丽娟，刘立. 研究生返乡调研的实效性研究［J］. 北京教育（德育），2015（10）：36-65.

[4] 周波. 三十年来我国学生主体性研究的反思［J］. 首都师范大学学报（社会科学版），2011，（1）：54-59.

动实效性的标准。学生的主体性发展体现在社会实践过程中，应该是作为主体的大学生在思想和行动中表现出来的能动性、自主性和自为性，而能动性又具体体现为社会实践活动的自觉性、选择性和创造性，自主性主要体现为实践中学生主体的权力，自为性主要体现为社会实践中学生主体的自我实现。

（1）发挥学生主体能动性，推进社会实践的组织实施。

目前，大学生社会实践的形式主要包括教学实践、服务实践、科创实践、调查实践和公益实践五大类。各大高校每年都会针对本校不同专业要求开展形式多样、内容丰富的社会实践活动。如北京师范大学每年会组织上百个学生团队到全国各地支教、开展乡村教育调研等；中国政法大学每年组织学生团队下基层讲解法律知识；北京中医药大学组织学生到基层社区开展免费义诊等活动。大部分社会实践活动并不是由学校具体组织实施，而是大学生根据自己的兴趣爱好、专业知识、社会资源等多方面组织实施，这就需要大学生的能动性发挥作用。

对于社会实践活动，高校一般只是下发通知、指导方向、拟订主题，部分做得比较好的高校能够给予经费支持和教师指导，而大部分高校对社会实践的开展缺乏全程化的指导。要保证大学生社会实践育人功能的实现，单靠高校一方是不够的，更需要作为主体的大学生发挥自身作用。首先，大学生要有参与社会实践的自觉性，认识到社会实践的重要意义，理解自身的知识技能来源于实践，社会实践的收获与成长与大学生自身投入息息相关，需要大学生自觉性的发挥；其次，大学生要有参与社会实践的选择性，社会实践形式丰富多样，大学生的时间和精力毕竟有限，不可能面面俱到，需要大学生根据自身的专业、兴趣爱好以及职业规划对社会实践的内容和形式做出选择，大学生选择的过程实际上也是自我成长的过程；再次，大学生要有参与社会实践的创造性，大学生参与社会实践的组织实施，需要根据自身的专业知识、成长经历以及掌握的资源等解决社会实践中的问题，需要大学生自身的创造性和创新能力。总之，社会实践的组织实施需要大学生自身能动性的发挥，同时，对大学生能动性具有较强的磨砺作用。

（2）发挥学生主体自主性，加强社会实践的过程控制。

当前，高校在开展社会实践的过程中出现了一些问题，如对大学生社会实践工作的整体规划和指导力度不够，缺乏实践形式内容、教学大纲、学分计算、师资配备及就业创业的实施细则❶，缺乏比较完整的项目管理体系和方案❷，社会实践未纳入教学计划，过程控制缺乏学校部门之间的协调，经费投入不足，评价体系缺乏科学性和实效性等。

大学生主体的自主性来源于对自身权力的认识，在社会实践实施过程中，要保障大学生自主性的发挥，高校要做好社会实践的保障工作。在实践过程中，一方面大学生缺少可以利用的社会资源，高校需要为大学生提供实践的社会资源，比如实践基地建设，学生自己联系的实践基地实际情况往往与预想的差距较大，经常迫使大学生实践队员临时改变计划，更换内容等，甚至使社会实践的过程失控，学生权益无法得到保障。学生自身经济条件有限，高校需要加大学生社会实践的投入，保障学生社会实践的经费，保障大学生社会实践的基本权利。一方面大学生缺乏自我保护意识，缺乏专业性的指导，高校需要配备带队教师和专业教师对其全程指导，带队教师负责学生实践过程中的安全保障工作，专业指导教师负责社会实践专业知识方面的指导与应用，以此保证大学生社会实践中的安全和专业学习能力提升。因此，只有优化和完善大学生社会实践的过程管理，保障大学生的自主性在实践过程中的体现，才能有效地进行社会实践的过程控制，从而保证实践的实效性。

（3）发挥学生主体自为性，促进社会实践的成果创新。

自为性是大学生主体性发展的重要方面，是主体自主性的逻辑延伸，是自主的目的，相对于主体以外的客体而言，人的自为性是在不断否定、创造与超越的活动中把自己展示给世界，努力实现自我。因此，高校开展社会实践活动应为大学生创造条件，使每个学生获得尽可能大的发展，尽可能地解放每个学生的潜能。

大学生在社会实践活动中自为性的获得与提升，是大学生个人潜能的开发、是社会实践实效性的体现，是对大学生社会实践最好的评价标准。具体体现在社会实践的成果上，大学生的思想认识应该得到升华，加强了对基层民情、国情的了解和认识，培养了爱党爱国爱民的情怀，树立了为国为民服务的远大理想；大学生的专业水平应该得到提升，做到了理论联系实际，加深了专业领域的认知，强化了专业领域知识的学习；大学生的实践能力应该得到强

---

❶ 于晓萍，刘素红，朱以财. 大学生社会实践育人实效性与发展路径研究［J］. 内蒙古师范大学学报（教育科学版），2013（3）：85-88.

❷ 高惠娟. 大学生社会实践的实效性和发展路径研究［J］. 徐州师范大学学报（哲学社会科学版），2010（6）：134-137.

化，大学生的组织协调能力、表达能力、动手操作能力和领导力等多方面能力得到了锻炼和提升❶，努力达到"站起来能讲，坐下来能写，静下来能思，跑出去能干"的水平；大学生的服务社会能力得到提升，在实践中了解民情、国情，知民情之所需，学国情之所需，将所学应用到服务国家和社会的需要当中来，为实现自己的价值做基础。

从以上分析可以看出，转变高校和大学生自身对社会实践的思想认识偏差，从被动的大学生实践教育观念转变成创新性人才培养观念，保证大学生在社会实践过程中能动性、自主性和自为性的发挥是促使大学生在思想认识、实践能力、专业发展、服务社会等方面有所建树的重要前提。忽视大学生在实践活动中的主体意识、主体地位、主体能力和主体交往，往往就会导致社会实践实效性偏失。

3. 以学生主体性发展为视角，增强大学生社会实践的实效

目前，关于大学生社会实践的研究多数从增强社会实践的实效性角度谈到大学生社会实践的发展路径和策略。如：于晓萍认为，高校社会实践的发展路径是实现课程化、长效化、基地化、全员化和个性化；高惠娟认为，社会实践的发展路径包括专业化的实践基地建设、管理方式的项目化、纳入实践教学体系以及建立长效机制。从把握社会实践的"育人"核心，实现大学生的主体性发展来讲，增强大学生社会实践的实效性还需重点把握以下四个方面。

（1）通过主体自觉性，强化大学生在社会实践中的主体意识。

人的活动是有意识的自觉活动，主体意识越强，主体在活动中实现自己本质力量的自觉性越大，从而也越能充分发挥自己的能动力量。大学生只有充分意识到自己是社会实践活动的主体，自觉地去了解社会实践的内容、形式和目标，在思想和专业上做充分的准备，而不是为了完成任务而被动地实践，才能使主体意识在实践活动中得到发展。这一点可以通过创设大学生社会实践全员化氛围来实现，营造良好的全员化的舆论宣传氛围，深化社会实践活动的影响力和感召力，从而调动学生主动参与实践的内在积极性。此外，还可以推动大学生社会实践课程化，使其成为一门必修课或者嵌入思政课程中，加强对社会实践内容、方式、方法的培训和规范指导，让学生在充分认识社会实践并有亲身去尝试的意愿和方法的基础上强化主体意识，自觉地进行对其自身成长成才

---

❶ 刘同国. 大学生社会实践活动现状与发展研究［D］. 济南：山东师范大学硕士学位论文，2010.

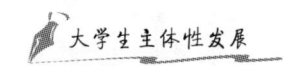

有益的实践。

（2）通过主体自主性，尊重大学生在社会实践中的主体地位。

主体地位从本质上讲是一种权利，要求教育者和社会尊重学生的主体地位，使学生获得自尊、自信的情感体验；同时，大学生的主体地位要求学生负有自身主体发展的责任，学生在社会实践中可以学会对自己负责，对别人负责，对社会负责。❶ 尊重大学生在实践当中的主体地位可以体现在实践开展的方方面面，从高校管理层面主要是通过切实完善社会实践的组织体系和物质支撑体系，促进社会实践教育活动管理项目化；重视安排思政教师和专业教师的指导；积极争取好的社会资源，寻求社会各界的认可和支持；通过校企合作，地方共建搭建大学生社会实践基地化平台，❷ 确立为大学生解决实践经费和资源匮乏等后顾之忧的服务意识，彰显其主体地位。此外，还应当在评价当中突出学生的主体地位，坚持学生自评与集体评价相结合，关注学生的需求和利益，尤其是运用所学知识解决实践当中遇到的问题的能力。❸ 从实践内容的选择上，围绕以学生为本的理念，通过尊重大学生的个性化诉求以及专业发展、科研能力和创业就业能力需求，围绕大学生关心的热点问题以及大学生的专业技能和就业方向，有针对性地选择社会实践的主题和项目。只有当学生的主体地位受到应有的尊重之后，他们才有自主进行实践的自信和责任心。

（3）通过主体能动性，发展大学生在社会实践中的主体能力。

主体能力的发展是大学生社会实践的核心目标。主体的能动性包括两层含义，一是选择性，二是创造性。我们时刻在做着选择却又未必真正掌握选择的力量，选择的力量会给人必要的信念和希望，将给人带来必要的动力以及必要的行动勇气。❹ 而只有为大学生提供更多元的选择，学生才能够发挥自己的选择性，这就要求高校不断创新实践形式，引导大学生的社会实践从以社会调查、政策宣传、参观访问、志愿服务为主转向结合专业，发挥科技文化智力资源优势，开展科技攻关、技术服务、产品开发、高科技产品推广等新方式的社

---

❶ 方正泉. 主体性教育理论视角下的高校社会实践教育［J］. 江苏高教，2014，（2）：145-146.

❷ 吕富媛，吕富彪. 增强大学生社会实践实效性的路径研究［J］. 国家教育行政学院学报，2010，（3）：49-52.

❸ 康树元，增强大学生社会实践的实效性［J］. 教书育人，2011（12）.

❹ 艾磊. 大学生社会实践发展及策略研究［D］. 长春：吉林大学硕士学位论文，2012.

会实践。❶ 通过多种形式让学生掌握主动选择自己感兴趣和适应自身发展的实践活动的能力，从而形成能动的参与局面。而创造性则是主体能动性的最高表现，人只有在创造性的活动中才能书写自己的历史和品格。在实践活动中着重发挥大学生创造性地解决问题的能力以及运用自己的知识与智力通过科研创造新产品的能力，才是推动大学生社会实践活动持续性发展的根本动力。

（4）通过主体交往性，增进大学生在社会实践中的主体关系。

大学生在社会实践中的主体性除了与实践客体的关系之外，还体现在与同伴、指导实践教师、实践单位等各个实践活动主体间的关系中。主体间性是主体间的一致性和开放性，是一种建设性的张力，是主体性提升、强化的表现和路径，它存在于主体交往中。❷ 交往性的实质是合作，而个体在与他人交往中不仅应理解自己的主体性，还应全面理解他人的主体性，否则任何形式的合作和管理都只是形式而非事实。这就要求我们关注大学生在社会实践活动中与同伴、同类群体、指导教师以及实践单位之间的交往互动，也就是他们是否在真正的沟通协作中进行了资源共享与互利合作，从而促进大学生主体性的升华和提高。此外，还应注意作为社会实践活动组织者的高校以及指导者教师的主体性发展，这是大学生在社会实践过程中主体性得到发展的根本前提。

综上所述，大学生社会实践需要从主体性发展的视角予以重新审视，改变以往做法中压抑学生主体性发展的弊端是当前大学生社会实践亟待解决的问题。从大学生主体意识的强化、主体地位的尊重、主体能力发展的促进、主体间交往的增进四个方面来思考大学生社会实践的未来发展路径，增强大学生社会实践的实效性，实现大学生在参与社会实践活动过程中主体性的发展，是在新的主体教育理念的指引下推动大学生"主体性"社会实践教育的有益探索，也将会成为全面提高大学生综合素质的重要尝试。

四、大学生返乡调研实践实效性的调查❸

返乡调研即指大学生运用自己所学知识深入农村、工厂、社区、企业和学

---

❶ 王文静. 大学生课外学习性投入对学生发展的影响分析［D］. 南宁：广西大学硕士学位论文，2014.

❷ 李福华. 高等学校学生主体性研究［D］. 上海：华东师范大学博士学位论文，2003：11，14-15.

❸ 邱化民，呼丽娟，刘立. 研究生返乡调研的实效性研究［J］. 北京教育（德育），2015（10）：36-65.

校等基层单位就某些主题进行调查研究。作为大学生社会实践的重要形式，尤其是大学生自主开展专业学习、研究的重要形式，返乡调研对促进大学生了解国情、增长才干、学以致用、培养品格等都发挥着不可替代的作用，因此也受到了全国高校的普遍重视。近年来，北京师范大学投入大量人力、物力和财力，在每年寒暑假组织开展"下基层、知民生、建小康"等不同主题返乡调研活动，引导大学生关注社会发展，树立社会责任感，全面提升大学生的综合素质。在此背景下，研究大学生返乡调研活动的实效性十分必要。笔者以北京师范大学为例，通过调查研究，深入探析了大学生返乡调研活动的总体实效，以期为高校相关工作提供参考。

1. 基本情况

（1）研究方案。

"实效性"是指实施的可行性和实施效果的目的性，即开展实践活动的内容、形式、过程和结果在满足人们需要、实现预期目标方面真实有效的程度或状态。本研究主要从活动目标的实现程度层面探讨实效性，即探讨返乡调研实践活动对大学生培养的有效性问题。在文献研究的基础上，笔者认为，大学生返乡调研的实效性可从思想认识、实践能力、专业学习和社会服务四个方面来考查。为此，笔者自编了《大学生寒假返乡调研实效性问卷》。问卷内容涉及调研对象的基本情况，参与返乡调研大学生的思想认识、实践能力、专业学习和社会服务等内容，其中，实效性四个维度的测量采用了 Likert 5 点量表。从"1 非常不符合"到"4 非常符合"，分析时以平均分计算 4 个维度得分，所有项目得分为量表总分代表返乡调研实效性程度，分数越高实效性越好。通过分析，本问卷中返乡调研实效性量表的信度较高（Alpha = 0.910）。

（2）样本及方法。

本次调研选取参加过北京师范大学 2014 年和 2015 年寒假返乡调研活动的 286 名大学生为样本，共发放调查问卷 286 份，回收有效问卷 208 份，有效回收率为 72.7%。在有效样本中，男生有 54 人，女生有 154 人；研一学生有 96 人，研二学生有 80 人，研三学生有 19 人，博士生有 13 人。

本次调研采用 SPSS18.0 统计软件对调查问卷所获得的数据进行统计分析。为更加准确、全面地把握返乡调研活动的实效性，笔者还抽选部分样本进行了访谈。

2. 调研结果分析

通过对调查问卷及实地调研数据的统计分析，笔者得出，大学生返乡调研实效性整体良好，达到了学校和学生自我预定的目标，尤其是在思想认识（平均 4.16 分）和实践能力（平均 3.98 分）方面，但在专业发展（平均 3.55 分）和服务社会（平均 3.34 分）两方面相对较弱。

（1）参加调研的学生其思想认识水平有较大提升。

调查表明，通过返乡调研实践活动，大学生的思想状况发生了显著变化，对调研主题、内容和自身学习发展有了进一步的认识。93.3%的大学生对社会主义核心价值观有了进一步认识和理解，表示切实感受到它与我们的生活息息相关，对其理解不再仅仅停留在文字层面。91.3%的学生对调研主题有了深刻的认识，一些大学生反映，以前总觉得社会主义核心价值观是"高大上"的东西，距离我们的生活很远，通过返乡调研，从经济、文化、环境、教育等多个角度了解家乡发展现状以及家乡发展面临的挑战和问题。有89.4%的学生表示更加关心家乡的发展，99%的学生表示更加关注社会问题，95.2%的学生表示大学生对家乡的建言献策非常重要，非常愿意尽自己的一份力让家乡变得更加美好。93.3%的学生认为大学生接触实践非常重要，学习理论知识的同时还应该走出学校，去接触最新鲜的第一手实践知识。

（2）参加调研的学生的实践能力有一定增强。

实践能力作为返乡调研成功的关键是实效性的重点内容。调研前，为了更好地了解调研内容和调研对象，87.1%的大学生进行了自主学习，主动搜集、整理了相关材料，为实地调研做了较为充分的准备。在调研过程中，95%的大学生表示能较为妥善地处理所遇到的问题；97.1%的大学生能够在调研中发现自身存在的问题，如不知怎样掌控访谈的时间和方向，并设法通过学习掌握了相关技能；94%的大学生在调研中掌握了调研的基本步骤，增加了自身社会阅历，在与人沟通方面积累了一定的经；87%的大学生表示自身的组织协调能力有所提升，在沟通协调调研对象和调研成员、安排调研时间和地点、做好调研前期准备、中期突发事件预警方案设计和后期分析整理资料等方面有所收获。由此可见，在实践能力的培养方面，大学生返乡调研活动的实效性较强，绝大部分大学生通过调研活动锻炼了自己的团队协作能力、组织协调能力以及领导力。

（3）返乡调研促进专业学习的实效性有待提升。

调研表明，参加返乡调研的大学生以研一和研二学生为主，专业学习、研究水平相对较低。调研之前，49.5%的学生表示不知道如何撰写调研报告，对所学专业的研究方法也了解较少。通过调研，76.4%的学生掌握了较为专业的研究方法，76.6%的学生对所学专业知识也有了更为深刻的理解。61.5的学生认为自己的调研报告水平一般，75%的学生表示可以独立完成一次调研活动。访谈得知，大学生在返乡调研过程中需要重温学习过的研究方法，迫切需要导师的指导。大学生通过参加寒假返乡调研对调研报告撰写和研究方法的掌握有了进一步认识，对自身专业知识也有了更好的理解，但是由于时间较短或机会较少，专业发展水平仍有较大的提高空间。

（4）返乡调研要求社会服务能力的实效性有待增强。

返乡调研中社会服务的能力是指大学生在调研中努力做到知行合一、理论联系实际，发现问题、分析问题，为基层建设建言献策的能力。在锻炼自我的过程中，为基层建设贡献力量是大学生返乡调研的重要目的。通过调研，45%的学生发现了基层建设中存在的问题。为能够改善基层现状，65%的同学针对调研对象提出了建设性意见，37%的同学认为建议得到了相关部门的重视，36%的同学认为返乡调研对家乡的发展有一定的促进作用。从调研情况来看，大学生缺乏社会经验，对社会服务需求认识不足，对服务社会的信心不足，调研中发现问题、分析问题和解决问题的能力有待提高。

总体而言，大学生返乡调研活动的总体实效性较强，对大学生整体素质的提高起到了较好的作用。同时，通过问卷调查和访谈，笔者发现，返乡调研活动还存在一些问题，集中反映在活动的组织过程上。一是调研员素质水平参差不齐，有28%的学生表示没有掌握调研方法；二是调研前学校缺乏调研培训，导致调研大学生不熟悉调研流程和当地情况；三是调研中缺乏有效指导和监督，大学生调研随意性较大；四是调研后学校评审机制不健全，对调研大学生缺乏激励性。

3. 对策建议

为进一步提升大学生返乡调研活动的实效性，结合以上问题，笔者提出以下三点改进建议。

（1）调研前加强学生专业学习和方法训练。

调研员的专业素养和前期准备对返乡调研的实效性至关重要。作为组织调研的高校和参与调研的大学生个人都应注重加强专业学习和方法训练。

高校首先要重视大学生专业的发展，明确大学生培养目标，严把质量关，加大大学生研究方法的训练，培养大学生的研究思维，丰富其理论知识。其次，将以返乡调研为主要形式的社会实践纳入大学生培养计划当中来，加大实践比重，配备专业导师，对所需知识、方法和技能进行专业指导，让大学生在实践中提升综合素质。再次，加大对调研项目的审批力度，把好"入口关"，对申请调研的项目加大对大学生基本科研能力的考核，保证调研队伍的专业性。

大学生个人首先要按照培养目标修读基础的研究方法课程，掌握研究方法和研究工具，阅读研究报告，提升自我理论素养，培养创新思维，增强发现问题、分析问题和解决问题的能力。其次，积极认真申请大学生返乡调研项目，组建优势互补的专业调研团队，明确调研主题与内容，积极参加学校组织的调研培训和指导，掌握调研基本流程和基本技能；再次，出发前与调研地人员充分沟通，了解乡情，知己知彼，针对调研地的具体情况设计调研问卷、访谈提纲等调研工具。

（2）调研过程中加强对学生的指导和监督。

实践过程是实践成功与否最为关键的环节。一方面，高校在返乡调研过程中加强对学生的指导，从各院系中选拔一批有丰富经验的实践导师，打造一批业务水平高、综合素质好的大学生社会实践指导教师队伍，从调研前的准备一直到最后调研结果的分析处理给予专业性指导，切实为学生们提供有效性指导。另一方面，参与调研的大学生应积极与实践导师沟通交流，充分利用网络等资源，及时有效解决调研中遇到的各种问题，保证调研的顺利进行。同时，学校应该加强对调研团队的监督。组织专门学生评价团队，跟随调研团队进行监督调研过程，设计评价指标，对所有返乡调研团队实施状况进行评估研究，利于提升调研的实效性。

（3）调研结束后加强对调研整体的评价和激励。

评价是调研活动组织实施的重要环节。返乡调研结束后的总结和评价，不仅可以为大学生提供成果展示的平台，也可以通过专家点评找出本次调研中的亮点和不足，为下次开展大学生返乡调研提供参考，提升调研的实效性。对返乡调研的评选把好"出口关"，评价标准应该是多元的，不同主题有不同的标准，充分考虑到调研报告的主题内容、体裁结构、语言表达、创新和亮点等多方面，而不应采用"一刀切"的简单评价法。评价主体应该是多元的，根据学生自身感受、专家教师、实践单位或地区等多元主体进行评价，建构一套科学合理的评价体系。评价侧重应该是多元的，充分考虑大学生返乡调研的过程和结果的呈现形式，努力做到客观公正。同时，加大对调研的支持和激励，保障调研的经费需求，解除调研的后顾之忧，对表现优异的调研团队给予一定奖励，通过奖励优秀的形式树标杆，激发大学生参与调研的积极性，提升调研的实效性。

第四章

大学生就业竞争力提升

就业，是每个大学生毕业时都要面临的现实问题。当前我国就业形势严峻，经济形势走低，国有企业人才需求下降，而民营企业需求不稳定。社会对大学生的需求结构和需求层次不利于大学生就业。从总体上来看，大学毕业生供过于求，2014年全国大学毕业生达727万，被称为"史上最难就业季"。然而2015年，大学毕业生有749万人，大学高校毕业人数创历史最高，堪称"史上更难就业季"。在如此难的就业环境下，要找到一份适合自己的工作需要不断提升自我就业竞争力。

就业竞争力，顾名思义是进入就业市场参与竞争的一种能力。众多学者对此都有相关的研究，孔雷、王蔚等学者认为就业竞争力是大学生在就业市场上，相对于其他的求职竞争者而言，能够更加有效地让用人单位快速接受、接纳自己的特点和优势，从而取得工作机会的能力。[1] 崔益军、高远等学者认为，就业竞争力是高校毕业生在就业市场上的表现，毕业生具有比竞争对手更能够全面满足社会和用人单位需求的能力。[2]

就业能力、就业竞争力，是每位大学生毕业时应该具备的基本能力，现在已经成为学生主体性发展过程中主体能力的一种。本部分将探讨大学生就业竞争力提升的模式和路径。

一、大学生就业教育模式[3]

在当前大学生就业形势越来越严峻的情况下，积极推进大学生顺利就业，是新时期党和国家对高校院系组织提出的现实要求，也是院系组织义不容辞的重要职责。北京师范大学教育学部将院系基层与学生就业指导工作紧密结合，院系基层领导和一线辅导员作为开展学生就业指导工作的主要力量，将解决学生的思想问题和解决学生的实际困难结合起来，为促进大学生就业提供了新视角、新思路，探索出了新模式。

---

[1] 孔雷，王蔚. 关于提升高校毕业生就业竞争力的思考 [J]，职业，2007 (15)：62-63.
[2] 崔益军，高远. 试谈高校学生社团活动与毕业生就业竞争力的关系 [J]. 中国大学生就业，2007 (15)：25.
[3] 王显芳，邱化民. 院系基层党建促进大学生就业模式的探究 [J]. 北京教育（高教），2016 (2)：45-46.

1. 建立促进学生就业的制度化模式

(1) 加强与合作单位共建,建立学生实习见习制度。

专业实习和见习是高校实践教学中的一个重要环节,也是培养学生的专业精神和拓展知识结构的必要途径。院系基层组织应重视学生的社会实践工作,充分发挥组织优势,加强与学校、企业、社区和村委会等众多合作单位的共建,建立实习和见习基地,以教学实践环节促就业。教育学部重视加强实习和见习基地建设,积极推荐在校生去实习和见习,指导学生积极进行就业准备工作。此外,还配备了专门的实习、见习指导教师,定期听取实习和见习单位对毕业生工作表现的反馈,有针对性地帮助每一名学生逐步适应未来岗位的需求。

(2) 加强学生信息库建设,建立学生成长档案制度。

大学生就业的质量不只是取决于毕业前的最后一年,或者说不只是学校"出口"的问题,而是由学生在校期间长达四年、七年或者十年所决定的,更加重要的是学生在校期间的过程,所以学生的成长过程对就业尤为重要。教育学部专门为每个学生建立了成长档案,重点加强党员和入党积极分子的信息库建设,不断完善毕业生的思想动态、历年表现、特长特点、奖惩情况、就业意向等信息。为提高毕业生就业推荐的针对性提供信息支持,可以帮助毕业生找到适合自身的工作。

(3) 发挥群众优势,建立针对就业困难学生的帮扶制度。

就业困难学生在毕业生中会占一定比例,这也是就业指导服务工作的重点。根据每年毕业生就业进展情况,结合院系领导的专业背景和院系学科的设置情况,建立起院系领导、学科负责人或者教研室主任、辅导员,分片包干负责不同专业学生的就业推进工作。教育学部建立了"1+1+1"三结合的就业帮扶制度,即1名学部领导,加上1名学术机构负责人,再配1名专职辅导员,三者共同对学术单位中无就业意向的毕业生开展就业指导和帮扶。院系的领导和教师一般比学生拥有更多的社会资源,可以为毕业生提供较多的就业信息,同时这种帮扶机制便于调动教师的积极性,便于教师了解毕业生的就业期望和就业动态,有针对性地进行就业指导。

2. 建立促进学生就业的课程化模式

(1) 发挥政治理论优势,将就业教育融入必修课中。

高校思想政治理论课都是必修课程,在这些课程中引入职业生涯规划、就业指导等相关内容，会对大学生产生潜移默化的影响。教育学部在"思想道德修养与法律基础"课程中融入大学生就业观教育，在学生中弘扬到西部、到基层、到祖国最需要的地方建功立业的主旋律。专职辅导员在"形势与政策"课程中加入了职业生涯规划和就业指导的内容，大一入学时，对学生进行职业规划教育，大二、大三进行就业技能培训，大四进行就业政策教育，实现了就业指导课程的前置化和全程化。

（2）发挥思想引领作用，开设创新创业的选修课程。

当前，自主创业也是大学生就业的重要途径，但走上创业道路的大学毕业生毕竟只占少数，今后进一步加强创新创业教育非常必要。教育学部结合教育学各方向的学科特点，选拔出色的教师，开设针对本学科毕业生的创新创业选修课程和专题讲座。同时，专职辅导员带领有创业意愿的学生组建创业社团，创设了"北师大创客空间"，开展了"创意·创新·创业"教育沙龙，组建了"创新人才实验班"，积极引导和帮助大学生打破固有思维，积极鼓励大学生在创业中实现自己的人生价值。

（3）急学生之所急，开设毕业生就业技能培训。

普通高校不同于职业技术学院，更加重视大学生综合素质培养，尤其重视大学生的理论知识建构，而忽略了大学生的社会实践能力，甚至与社会需求脱节。目前，绝大多数高校毕业生在毕业找工作时面临不会做简历、不敢正视面试，有能力却无法短时间内表现出来的尴尬局面，就业技能的培训是学生最急切的需要。为此，教育学部根据毕业生所需、所急开展了简历制作、面试技巧、求职压力释放等技能性培训，同时分别针对毕业生就业选择开展了中小学教师、高校行政、出版社以及事业单位不同行业、不同岗位的专业化培训，全面提升了毕业生的求职竞争力，加强了毕业生的职业素养。

3. 院系基层组织建立促进学生就业的党员参与模式

（1）发挥教师的参与性。

为了促进毕业生就业，院系基层组织应该树立"为每一名毕业生提供适合的就业服务"的工作目标，发挥所有教师的自身优势，形成"人人关心就业、人人支持就业、人人参与就业"的工作局面。教育学部的所有领导采取分片包干的方式，定期联系学术单位负责教师，共同商讨和推进学术单位毕业生的就业工作；学术机构负责教师积极引导本单位的学生导师和教师关心身边学生的就业情况，想方设法为毕业生推荐就业信息；专职辅导员采取电话和面对面交流的方式，细致了解每一名毕业生的就业情况，对就业困难的毕业生开展"一对一"就业帮扶和指导。教师的积极参与,有效地促进了毕业生就业。

（2）发挥毕业生党员的模范性。

毕业生党员是大学生中的优秀分子,具有模范带头作用,他们在促进就业工作中也能发挥榜样和引领作用。教育学部充分依托毕业生党员采取了三项措施：一是鼓励毕业生党员率先就业,毕业生党员就业竞争力较强、就业机会较多、选择面较广、岗位落实较快,鼓励毕业生党员率先就业,尤其是鼓励毕业生党员到祖国需要的地方率先就业,可以为其他普通毕业生树立榜样,起到带动和引领示范作用,便于院系开展正确的择业观和就业观教育。二是积极发挥毕业生党员的桥梁纽带作用,通过学生党员及时准确地了解学生的思想状况,了解学生的就业进展,便于院系继续有针对性地开展就业辅导。三是启动学生党员"一助一"活动,让先就业的党员与就业困难学生结对子,积极从各方面及时给予未就业学生帮扶,在就业工作中开展朋辈辅导和自我服务。

（3）发挥低年级学生的服务性。

院系基层组织要充分发挥低年级学生的积极性和服务性,可根据院系实际情况建立就业促进服务小组,为毕业生就业做好服务工作。教育学部专门选拔优秀的低年级学生,成立了"就业先锋队",旨在为毕业生就业提供综合服务,为低年级学生提供职业生涯规划。该"先锋队"想学生之所想,急学生之所需,为毕业生搜集了大量的就业招聘信息,专门制作了就业指导手册、毕业生推荐手册,协助教师举办了多场就业宣讲会、招聘会、经验交流会以及模拟面试等。同时,也为低年级学生提供了实习机会,获得了教师和学生的一致好评。

院系基层党建是学校工作的基础,大学生就业的数量和质量是学校的生命线。基层组织建设与大学生就业是当前高校各项工作的两个重要组成部分,只有将两者有机结合在一起,以党建促就业,才能充分发挥基层组织的战斗力,发挥先锋模范作用,为大学生就业寻求各种制度、课程、人力、物力、财力和智力支持,争取让每一个毕业生找到合适的工作岗位。

二、影响教育学硕士研究生就业的个体因素调查[1]

1. 研究背景

近几年来,大学生就业难已经成为一个社会性的热点问题。根据人口结构

---

[1] 戚家勇,邱化民,李凌.影响教育学硕士研究生就业的个体因素调查研究[J].中国教师,2011（7）：44-47.

测算，今后一个时期，每年城镇新增就业人口约1000万人，加上失业人员、退役军人等，需要就业的城镇劳动力超过2000万人。其中，高等学校毕业生2010年就有630万人，以后还会增加；初、高中毕业生没有升学直接进入就业市场的，2010年约是520万人。农村有超过1.5亿富余劳动力需要向城镇和非农产业转移。在正常增长条件下，每年新增就业岗位只有1000万个左右，劳动力供大于求的矛盾相当突出。就业问题引起了大学生以及社会的高度关注。

1999年至2005年，随着我国高等教育的连续扩招，也带来了研究生整体规模的发展。在此期间，教育学研究生的招生以年均31%的速度增长，远远高于全国研究生的平均增长速度（26%）。2005年，教育学研究生招生规模达到12357人，其中教育学硕士研究生11352人，比2004年招生人数增长了24.9%，高于全国同期硕士生招生增长率13.6%。截至2005年，全国共授予教育学硕士学位24693人。就在校生人数而言，到2005年，在校教育学研究生已接近3万人，是1982年的120倍左右。特别是从1999年随着高校的扩招，教育学研究生发展速度明显加快，规模也急剧攀升，在校研究生人数从1999年的5499人增加到2005年的29855人，年均增长率保持在31%左右，这样的发展速度，在历史上是罕见的。这种发展速度和规模与目前教育学硕士毕业生就业困难的现状息息相关。

关于大学生就业难，绝大多数专家学者是从整个大学生群体上做宏观研究，关于教育学硕士群体就业难的研究较少，即使有相关因素的研究，大多数也是从市场因素以及社会环境因素着手。本部分着重阐述影响教育学硕士研究生就业的个体因素。

2. 研究假设、研究方法与相关概念的界定

本研究的假设是：个体自然因素和个体背景因素影响就业率，采用的方法是问卷调查法和访谈法。我们对北京师范大学2010届教育学硕士毕业生进行了全样本的调查，共发出问卷299份，收回有效问卷299份，并对其中5人进行了半结构式访谈。

这里所说"就业"指应届毕业生在毕业时出国、国内升学、签就业协议，"未就业"指应届毕业生在毕业时为自由职业、在京待就业和回省待就业。

就业率的计算公式为：就业率 =（出国＋国内升学＋签就业协议）/毕业生总人数（本就业率指有户有编的就业率）。

个体因素包括个体自然因素和个体背景因素。其中个体自然因素包括性

别、民族、生源地；个体背景因素包括政治面貌、是否为学生干部、本科院校、专业、导师职称。

3. 影响就业率的个体因素分析

采用独立性卡方检验，分别考察了性别、民族、生源地、政治面貌、是否为学生干部、本科院校、专业、导师职称八个因素同就业率的相关关系（见表4-1）。

表4-1 性别等因素与就业的关系

	性别	民族	政治面貌	导师职称	生源地	在校期间是否担任学生干部	考生来源	本科院校
P^*	0.681	0.745	0.106	0.436	0.003	0.637	0.875	0.032**

注：$^*p<0.05$，$^{**}p<0.01$

（1）性别。

2010年教育学硕士毕业生的男女比例约为1：3.5。67名男生中有55名已就业，就业率为82.1%；232名女生中有187名已就业，就业率为80.6%。男生在就业上比女生略有优势。

（2）民族。

2010年教育学硕士毕业生中有汉族、回族、满族、苗族、羌族、土族、瑶族、土家族和维吾尔族等。其中汉族学生占94.6%，少数民族学生占5.4%。汉族学生的就业率为80.6%，少数民族学生的就业率为87.5%，后者比前者高出6.9%。

（3）生源地。

目前，我国经济区域的划分，通常还是采用东、中、西部的划分方法。东部地区包括北京、天津、河北、辽宁、上海、江苏、浙江、福建、山东、广东和海南11个省（市）；中部地区包括山西、吉林、黑龙江、安徽、江西、河南、湖北、湖南8个省（市）；西部地区包括四川、重庆、贵州、云南、西藏、陕西、甘肃、青海、宁夏、新疆、广西、内蒙古12个省（市、自治区）。

2010年教育学硕士毕业生生源地为东、中、西部的毕业生分别有133人、102人和64人，分别占毕业生总数的44.5%、34.1%和21.4%。经分析，来自不同地区毕业生的就业率有显著差异：西部地区就业率最高（95.3%），中部地区就业率居中（79.4%），东部地区就业率最低（75.2%）。

（4）政治面貌。

教育学2010届全体硕士毕业生中共有党员223人、共青团员71人、群众5人，分别占毕业生总数的74.6%、23.7%和1.7%。非党员的就业率为75%，而党员的就业率为83.3%，高出8.3%。由此可见，党员在就业上有较大优势。

（5）学生干部。

2010年教育学硕士毕业生中有16名是学生干部，占毕业生总数的5.4%。学生干部与非学生干部的就业率分别是81.3%和80.9%，学生干部的就业率略高于非学生干部。

（6）本科院校。

2010年教育学硕士毕业生中，从本科直接升上来的共有203人。本科院校为"211"或"985"院校的和非"211"或非"985"院校的各占一半。统计结果表明，本科院校为"211"或"985"院校毕业生的就业率显著高于非"211"或非"985"院校毕业生的就业率，二者的就业率分别为87.3%和75.2%，相差12.1%。

（7）专业。

目前，北师大教育学类共设16个硕士专业。有的专业就业率很高，比如成人教育学、计算机软件与理论、远程教育及职业技术教育学这四个专业的就业率达到100%。与此同时，也有一些专业的就业率很低，比如教育学原理、教师教育和教育史这三个专业的就业率均不足70%。

（8）导师职称。

就业率与导师的职称有较大关联，从表4-2中可以看到，就业率与导师的职称呈正相关：导师是教授的毕业生就业率最高，导师是讲师的毕业生就业率最低。

表4-2 导师职称不同的毕业生就业情况（单位：人）

就业情况 \ 导师职称	教授	副教授	讲师	总数
就业	140	87	9	236
未就业	28	25	3	56
总数	168	112	12	292

(9) 小结。

通过以上数据分析,我们可以看出,教育学 2010 届毕业生的就业率与个体因素有较大关联。

首先,个体自然因素对就业率的影响表现在:①男生在就业上比女生略有优势(相差 1.5%);②少数民族学生相对于汉族学生在就业方面更有优势(相差 6.9%);③生源地不同,就业率差别非常大,西部最高,东部最低(最高与最低相差 20.1%)。

其次,个体背景因素对就业率的影响表现在:①党员在就业上相对于非党员更有优势(相差 8.3%);②学生干部在就业上略有优势(相差 0.4%);③本科院校为"211"或"985"院校的毕业生在就业上有较大优势(相差 12.1%);④专业不同,就业率相差较大,其中成人教育学、计算机软件与理论、远程教育和职业技术教育学这四个专业的就业率最高,教育学原理、教师教育和教育史这三个专业的就业率最低(最高与最低相差 38.9%);⑤就业率与导师职称呈正相关,即导师职称越高,就业率越高(最高与最低相差 8.3%)。

4. 教育学硕士毕业生就业困难的原因分析

(1) 学生性别比例与市场需求存在矛盾。

北师大 2010 届教育学硕士研究生的男女比例约为 1∶3.5,女生占了 77.6%,而大多数用人单位明确提出不招聘女生,只招男生,女生失去了众多的就业机会,客观上加重了教育学硕士研究生整体的就业困难。在女毕业生当中,同时存在部分有男友或者结婚成家在北京的女毕业生,大概占 25%,她们对自己定的标准是即使没有编制和户口也一定要留在北京,这进一步影响了毕业生整体的就业率和就业质量。

(2) 本科就读院校整体水平与社会期望不符。

在 2010 年毕业的北师大教育学硕士研究生中,本科院校非"211"或非"985"院校的占到了 50%。如今招聘单位非常看重应聘者的本科学历,如果本科学校是"211"或"985"院校,往往能得到更多的面试和就业机会。这就在客观上影响了教育学硕士生整体的就业率。加上这部分毕业生个人能力相对较低,较难凭借个人实力扭转局面,因此造成就业困难。前文的数据也证实了本科院校非"211"或非"985"院校的毕业生的就业率较低。

(3) 人才培养过程与市场对人才能力的需求存在矛盾。

北师大教育学类的人才培养模式从总体上看是重理论、轻实践。现在高校和科研单位为教学科研人员所设的门槛越来越高,大都要博士,甚至是留学归来的博士。硕士生毕业后要想从事这些工作非常困难。从2011年的就业情况来看亦是如此。从图4-1中可以清楚地看到,就业单位中排行第一的是中小学校,排行第二的虽然是高等院校,但从统计数据来看,硕士毕业生去高校基本是做行政工作。教育学类重理论、轻实践的硕士人才培养模式,使毕业生简单的待人接物、公文写作、沟通交流、调查研究等能力很难完全满足用人单位的要求,求职竞争力不强,与市场对人才能力的需求不甚符合,这给毕业生就业造成一定困难。

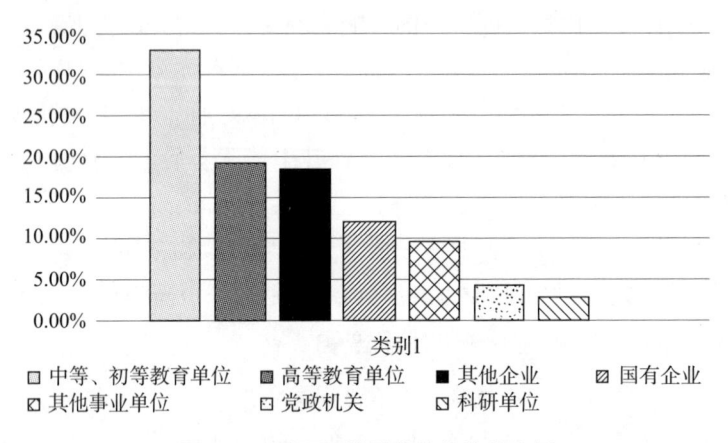

图4-1 到不同性质单位的就业比例

(4) 学科设置与市场需求存在矛盾。

各专业中,课程与教学论(4+2)专业的毕业生就业最为顺利,早在四月份时就已基本定下了工作单位。主要原因是该专业学生有四年本科阶段的学科背景,还有两年教育学和心理学方面的理论教育和实践训练,符合中小学教师的岗位需求,可以直接上岗任教。由此可见,我校毕业生目前最大的就业市场仍为中小学。相比较而言,教育学的其他专业,如比较教育(就业率87.5%)、高等教育(就业率82.4%)、教育经济与管理(就业率76.1%)、教育原理(就业率66.7%)、教师教育(就业率64.3%)、教育史(就业率61.1%)等,更加注重的是理论研究而非实践,这些毕业生即使想到中小学就业,也因为没有学科基础而缺乏职业竞争力。这部分专业的毕业生人数占教育学专业毕业生总人数的一半,从而增加了教育学毕业生的整体就业难度。

(5) 学生就业期望与就业现实存在矛盾。

据了解,教育学硕士研究生毕业后的就业期望整体偏高:大多数人想留在北京,而且期望得到有户口、有编制的工作。其中许多人还积极争取进入党政机关、高等院校、事业单位等待遇较好的部门。许多毕业生没有充分考虑个人能力与社会的现实状况，盲目地追求高起点、高标准，都期望用"北京户口+好单位+高工资"圈定岗位，竞争自然激烈。从部分毕业生那里了解到，之所以选择北京主要是认为北京的发展机会较多，体制、机制等比较透明，找工作相对公平，今后发展也会比较顺畅；而回家乡找工作要靠个人的家庭背景和社会关系等，今后的发展也受种种因素制约，个人的能力和素质很难被认可。但不管怎么说，留京名额和好工作都是有限的，如果一味地追求这些，就会丧失许多其他的机会。就这样，许多人最终成为待业人员。

（6）部分毕业生就业准备不够充分。

忙于写毕业论文或是考博也是造成部分同学就业困难的一个重要原因。部分毕业生写毕业论文的周期过长或是论文不合格而耽误了找工作，甚至延期毕业；部分毕业生由于考博但又没成功，错过了找工作的时间。就业准备不够充分是造成就业困难的另一个重要原因，部分毕业生临到毕业时仍然不知道自己今后要做什么，还在就业与升学中徘徊，即使开始找工作也不知道找哪个行业、哪个岗位的工作。因为没有职业生涯规划，找工作需要的能力以及实习经历不具备或者不符合用人单位需求，这在一定程度上造成了就业困难。

5. 促进毕业生顺利就业的对策和建议

（1）加强课程设置实践性。

目前教育学硕士研究生重理论轻实践的人才培养模式、课程设置模式，都与毕业生求职就业所需能力的培养存在一定矛盾。主管教学的部门应该在确定招生数量时考虑各专业就业率的因素，并对课程做适当调整，增加实践类的课程，加强与市场需求的联系，增加应用性与技能性课程的结构比例，增加选修课的比例。同时，应该给毕业生提供一些诸如简历制作，模拟面试，提升演讲能力、应变能力、团队合作能力等方面的培训，提高毕业生的求职竞争力。

（2）提高就业指导针对性。

从2010年的就业情况分析得出，在教育学专业中，女毕业生、学科理论性较强的毕业生、本科是非重点院校的毕业生，属于就业较困难的群体，应该针对这几类人群开展一些专门的指导。比如可以根据教育学硕士毕业生就业的几个主要去向——高等院校、出版社、中小学等进行分类指导。指导的形式应该是多样的，比如职业能力系列讲座、模拟面试大演练、参观用人单位、经验交流会、毕业生座谈会、自我职业生涯规划征文等；指导的内容也应该是丰富多彩的，比如可以就当前的就业形势进行分析、对相关就业政策予以介绍、开展职业生涯规划指导、进行礼仪培训、组织学长经验交流、开展心理辅导等。此外，还可以针对学生不同的就业方向，比如中小学、高校行政部门、公务员、国企外企、出版社等，分门别类地制作就业指导手册。

(3) 落实就业指导前置化。

提高毕业生职业竞争力是做好毕业生就业指导服务工作的重中之重，而职业竞争力不是短时间内能够迅速提高的，也不只是在面临找工作时就能够提升的，一定要进行前置化的培训。因此，相关部门应该投入较大精力做好学生就业指导前置化工作，例如，新生入学时，可以对新生进行职业测评，指导他们对自己的大学生活及今后的职业生涯进行合理的规划；再如，可以与用人单位合作，建立一些实习基地，为低年级学生提供更多的实习和见习的机会，还可以联系校外培训机构来给低年级学生提供职业生涯规划培训服务等。

(4) 打造就业实习多样性。

就目前统计的情况来看，教育学硕士毕业生的就业去向相对宽泛，就业行业范围较广，相关服务部门应该更加积极地为毕业生提供更多、更广的实习实践机会和岗位。比如，北师大教育学部通过各种共建项目，为学生开拓更加多样的实践机会，采取的措施包括：输送更多的学生到后勤的餐饮、宿管、物业等中心担任助理；推荐优秀的研究生到北京各区县教委挂职锻炼，到中小学担任校长助理；招聘高年级并且有志从事高校辅导员工作的学生担任新生辅导员助理等。通过这样的方式，学部为提高他们的动手实践能力、岗位适应能力、求职竞争能力等提供了更多的锻炼机会。

(5) 发挥校友资源优越性。

学校有着丰富的校友资源，应当充分发挥校友资源对促进毕业生就业的巨大作用。学校和院系应在合适的时机与校友联系，从校友处收集就业信息，向校友推荐毕业生。例如，北师大教育学部专门聘任校友担任学生职业规划导师和校外就业辅导员，邀请校友中的成功人士以及各企事业单位的领导或人力资源管理部门的负责人，以电话或邮件的形式解答学生们有关就业的疑问，定期来给毕业生做就业讲座，尽可能地为学生提供实习和就业的信息及机会等。

三、教育学硕士研究生提升就业竞争力的个案研究[1]

随着高校不断扩招，市场经济迅速发展，高校毕业生就业竞争加剧，出现

---

[1] 鲍红玉，邱化民. 教育学硕士研究生提升就业竞争力的个案研究[J]. 中国教师，2015 (3)：70-74.

了社会各界普遍关注的"就业难"问题。党和国家高度重视毕业生的就业问题，国务院和教育部相应出台了一系列促进措施，主要目的之一是提高毕业生的就业竞争力。

教育学硕士研究生是高校毕业生中的重要群体。教育学是指研究人类教育现象和教育问题、揭示一般教育规律的一门社会科学。教育学作为国家二级学科，其专业分支很多，具体包括教育学原理、教育史、高等教育学、比较教育学、学前教育学、课程与教学论、成人教育学、职业技术教育学等。因其专业类别和学历层次在就业市场中处于"中间地带"，"高不成、低不就"的现象尤为明显，该专业毕业生在就业的过程中面临多种困惑，其中，就业竞争力提升是迫在眉睫的问题，对就业质量和数量产生重要影响。

下面通过个案研究，以教育学硕士研究生为对象，从"自我角度"出发解析就业竞争力的构成要素、影响因素，探讨提升就业竞争力的策略和方法。

1. 研究过程设计

（1）研究方法。

本研究采用质性研究方法。教育学硕士研究生提升自我就业竞争力是一个动态的、复杂的过程，需要进行深度研究。具体而言，本研究拟使用的个案研究有三方面的特点：①特定性（particularistic），研究的是一个特定的实践情境和社会现象；②描写性（descriptive），对所研究的对象进行生动细致的描述；③启示性（heuristic），可以帮助人们对所研究的对象形成新的理解。[1]

教育学硕士研究生提升自我竞争力的过程会因为自身性格、自我认知、就业期待等个体差异而不同，也会受到学校、社会等环境因素的影响。所以描述性、解释性的个案研究恰好能够实现本研究的研究目的，选择有典型特征的教育学硕士研究生为个案，追溯其提升自身就业竞争力的这个过程，从而解决相关的研究问题，实现研究目的。

（2）研究对象。

本研究选择了北京师范大学两名三年级的硕士研究生 A 和 B 为研究对象，主要有以下几方面的考虑。第一，典型性。A、B（A 为男生，B 为女生）均为研三已找到理想工作的教育学硕士研究生，与研一、研二学生相比，可以为本研究提供更丰富的信息；另外，在预研究中发现，这两名研究生经历了不同

---

[1] Marriam. S. B. Qualitative Research and Case Study Applications in Education. SanFrancisco：Jossey-Bass Publishers，1998：30.

的求职历程（"相对顺利""极其艰难"），对其进行深入跟踪以挖掘其提升自我就业竞争力的过程，可以更好地满足研究的需要。第二，便利性。因研究者在日常的学习、生活中与两名研究对象 A、B 曾有过或多或少的接触，便于进入研究现场，建立良好的研究关系，从而收集到大量、深入的研究资料。

个案 A：男，中共党员，北师大教育经济与管理专业硕士研究生，本科修物理学，曾担任学校主要学生干部，学生工作经验丰富。曾获第六届"挑战杯"中国大学生创业计划竞赛银奖等奖励。研三开始正式找工作，虽然有物理学的学科优势，但没有做老师的期望，而是明确了到高校工作的职业定位，鉴于自身的知识结构以及学校期间的工作经验，主要参加了北科大、北理工、北师大和中国农大等高校的招聘、面试，最终被中国农业大学录用。

个案 B：女，北师大课程与教学论专业，本科修读教育学，曾担任院系学生干部。学习成绩优异，获"优秀毕业生"称号。求职过程比较坎坷和艰难，因前期参加就业辅导类的社团，接触了大量的用人单位和用人行业，了解了市场需求，确定了进高校工作的最初职业目标。投递简历，面试了多所著名高校却屡屡碰壁，最初的职业目标遭受挫折，于是退而求其次，开始"海投，海面"，开始了各种兼职、实习，拥有了小学老师、出版社、高校辅导员等经历。研三下学期，认真分析自我，重新定位职业目标，决定做小学教师，经过多次面试、说课和试讲等环节，最终被北京一所重点小学录用。

（3）研究资料的收集。

本研究的研究工具为访谈提纲，根据研究内容及目的，参考"就业竞争力"的相关实证研究，制订访谈提纲。内容主要涉及三个方面：研究对象读研期间与"就业""就业竞争力"相关的学习及生活经历；研究对象就业竞争力的构成要素（具备怎样的素质和能力）；研究对象如何提升自身的就业竞争力（途径）及影响因素等。根据就业竞争力的定义，将访谈提纲划分为以下维度：自身的精神风貌，知识结构，专业技能，实习经历，语言、文字表达能力，沟通、交往能力，以及身心素质七项要素。

访谈主要是采用半结构化访谈，以面对面访谈为主，电话访谈、QQ 访谈、电子邮件交流等为辅。访谈地点根据实际情况而定（原则是环境安静、氛围轻松、便于进行访谈），访谈时间双方提前协商后予以确定（原则是不影响研究对象正常的生活及学习，尊重研究对象）。每位研究对象拟访谈三次。

随着本研究的深入开展，与研究对象建立了相对稳定的研究关系，请求研究对象提供相关的实物资料，如"就业培训"方面的资料、各种从业资格证书、个人求职简历、相关的博客日志及日记随笔等。

2. 教育学硕士研究生就业面临的问题

通过访谈所记录的谈话内容和所收集的资料,采用类属分析与情境分析相结合的方法进行处理,并在此过程中采用"三角验证法"对文字及数据信息进行检验,以保证研究的信度和效度。教育学硕士研究生主要面临以下就业问题。

(1) 教育学硕士研究生专业认同感低

教育学是揭示教育规律的一门社会学科,具有较强的学术性,需要较长时间的知识积累。随着教育学硕士研究生的不断扩招,教育学的学术性不断降低,独立性逐渐消失,部分学生对专业失去了认同感,直接影响了就业的数量和质量。随着就业压力的不断增大,高学历成为人们竞聘工作岗位的重要砝码,硕士研究生学历逐渐成为就业的门槛,不少学生不得不在本科毕业后强迫自己考研,考研的专业不必是自己真的感兴趣而是能够考上,读研的主要目的不是获取知识而是拿学位找工作,而教育学硕士研究生专业限制较少,比较容易考。根据调查,62%的教育学硕士研究生本科没有学习过教育相关课程,直接导致学习倦怠问题的出现。同时,教育学理论性较强,课程结构设置不合理,专业知识与社会脱节,培养目标与就业实际脱节,且存在一定的盲目性,教育学科的社会认可度低,强调理论学习而忽视实践的操作,专业就业面狭窄。[1]

(2) 教育学硕士研究生职业定位模糊。

教育学硕士研究生因对专业认知狭隘导致对职业定位不清晰。部分教育学硕士研究生认为学了教育学就只能去学校当老师,把职业只定位于中小学教师,不再考虑其他行业和岗位,择业意识受到局限。根据教育学硕士研究生以前的就业数据分析,教育学硕士研究生就业面非常宽泛,尤其是新职业产生以来,教育学硕士研究生几乎涉及社会各个行业,如金融、地产、建筑、医疗、航天等多个行业。教育学硕士研究生自主创业意识淡薄,主动出击创业的意识欠缺,只是局限于"找工作",等着用人单位来挑选自己。通过访谈得知,部分教育学硕士研究生不清楚自己对什么感兴趣,能干什么,没有对职业的定位和规划,求职就业迷茫。

(3) 教育学硕士研究生自身竞争力弱。

教育学是理论性较强的学科,所学专业课程多理论性而缺乏实践性,直接

---

[1] 杨遇春. 教育学硕士研究生择业观研究 [D]. 上海:上海师范大学硕士学位论文, 2010: 69.

导致教育学硕士研究生实践能力缺乏，学习能力不足，创新精神欠缺。三年教育学硕士研究生的学习，多数局限于本专业课程，大量时间用于书斋中闭门造车，缺少实习实践，如学前教育专业硕士研究生不会音乐和舞蹈，求职面试时比不过中专生；教育技术学生不懂电脑硬件，求职面试中不如信息技术专业本科生；想去做中小学教师的教育学硕士研究生因没有学科背景，说课和试讲不如中文、数学、外语等专业学生。部分教育学硕士研究生心理调适能力低下，心态较差，求职过程中随机应变的能力较弱，而这些都是求职必备的能力。

3. 教育学硕士研究生就业竞争力提升策略

本研究主要探讨教育学硕士研究生提升自身就业竞争力的策略，通过深入访谈、分析并追踪探析求职就业的准备过程。结合两位研究对象自身的就业前准备以及提高自身就业竞争力的方法、措施，形成了以下关于就业竞争力提升的策略。

（1）合理设置就业期望，明确职业目标。

根据美国帕森斯的"人职匹配"理论，求职不是寻找最优秀的职业，而是选择最适合自己的职业。因此，毕业生求职就业应该根据自身条件设置求职期望，明确自身职业定位和目标。教育学硕士研究生要根据自身能力和所学专业条件，进行职业定位，而不是盲目追求高福利、优待遇，每名同学都有自身的独特性，求职就业没有必要进行攀比，而要选择适合自己的职业。本研究的研究对象A，男生，具有组织大型活动的经历和能力，根据自身经历及优势明确了进高校工作，最终被北京某重点高校录用；研究对象B在求职伊始，求职目标不明确，中小学、企业和高校都投递了大量简历，临近毕业依然在中小学教师和行政工作之间徘徊，最后在就业指导教师的帮助下才逐渐清晰择业目标，最终去了北京一所小学工作。

（2）完善自身知识结构，充分发挥学科优势。

教育学硕士研究生在就业市场上的优势在于经过了三年或者更长时间的学术专业训练，有扎实的知识功底，教育学硕士研究生在求职中及入职后应充分发挥自身学科优势，彰显教育学潜力。通过对两位教育学硕士研究生对象的研究，教育学硕士研究生在就业过程中能够与学校（高校、中小学校）有一定的连带关系，但因教育学学科专业性不强，培养目标与就业实际脱节，专业设置存在一定盲目性，强调理论学习而忽视实践的操作。因此，教育学硕士研究生在定位于做中小学教师时应该努力拓展自身的知识面，辅修或者学习中文、数学、外语等中小学学科的专业，既有教育学理论做基础，又有中小学学科的知识结构，能够做到理论与实践相结合，在一定程度上能够提升就业竞争力优势。本研究中的B研究对象曾经辅修过中文专业，在小学任课中很快脱颖而出，不但承担着对学生授课工作，还担任了学校课程的研发以及课题研究工作。

（3）加入实习实践力度，提升实践综合能力。

调查研究发现，教育学研究生求职就业过程中普遍存在的问题是实习实践机会少，实践能力差，动手能力弱，灵活处理问题的能力欠缺。就业市场竞争进入白热化阶段，市场对教育学硕士研究生的需求已经从科研教学岗位转向实际工作部门，要求教育学硕士研究生不但能做理论研究，成为本单位的研究型人才，更要有"坐下来能写，静下来能思，站起来能讲，跑出去能干"的能力，成为重点培养的综合型人才。以北京师范大学教育学硕士研究生为例，58%的硕士研究生本科阶段学习的并不是教育学，硕士研究生阶段要花大量的时间和精力弥补教育学专业的缺失，实习实践的时间和精力有限。因此，教育学硕士研究生应该根据自己的求职目标合理规划实习实践，如利用寒暑假进行支教、调研，跟着导师做些课题项目，平时挤时间做些兼职或者勤工助学等，都会在一定程度上提升个人的综合能力。两位研究对象在校期间担任学生干部，做了大量的实习实践工作，在此过程中提升了交流沟通、统筹协调和语言表达等多项能力。

（4）及早进行职业生涯规划，做到"有的放矢"。

对北京师范大学2015届教育学硕士研究生毕业生的调查显示，41%的毕业生"不知道找什么样的工作"，27%的毕业生"在求职中逐渐明晰求职目标"，只有32%的毕业生"有较明确的就业目标"。很多硕士研究生没有进行过职业生涯规划，读研究生没有明确的目标，包括不知道为何考研，读什么专业，将来从事什么职业等，基本上是走一步说一步的状态，表现出很强的从众性。没有进行职业规划，没有明确的求职目标，就没有求职动力，更不会主动提升就业竞争力，直接影响就业质量。因此，职业生涯规划至关重要，而且从开始上大学就应该进行。本文的两位研究对象都有相对清晰的职业规划，如研究对象B有志愿做中小学教师的规划，硕士研究生学习的专业是课程教学论，平时在教育机构和市重点小学任课锻炼，做过多项课程改革的课题，并发表多篇与此相关的文章，同时取得了教师资格证书、普通话证书、心理咨询师证书等，在求职中展现出了较强的竞争优势。

作为名校、名专业的硕士研究生，在就业市场中已经具备了较强的外部竞争优势，如何提高自身的就业竞争优势则是关键之所在。通过对本研究对象的访谈、调查，结合其求职就业的真实经历，建议每名教育学研究生在读书阶段应该做好职业生涯规划，加强实习实践锻炼，提升综合素质能力，完善知识结构体系，求职过程中合理设置求职期望，明确职业目标，提升就业竞争力。

四、基于信息网络平台的高校就业指导服务[1]

2014年，全国高校毕业生规模达到727万，获称"史上最难就业季"，就业难成了社会各界关注的焦点。随着就业形势的严峻，高校纷纷成立了就业指导服务部门，有些高校还成立了就业与创业指导服务中心，在促进大学生就业过程中扮演着重要角色，而信息技术和网络技术也在高校就业指导服务中发挥着举足轻重的作用。高校就业指导服务旨在帮助大学生树立正确的就业观念、了解就业形势和政策、获取就业信息、掌握求职择业的基本方法和技巧，从而顺利毕业走上工作岗位。随着信息网络技术的普及，就业指导服务的大部分功能都需要通过网络技术和信息平台来实现。

目前，国内大部分高校都已建立了信息网络平台，以利用先进的信息技术更快更好地推进就业工作的开展。通过对国内多所高校的就业指导服务网站的调研，发现各高校通过信息网络平台进行就业指导服务的现状不容乐观，存在很多薄弱环节，亟待变革和创新。

（一）高校就业指导服务信息化现状

1. 系统结构单一

国内高校的就业信息网络建设还停留在初级水平，仅作为一种形式，没有得到充分的重视，信息技术的功能被弱化，内容相对匮乏，以向毕业生发布就业政策、就业信息和就业求职主题沙龙、讲座活动信息为主，只是发挥了信息宣传窗口的作用。目前，部分高校在信息化平台上已经引进了国外的职业测评，但也只是停留在说明职业测评的使用方法和登录入口的层面，并没有个性化的专业分析和后续指导，功能比较单一。

2. 缺乏互动

大部分高校的就业指导服务信息网络平台设有生涯咨询、网上咨询等服务

---

[1] 张文馨，邱化民. 基于信息网络平台的大学生就业指导服务创新［J］. 高校辅导员学刊，2015（8）：97－100.

模块。但是，生涯咨询仅仅是对校内面对面生涯咨询的相关说明，并不提供在线咨询服务，也没有网上预约功能；而网上咨询是在网上提交疑问，通过页面回复、电子邮件等异步方式反馈给学生，没有发挥网络技术先进的实时交流、及时反馈的优势，缺乏互动。例如，东北某高校就业信息网"在线咨询"模块，即是学生在网页上提问留言、工作人员回复的互动方式，笔者发现菜单下的提问并没有得到就业指导工作人员的及时回复。

3. 时效性缺乏保障

对国内高校信息网络平台的调研发现，平台上的许多信息更新速度慢，甚至好几年没有更新。例如，广东某高校的就业指导中心主页上"就业指南"里的最近更新日期是2012年4月。网络环境下的信息更新速度快、生命周期短，这就要求平台管理者时刻关注市场动态，及时更新信息，给毕业生提供及时有效的资源。

4. 利用效率低、影响力弱

第一，目前高校的就业信息网络平台相对封闭，资源的利用效率有限，未能发挥信息网络平台可以便利实现信息资源共享的优势。第二，各高校的就业信息网络平台普遍存在学生关注度不高的现象。例如，北京某高校学生就业与创业指导中心网站"就业信息"菜单下，2014年9月~10月13日发布的信息，截至2014年10月13日16时统计数据显示，平均点击率仅164次。王洋在对北京城市学院就业网的一次调查中，发现很多学生对学校的就业网不了解，将学校就业网作为找工作第一选择的几乎为零。❶

5. 缺乏个性化指导

目前，国内高校的就业信息网络平台普遍存在信息笼统、没有针对性和个性化指导的问题。高校就业信息网络平台虽然基本都有就业指导的专题文章，如简历制作、面试技巧、求职心态调整等，但这些内容没有结合学校、专业特色，更没有针对毕业生的经历和需求做个性化和针对性的指导。例如，一些高校就业网站上提供了简历模板，但是不同行业的简历要求不一样，一类模板并不适用所有的工作岗位，未能整体考虑所有毕业生的需求。比如传媒、文化创意岗位和公务员、事业单位岗位的简历制作技巧和注意事项会存在较大的区别。

---

❶ 赵鹏举. 构建高校毕业生就业服务体系途径研究［D］. 哈尔滨：哈尔滨理工大学硕士学位论文，2011.

（二）基于信息网络平台的高校就业指导服务系统的变革与创新

基于当下高校信息化就业指导服务工作的现状，思考如何将高校就业工作和信息化建设紧密而有效地结合起来，利用信息网络平台为学生提供全程化、专业化、信息化、个性化的就业指导是当务之急。笔者通过文献检索发现，国外有比较先进的实践理念，国内一些学者也强调在高校就业指导服务中加强信息化平台的创新与改善。这为探索基于信息网络平台的高校就业指导服务系统的变革和创新提供了思路和启示。

例如，美国高校每年对就业指导机构投入大量的经费，保证就业指导完善的硬件设施和信息手段，具有完善的就业信息网络平台。日本高校大部分都建立了有效的就业信息化服务系统，实现就业内容信息化，在网上开展职业指导，应用计算机辅助系统对学生的生涯规划、求职就业进行科学合理的指导。英国高校建立了交互型的网络信息共享平台，形成了具有信息发布、信息查询、在线指导交流、网上招聘等功能的个性化、互动式的信息网络系统。国内的张金华（2006）提出就业指导中心建设，要形成全员化、全程化、信息化的就业指导格局；❶ 王卫、冯淑娟（2009）认为，在大学生就业服务体系中，一个智能化的就业信息平台能将就业中的各方有效地结合起来，使各方能以最低的成本、最快的速度达到各自的目的。❷

高校的就业指导服务工作是一项需要长期、持续地给予高度重视的工作。高校就业指导服务从学生进入学校的那一天就开始了，要坚持"以学生为本"的理念，构建全程化、专业化、信息化、个性化的就业指导体系，提高高校就业指导服务工作的针对性和有效性。为此，本文设计了"以学生为本"的集学校服务系统、学生信息系统、用人单位信息系统为一体的就业指导服务系统，实现学校、学生、用人单位三方信息的共享与互动，见图4-2。

1. 学校服务系统

（1）就业信息。

"学校服务系统"下设计三个子系统。其中"就业信息"包括实习、招聘、求职讲座通知和国家、地方的就业创业政策。就业信息来源于"用人单位信息系统"，用人单位的就业信息经"学校服务系统"审核通过后发布。

---

❶ 张金华. 大众化背景下的高校毕业生就业指导服务体系构建［J］. 职业，2006（05）.
❷ 王卫，冯淑娟. 以信息平台为中心的高校毕业生就业服务体系研究［J］. 价值工程，2009（3）.

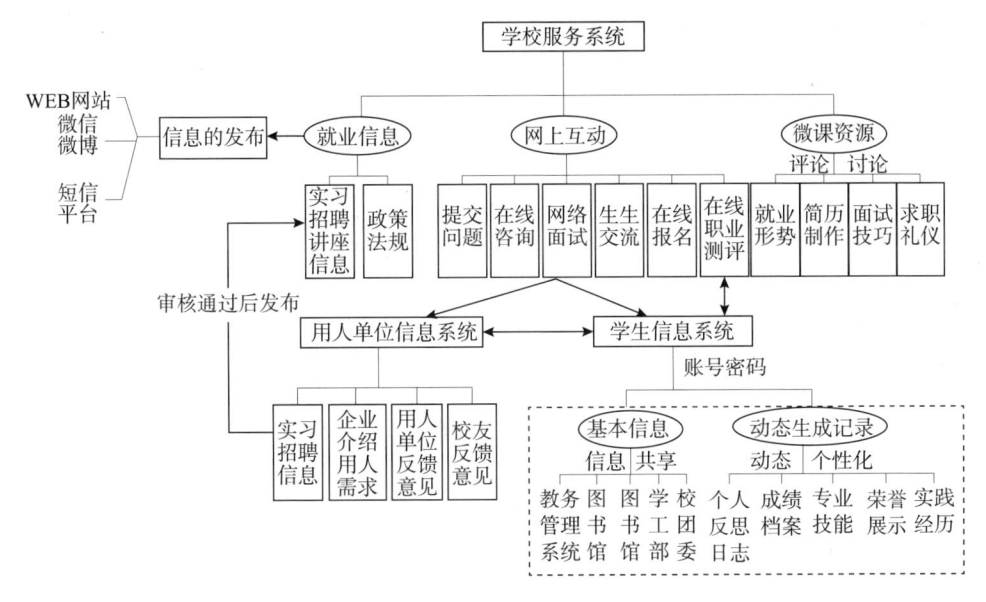

图 4-2 "以学生为本"的就业指导服务系统架构图

作为数字时代的大学生是新媒体的主要用户群体和推崇者,他们越来越习惯移动学习和碎片化学习。因此,只在学校就业网站上发布就业信息显然不能满足需求,需要融合新媒体,移动终端与信息网络平台双管齐下。充分利用新媒体传播的特色和优势促进高校就业工作的个性化、针对性和有效性。将微博、微信等服务嵌入、融合到信息网络平台,多角度、全方位地发布就业信息,提供就业指导服务,使学生随时随地在移动终端方便享用服务。

此外,考虑到网络不稳定和流量限制的问题,再辅助以短信的形式,通过三种途径(WEB网站,微信、微博等新媒体,短信平台)确保每位毕业生获得就业信息。

(2) 网上互动。

目前的大部分高校信息网络服务平台缺乏互动,"网上咨询"模块只是为保持平台功能的完整性而设计,仍然是传统的在线提交问题,以电子邮件的形式得到滞后的反馈,并未做到在线同步互动。笔者认为,一个真正意义上的信息网络就业指导服务平台,不仅能在线提交问题,获得非同步的反馈,更重要的是还能实现在线同步咨询。登录此平台的学生可以在平台上向专业的就业工作人员咨询个人的就业困惑和问题,实现即时的交流互动,这种"以学生为本"的线上解答方式,是由传统的被动接受到主动参与的变革。除了学生向就业指导老师在线咨询外，学生和学生之间也可以借助平台相互交流。

学生在浏览就业讲座、招聘会等信息时可以在平台上直接报名参加，可以在平台上直接预约校内专家进行面对面就业指导和咨询。

收集"学生信息系统"里全面、动态的个性化记录，利用学习分析技术分析每位学生的大数据，在"学校服务系统"为学生进行职业测评，提供个性化职业生涯指导。开发网上视频系统，实现用人单位与学生远程网络面试。

（3）微课资源。

整合校内和校外优质资源，邀请专业职业指导教师、知名企业人力资源主管等举办网络专题讲座，包括就业形势、简历制作、面试技巧、求职礼仪等模块，同时将其视频制作成"微课"放在平台上，方便学生线下的个性化学习。这些微课资源并不是视频的简单上传，而是一种动态的生成性资源，学生在观看时能够在页面上评论，学生之间可以讨论。

2. 学生信息系统

在毕业季，毕业生要填写大量的信息表格，每份表格一般都会涉及基本信息、学习经历、获奖情况、实践经历等。毕业生的区域流动性较大，不容易及时联系到每一位学生，由此影响了就业工作的进展，让就业相关部门束手无策。目前的就业网上关于毕业生的信息仅仅是一些基本资料，是静态的形成性的信息。为了提供全程化、专业化、个性化的就业指导服务，就要求对每位在校生的整个大学生活进行记录，形成动态生成式的跟踪信息。基于此，参考电子档案袋的理念，设计"以学生为本"的学生信息系统，一方面，学生能够记录成长经历，同时方便就业工作管理人员随时提取学生信息。

（1）学生基本信息。

分配给每位学生唯一的登录账号和密码，学生在此平台上呈现个人资料和在校基本信息。因为学校许多职能部门都涉及学生的基本信息，将此系统和学校教务处、图书馆、学工部、校团委、档案馆、奖助中心等部门实现信息关联，学校相关部门可以高效准确地获取信息，实现学生基本信息的共享。同时，各个部门根据各自负责工作内容将学生信息进行实时更新，不断完善学生信息，生成学生档案。

（2）学生动态生成记录。

学生在此平台上，随时记录学习成长经历，比如个人反思日志、成绩档案、荣誉展示、专业技能、实践经历等。到毕业时，每位学生整个大学生涯的学习、生活点滴都生动地呈现在此平台上，生成全程化、个性化的信息资源。

基于大数据和学习分析技术分析这些丰富的信息，科学指导毕业生择业、就业和职业规划，也便于企业全面而准确地了解毕业生的兴趣爱好、专业技能以及考核毕业生是否适合所需的工作岗位。

3. 用人单位信息系统

（1）实习、招聘信息。

为确保就业信息的真实性和安全性，用人单位可直接在"学校服务系统"中注册，注册后，管理员可对其进行审核，审核通过的用户即可随时发布企业招聘会等招聘信息，这些信息通过审查核实后，将可直接以上述三种途径推送给毕业生。

（2）企业概况。

包括企业基本信息、用人需求、发展动态等，学生可以随时浏览。注册后的用人单位能够随时访问"学生信息系统"，查看学生的动态成长情况，考核学生的技能和素质，选择适合所需岗位的人才。

（3）反馈意见。

包括用人单位和校友的反馈意见。缺乏实践经历和不了解社会需求是制约毕业生就业的重要因素，高校就业工作不仅要帮助学生走出校园，适应社会，同时还要由外向内输入反馈信息，因此，搜集用人单位对毕业生的工作反馈意见十分必要。校友分布在社会各界各行各业，是学校和社会联系的有效桥梁，他们在各自的领域里有所建树，能准确把握该领域的市场需求和人才使用标准。用人单位和校友的反馈意见为学校调整人才培养计划具有指导意义，同时帮助学生了解市场对人才素质的要求，便于学生有针对性地锻炼综合素质、提升技能。

本文设计的基于信息网络平台的高校就业指导服务系统，为学校、学生、用人单位三方搭建了一个以学生为本、信息共享的集学校服务系统、学生信息系统、用人单位信息系统为一体的数字化平台。用人单位系统推送的就业信息经审核通过后在学校服务系统上发布，借助 web 页面、新媒体、短信推送到每位学生的移动终端。学生登陆平台后，在学校服务系统中在线提交问题、在线咨询、在线预约报名、观看微课并参与评论和讨论；在线职业测评与学生信息系统、用人单位系统关联，为学生提供针对性、个性化的分析，反馈的结果提供给用人单位参考。网络面试尤其体现了三个系统的关联，用人单位提前了解学生信息，在学校服务系统上实现时间同步、空间异步的虚拟面试。

本章分析了当前高校基于信息网络平台的就业指导服务的现状及存在问

题，并提出了相应的方法和策略，设计了"以学生为本"的集学校服务系统、学生信息系统、用人单位信息系统为一体的就业服务平台。高校就业工作者要把握信息网络技术带给就业工作的机遇和挑战，充分有效地利用信息资源，最大限度地发挥信息网络平台的优势，创造性地开展就业工作，合理创新性地进行就业指导，提高就业指导工作的实效性、针对性，更好地促进学生就业。

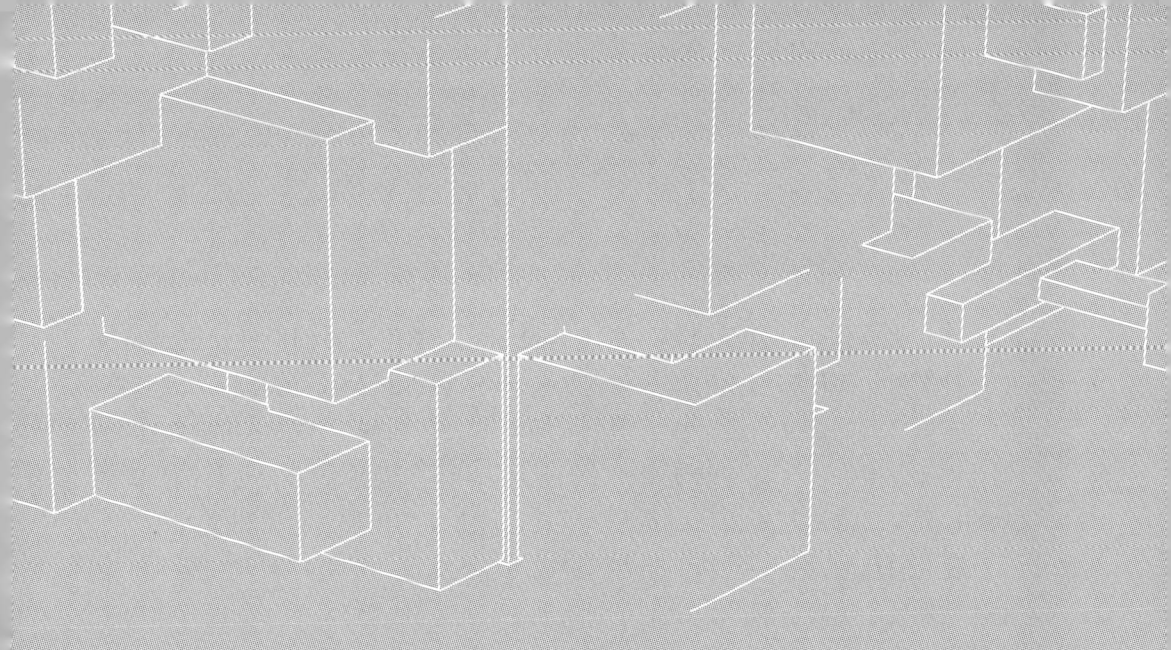

第五章

大学生创新创业力开发

在"大众创业、万众创新"的大背景下,大学生创新创业已经成为高校的一种潮流。而创新创业的概念和观念已经不再局限于原有的开店、做生意,而是有更广泛的定义,激励着大学生大胆向前去认知社会、探索和发掘自我。创新创业需要大学生具备创新精神、创业意识和创新创业能力,同时在创新创业的过程中又能不断塑造和培养大学生具有这方面的精神、意识和能力。

随着时代的发展,创新创业力已经成为当代大学生的基本素养,是大学生主体性发展的重要方面。大学生在创新创业的过程中能够发挥并且提升作为主体的自主性、能动性和创造性。大学生主体式创新创业教育在大学生主体性发展成长中可以发挥重要作用。本部分将从不同角度探讨创新创业与大学生主体性发展的内在关系,重点阐述主体式创新创业教育。

一、大学生创新创业教育模式[1]

步入21世纪以来,随着经济全球化进程的推进,国际竞争日益激烈,"创造、创新、创业"成为本世纪竞争的关键点,而人才则是国际竞争的核心所在。21世纪的高质量人才应该是创新创业型的复合人才,以人才立国,走人才强国之路是国家发展的必然选择。高校作为培养高质量人才的重要场所,也是实施创新创业教育的重要基地。作为最具创新创业能力的群体,作为青年的代表,大学生是我国新常态经济发展过程中最为活跃的分子,国家一直高度关注、关心其创新创业教育。

2010年5月,教育部下发《关于大力推进高等学校创新创业教育和大学生自主创业工作的意见》,从高校的创新创业教育推进、创业基地建设、大学生自主创业扶持政策的落实完善和各级单位部门的领导保障几个方面为促进高校的创新创业教育指明了方向;《国家中长期教育改革和发展规划纲要(2010—2020年)》明确指出,要"牢固确立人才培养在高校工作中的中心地位,着力培养信念执着、品德优良、知识丰富、本领过硬的高素质专门人才和拔尖创新人才",进一步要求要推进创业教育,从战略规划角度对高校开展创

---

[1] 邱化民,呼丽娟. 高校院系开展大学生创新创业教育模式探究——以北京师范大学教育学部为例[J]. 中国大学生就业, 2015 (9): 54-58.

新创业教育的培养目标进行了解读；十八大报告也提出要"鼓励多渠道多形式就业，促进创业带动就业"，并明确提出"支持青年创业"，为大学生创业提供了肥沃的土壤；2015年的《政府工作报告》中更是明确提出要"推动大众创业、万众创新""以创业带动就业"，进一步深化了创新创业教育的内容和范围，鼓励全社会创新创业。可以看出，党和社会高度重视高素质人才的培养，重视创新创业教育对大学生成长成才的促进作用。

2015年我国高校毕业生达到749万人，为历史最高，大学生就业形势越发严峻，而自主创业则成为高校毕业生就业的一条重要途径。在激烈的就业竞争环境下，高校各院系加强大学生的创新创业教育，探寻培养大学生创新创业意识和自主创业能力的教育模式，则显得越发重要。

（一）高校创新创业教育模式的现状

1. 大学生创新创业教育的内涵

创新创业教育，最早在1989年11月由联合国教科文组织在北京召开的"面向世纪教育国际研讨会"上首次提出，并被称为"第三本教育护照"。创新创业教育是创新教育和创业教育相融合的教育，是为了适应现代经济社会发展需要，以培养受教育者的创新精神、创业意识和创业能力为目的的一种全新的教育理念和教育模式，❶它是以创新为动力的知识经济和以互联网技术为基础的信息化时代的产物。

大学生创新创业教育，是为了培养大学生的创新创业素质，点燃创新创业激情，以弘扬人的主体精神、个性和开发潜能为宗旨，促进大学生创新创业能力教育发展体系的构建，营造一个有利于创新创业教育全面实施的全民教育、终身教育的环境。❷它不仅从专业教育角度帮助大学生学会如何创办企业、筹集资金，更是一种人生成功的教育，培养大学生的首创意识、冒险精神、创业能力、独立工作能力及技术、社交和管理技能，对人的全面发展起着重要作用。❸

2. 高校创新创业教育的模式

随着我国经济社会的快速发展，我国为了应对知识经济和信息化时代的挑

---

❶ 匡令芝. 高校教学管理促进学生主体性发展的研究［D］. 长沙：湖南大学硕士学位论文，2005.

❷ 刘大军，罗一帆，周合兵. 基于大学生创新性实验计划下学生主体性的发展策略［J］. 实验室研究与探索，2011，（8）.

❸ ［英］迪尔登. 自主性智育［A］. 选自瞿葆奎，主编. 教育学文集·智育［M］. 北京：人民教育出版社，1989：32.

战，采取了多种措施、颁布了各种政策鼓励大学生自主创业，推行了多个创新人才推进计划，推动技术创新和科技创新成果的产业化。各大高校为了响应国家号召，适应时代发展，也积极开展创新创业教育探索实践，提供了多种类型的科技创新平台，各大创新创业比赛项目纷纷涌现，大学生在此过程中一定程度上提高了自身的专业技能。

目前，高校的创新创业教育模式大体上可以分为三种：第一种是课堂教学主导的创新创业教育，主要是开设创新创业教育相关的专业课或选修课，并在第二课堂中鼓励学生参加各类社会实践活动，如中国人民大学注重在课堂上讲授创业意识、创业管理、创业风险投资等方面内容；第二种是侧重于创业技能培训的创新创业教育，如北京航空航天大学成立创业管理培训学院，并设立相关的创业基金和教育实践平台；第三种是综合式的创新创业教育，除在专业教学中融入创新创业教育外，还会为大学生创业提供技术咨询和资金支持，如清华大学依托社会实践活动和科技创新基金，开展创业计划大赛等活动。

3. 高校创新创业教育目前存在的问题

通过高校开展的丰富多彩的创新创业教育，大学生的创新创业激情被点燃，创新创业意识有所增强，能力有所提升。但是总体来看，高校大学生的创新创业能力还比较低，大学生的创新想法很多，也有一定的创新创业成果，但许多都随着毕业离校被搁置、放弃；还有些只是参加创业计划比赛的书面作品，并未成型，即使后期进行了创业实践也大都无疾而终。究其原因，很大程度上是因为目前大学生具备了一定的创新创业意识和能力，但是缺乏将设想转化为现实成果的能力。

我国高校的创新创业教育也存在一定的问题。一是在知识学习上，目前的创新创业教育和专业基础知识的学习没有很好融合，出现知识脱节、断层现象；二是在能力塑造上，高校尚未形成较为成熟的创新创业教育理论体系，教育仍停留在技能知识讲授上，也没有高素质的创新创业导师对学生进行针对性指导；三是在实践探索上，真正进行创新创业实践的人少之又少，由于缺乏专业导师的指导，大学生在创新创业过程中难免会遇到各种各样的挑战和挫折，加之学生自身知识能力有限，社交圈较小，社会阅历较浅，创业失败在所难免；四是在环境创设上，由于创新创业教育兴起较晚，学校里尚未形成这方面的氛围和校园文化，成功的毕业生创新创业教育案例也是屈指可数，没有形成浓厚的创新创业教育氛围。

综上所述，目前高校的创新创业教育模式尚未形成规范的体系，而从高校院系层面进行创新创业教育探索，培养大学生自主创业能力的探索更少。在"大众创业、万众创新"的大背景下，高校各个层面开展创新创业教育迫在眉睫。

（二）高校院系实施大学生创新创业教育的着重点

高校院系作为高校的基层组织，是人才培养的第一平台，反映着学校教育质量和师生综合素质。高校院系由于直接与学生相接触，是高校教育模式的执行和基层决策机构，承担着上传下达、沟通内外的枢纽作用，也是高校教育工作的基础部分和落实环节，只有院系学生创新创业教育工作做好，学校的创新创业教育才能有根本保证。因此，从高校院系角度开展科学、有序、有效的创新创业教育，直接影响着大学生创新创业观念、知识、能力等方面的培养和塑造，对实现学校创新创业教育目标和培养合格的社会主义事业建设者和接班人有重要意义。

1. 创新创业观念培养

观念是行动的先导，是创新创业的前提。只有有了良好的创新创业观念，激发大学生创新创业意识，才能转变大学生传统教育观念，树立其创新创业的信心。创新创业观念是大学生对创新创业活动产生的自觉的心理倾向，是促进大学生产生创新需要、形成创业意识、开展创新创业实践活动的动力源泉。当前社会竞争日益激烈，就业形势日趋严峻，高校院系可以利用与大学生接触较为密切的优势，加强对大学生创新创业观念的培养，可以利用开展讲座、举办创新创业比赛等活动来培养大学生的创新创业观念，转变其对创新创业教育的传统认识，使其具备渊博的知识、强烈的社会责任感、合作能力、学习能力、创新思维等，帮助学生找到创新创业的方向和目标，避免进入被动守业的误区。

2. 创新创业知识学习

知识是创新创业的基础。没有综合全面的知识，是无法在创新创业的道路上持续前行的。目前社会知识日新月异，以信息技术为基础的知识经济时代要求大学生必须掌握综合性的、全方位的知识，只懂得单一方面技术或知识是无法适应当今社会的迅猛发展的。用全方位的知识武装自己，不仅能帮助大学生在创新创业时快速有效地确定方向，更能帮助其在遇到各种创业问题时迅速找到解决途径。创新创业知识，不仅包括专业性的知识，也应该涉及广泛的非专业知识，如合同法、商品生产流通、市场营销管理、人力资源管理等方面知识，为大学生快速进入创新创业角色加油，为大学生成长为复合型人才助力。

高校院系可以在学校开设课程的基础上针对自己院系的学科特点和学生特征，设置创新创业相关专业课或选修课，将创新创业纳入学科课程体系，并通过在课堂上使用多种教学手段和方法，提高同学们对创新创业的热情。

3. 创新创业能力塑造

能力是创新创业成功的关键。如果仅仅拥有创新创业的意识观念或是掌握了一定的知识，但是没有综合的创新创业能力将绝妙的创意想法实现、将知识化为现实有用的武器，那么创业之路也将走得异常艰辛。创新创业能力，不仅包括基本的认知、了解环境、把握机会的能力，也包括过硬的专业技术能力、应对复杂问题的分析解决能力、应对风险市场的能力，还包括经营管理团队、良好协调沟通等方面的能力。高校院系可以一方面在知识学习、讲座培训中强化学生们的创新创业能力，通过课堂上讨论、头脑风暴等方式锻炼大学生的思维能力；另一方面可以通过举办各式各样创业能力大赛等活动让同学们模拟现实的创业过程，通过比赛团队的管理合作培养其良好的应对复杂环境和管理沟通的能力。当然，创新创业能力的塑造是一个长期复杂的系统工程，需要外界和大学生的长期共同努力。

4. 创新创业实践探索

实践是创新创业的重点。创新创业教育的根本是要让大学生"动"起来、"干"起来，而不是纸上谈兵。创新创业教育不能局限于课堂教学之内，应该加入社会实践探索，让大学生将学到的创新创业理论学以致用，与社会实践活动相结合，提高自身的创新创业水平和能力。一方面，高校院系可以设立专门的大学生创新创业基金，针对院系自身专业特点组织大学生参加创新创业计划活动或比赛，了解当今社会创业市场发展现状和竞争压力，熟悉企业经营方式，探寻创业机会和渠道。另一方面，可以建立专门的创新创业实践基地，与企事业单位合作共建共享，为大学生提供充分的实践机会和平台，培养其实际动手操作和应用能力，在实践中积累创新创业经验。

5. 创新创业环境创设

良好的环境是创新创业的保障。创新创业教育离不开有利于大学生成长成才环境的支持，这既包括外部社会环境，也包括高校内部环境。高校院系作为大学生创新创业教育的重要场所，作为大学生成长的重要基地，首先应该改革教育观念，完善创新创业的各项教育制度，在教学中加强创新创业教育，加强创新创业师资队伍建设，开展创新创业教育研究，组织多种形式的创新创业活动或比赛，营造良好的创新创业院系文化，为大学生创新创业提供持久的支持和保障。

（三）高校院系实施创新创业教育模式探索

北京师范大学教育学部自2009年组建以来，以"打造精品本科，培养中国教育学界的后备人才"为宗旨，注重对学生专业素养、创新精神、实践能力的培养。在教育学部的大力培养下，学部学生基础知识较为扎实，尤其是教育学方面理论功底深厚，综合素质良好，拥有许多创新想法和理念。但是由于教育学部学生的学习生活远离企业，对现代企业的管理运营、市场需求等方面了解较少，一些创新想法还不太成熟，在创新精神和动手实践方面仍有一定的提升发展空间。与此同时，由于缺乏专业创业导师的指导和创新创业的平台，无法很好地推动创新想法的实现或是创新产品的产业化。为响应国家创新人才推进计划，教育学部以"创意·创新·创业"为主题，大力推动大学生创新创业教育，针对学部学生特点开展了一系列创新创业教育活动，为学生积极创新、创造搭建平台，为学生自主创意、创业提供支撑，为学生多元择业、就业拓宽渠道。

1. 以创业课程为抓手，夯实创业知识基础

为了加强学生对综合知识的掌握，夯实学生创新创业的知识基础，教育学部以创新创业教育相关课程为抓手，邀请创业领域的专家学者、成功创业的学长、大型企业负责人、创业导师等开设创业课程，为学生们讲授创业经营的必备知识，讲授创业故事，在故事中传授创业管理、创业风险投资、团队沟通等方面的知识，并结合情景模拟、案例展示、头脑风暴等多种形式培育学生的创新创业精神，帮助学生掌握创业必备的专业知识技能，弥补学部学生在此方面的不足，以创业知识为基础提高学部学生的综合素质。

2. 以班级组织为依托，创新人才培养通道

为了帮助同学们了解企业经营发展实情，掌握第一手行业资讯，拓宽大学生社交圈，获得创业导师一对一指导，北师大教育学部以班级组织为依托，联合大型企业开设"创新人才培养实验班"，搭建学生创新创业知识学习、能力培养和实践探索的校企合作基地。以创新人才培养为标准，通过小班培训、一对一访谈、项目实践与跟踪评价等方式，探索搭建新常态下"企业—学校—学生"三位一体的创新人才培养通道，提高学生的创新创业知识水平，培养学生相关的专业技术能力、应对复杂问题的分析解决能力、管理沟通等方面能力，努力培养出一批有创意、敢创新、能创业的精英人才。

图 5-1　开设"创新人才培养"实验班

3. 以社团形式为延伸，搭建梦想支撑平台

著名教育家陶行知曾说，"处处是创造之地，天天是创造之时，人人是创造之人"。每个学生都可能是拥有创新思想、具备创造才能的梦想者，为了为怀有创新创业梦想的同学提供梦想支撑平台，助其实现创新创业梦，北师大教育学部以社团形式为延伸，组织学生代表座谈会深入了解学生创业意愿和想法，在全校范围内招募成员组建创业梦想俱乐部。俱乐部成员依托各个创新创业项目，组建创业团队并配备专业创业导师，指导撰写创业计划书，开展多方面培训；以梦想俱乐部为平台争取各方资源，通过募集创业基金，参观创业型企业，为实现同学们的创业梦想提供支撑。

图 5-2　组建"创业梦想俱乐部"

4. 以校友资源为纽带，拓宽学生创业视野

优秀的校友资源是进行创新创业教育的宝贵财富，其成功的创业案例对在校大学生更具激励性、研究性和针对性。北师大教育学部以校友资源为纽带，与新兴创业公司、高新企业等多类型校友单位合作开展"创意·创新·创业"教育沙龙，拓宽学生创业视野。沙龙以"创意发现新价值，创新激发新活力，创业拓展新通道"为主题，通过与创业校友面对面交流，帮助学生了解创业过程，评估创业项目，获取创业经验。

图 5-3　"创意·创新·创业"教育沙龙

5. 以整合创新为驱动，打造创客集散地

2015 年，以用户创新为核心理念的"创客"成为热点词，首次被纳入《政府工作报告》，更是赢得了总理的点赞。国务院在 3 月专门出台了《关于发展众创空间推进大众创新创业的指导意见》，十分重视和支持，要大力推进大学生创业引领计划的实施，整合多种资源为大学生创业提供场所、公共服务和资金支持，切实推动创客活动的进行。北师大教育学部以整合创新为驱动，组织同学们创建了"北师大创客空间"，形成集互联网计算、开源软硬件、技术创新、知识分享、创意交流、协同创造为一体的创新创意集散地。合作单位无偿提供 3D 打印机设备、相关工具、耗材等，进一步提升空间的硬件水平，向全校学生开放，加强与其他创客空间的交流分享，深受全校师生欢迎。

图5-4 创建"北师大创客空间"

北京师范大学教育学部以创新创业教育系列活动为核心的教育模式,将观念培养、知识学习、能力塑造融入创业实践中,依托创业项目和班级、社团等组织吸引学生们的积极参与,为学生提供实现梦想的平台,搭建逐梦的阶梯,形成了领导重视、教师关心、学生踊跃参与的创新氛围和创业环境,培养了学生们的创新创业观念,提升了学生们的创新创业能力。

二、大学生主体式创新创业教育[1]

随着我国经济的转型升级和国家创新发展战略的实施,2015年政府工作报告提出了"大众创业、万众创新"的政策,十八届五中全会确立了"创新、协调、绿色、开放、共享"的发展理念,把创新摆在了国家发展全局的核心位置,创新创业成为社会的广泛共识。2014年,国家开始在全国范围内实施大学生创业引领计划,深入推进大学生创新创业教育。2015年,教育部部长在京召开深化高等学校创新创业教育改革视频会议时强调,要努力实现创新创业教育由注重知识传授向注重创新精神、创业意识和创新创业能力培养的转变,由单纯面向有创新创业意愿的学生向全体学生的转变,切实增强学生的创新精神、创业意识和创新创业能力。然而,我国大学生创新创业教育长期缺位,存在课程落后、方法单一、效果不佳等诸多问题,与此同时,大学生群体创新意识薄弱、创新精神缺失、创业能力不足、创业经验匮乏等问题十分突

---

[1] 孙玮,葛玉良,邱化民. 大学生主体式创新创业教育研究[J]. 中国大学生就业,2016(6):39-42.

出。高校积极推进大学生主体式创新创业教育是国家创新发展战略实施的客观要求,是高等教育深化改革的现实需要,是缓解社会就业矛盾的重要途径,是实现大学生全面发展的根本出路。可以说,高校推进大学生主体式创新创业教育刻不容缓,势在必行。

(一) 大学生主体式创新创业教育的概念界定

20世纪80年代,联合国教科文组织在面向21世纪国际教育发展趋势研讨会上首次提出"创业教育"的概念。从狭义上说,创业教育是指"为创办企业所接受的职业教育,通过接受系统的创业教育和培训,进而创办实体企业或实现财富增值"。从广义上说,创业教育是指以培养开创性的个人为目标,以课程、活动为依托,旨在培养具有首创精神、冒险精神、创新意识和创业能力的大学生的教学活动。可以看出,创业教育强调的是以创办企业为中心,开展创业教育的目的是实现大学生由就业者向创业者的转变,没有将创新精神、创业意识和创新创业能力作为核心。大学生主体式创新创业教育是指以学生为中心、创新为基础、能力为重点的创新精神、创业意识、创新创业能力的培养活动。

主体性是人作为主体的内在规定性,人的主体性发展贯穿于整个生命过程,其主要表现为主体活动的自主性、能动性和创造性。大学生主体式创新创业教育是通过发挥大学生的自主性、能动性和创造性,参与创新创业教育课程和活动,不断提高自己的创新精神、创业意识和创新创业能力。可见,大学生主体式创新创业教育有别于一般的创业教育,主要体现在以下三个方面。

(1) 以学生为核心。

大学生主体式创新创业教育坚持的是学生为主体,强调的是激发学生树立主体意识、提升主体能力、强化主体地位和增强主体关系,实现大学生创新创业教育由外在推动到内在自觉,通过学生的自主性、能动性、交往性和创造性的发挥达到提升其创新精神、创业意识和创新创业能力的最终目的,促进大学生的主体性发展。

(2) 以创新为基础。

传统的创业教育关注的是大学生的创业,坚持的是创办实体企业的价值导向。而大学生主体式创新创业教育坚持的是创新为基础,关注的是大学生创新精神、创业意识的养成,对创业是广义的概念界定。对于大学生主体式创新创业,并不主张所有大学生都去通过创办企业进行创业,而是主张所有大学生都应该具备创新意识和创新素养,即使是大学生创办企业,也是主张和鼓励大学生通过自身专业优势开办创新型企业。

(3) 以能力为重点。

哈佛大学教育研究生院院长将创业定义为"是将想法付诸行动的能力，是首要核心能力，使年轻人无论做什么都更有创造力和自信心"，创业已经成为21世纪大学生必备的基本能力。大学生主体式创新创业教育坚持的是以能力为重点，不仅关注创新精神培养，创业意识养成，还关注大学生综合素质与能力的提高，通过创新创业教育，实现大学生能力提升的更高目标，这不仅能够增强大学生在就业市场上的竞争力，还能形成创业促进就业良好局面的形成。

(二) 大学生主体式创新创业教育推进的重要意义

大学生主体式创新创业教育关系到国家、社会、高校、大学生自身等众多主体，开展大学生主体式创新创业教育刻不容缓、势在必行。从国家层面来说，是国家创新发展战略的客观要求；从社会层面来说，是缓解社会就业矛盾的现实需求；从高校层面来说，是高校教育改革发展的迫切需要；从个人层面来说，是大学生全面发展的内在要求。可以说，积极开展大学生主体式创新创业教育显得尤为迫切和必要。

1. 创新创业教育是国家创新发展战略的需要

随着世界经济的深入发展，国际竞争逐步加剧，创新创业的优势日益凸显，可以说，谁掌握了创新创业的主动权，谁就占据了国家竞争的有利地位。当前，我国处于发达国家高技术和发展中国家低成本的双重压力之下，地位极为不利，局面十分被动，创新发展刻不容缓。与此同时，经过改革开放三十多年的高速发展，我国经济发展进入新常态，传统的粗放式经济发展方式难以为继，经济转型升级势在必行。2015年《政府工作报告》提出"大众创业，万众创新"，致力于将其打造成为促进中国经济发展的新引擎，十八届五中全会确定了"创新、绿色、协调、开放、共享"五大发展理念，明确提出了创新发展战略。创新发展的关键在人才，人才培养的关键在教育。只有大力发展创新创业教育，才能为创新发展战略的实施提供坚实的基础和强劲的动力。但是，目前我国高校的创新创业教育面临诸多困难和问题：一方面，我国高校的创新创业教育理念滞后，创新创业教育水平和层次参差不齐，体系不健全，制度不完善，大学生接受创新创业教育的积极性不高，存在认知偏差，认为创新创业就是办企业、开公司，更倾向于找工作；另一方面，我国创新创业教育的呼声高，但是还没有形成良好的环境氛围，并没有引起社会的高度重视，"走过场"的现象十分普遍，创业政策多，细则少；创业资金优惠多，落实少；忧虑怀疑多，实施少。大学生是推动"大众创业、万众创新"最具活力的主体，是实现创新驱动发展战略的重要力量，因此，创新创业教育应该以大学生为主体，从大学生的需求出发，围绕人才培养的重心开展，努力培养创新型人才。高校推进大学生主体式创新创业教育，关系到创新发展战略的成败，可谓意义重大，影响深远。

2. 创新创业教育是缓解社会就业矛盾的需要

"招工难"和"就业难"一直是困扰我国劳动力就业市场的两大难题。一方面许多中小企业和大型劳动密集型企业中普通员工短缺，另一方面大学毕业生找不到工作。这一就业结构性矛盾反映出在市场供求总量基本相当的情况下，人力资源供给与岗位需求不匹配。随着我国经济进入新常态，经济增长速度放缓，企业用人相对减少，加之毕业生能力相对不足和不切实际的就业预期，"毕业即失业"正是大学生的真实写照。据不完全统计，2016年全国高校毕业生在770万以上，再加上出国留学回来的约30万海归，以及之前没有找到工作的往届毕业生，预计全国将有1000万大学生同时竞争，就业之难可见一斑。创业作为高校毕业生就业的一条重要渠道，却还不为我国大多高校毕业生所关注，我国大学毕业生创业比例极低。他们更多地选择到党政机关、国有企业、事业单位去工作，不愿创业、不敢创业现象十分突出。相关调查显示，美国大学生的创业比例为23%，英国大学生的创业比例为7%，我国大学生的创业比例还不足1%。这充分暴露了大学生思想的保守和能力的欠缺。高校推进大学生主体式创新创业教育，不仅有利于大学生认清当前我国的就业形势，客观冷静评价自我，准确定位发展目标，避免择业过程中的盲目乐观，还有利于调动大学生的主动性、能动性和创造性，培养大学生的创新精神、创业意识和创新创业能力，这对大学生的就业和创业都大有裨益，一方面有利于提升大学生在就业市场中的竞争力，找到满意的工作；另一方面有利于提高大学生创业人数和比例，提供更多就业岗位，进而形成以创业促就业的良性循环和大好局面。简而言之，高校推进大学生主体式创新创业教育既是破解大学生就业难的现实抉择，也是迎接大学生创业潮的根本举措。

3. 创新创业教育是深化高等教育改革的需要

长期以来，我国高校同中小学一样，较多采用灌输、传授的传统教育方式，将重心放在知识的传授上，创新创业教育长期缺位，学生的创新精神、创业意识和创新创业能力没有引起高度重视。近年来，我国高校先后将创新创业教育纳入人才培养体系之中，开设创新创业课程，开展创新创业活动，但依然存在教学内容陈旧、教学方式单一、实践平台短缺、指导帮扶不到位等突出问题。为了促进高校教育改革和创新创业教育的深入开展，国家出台了一系列相关政策。2013年《教育部关于做好2013年全国普通高等学校毕业生就业工作的通知》明确提出"把创新创业教育融入专业教学和人才培养的全过程，加快建立和完善创新创业教育课程体系；注重创新创业教育的实践性特点，认真实施'本科教学工程'国家级大学生创新创业训练计划，积极组织学生参加各类创新创业竞赛、模拟创业等实践活动，培养学生的创业意识、创新精神，提高创业能力"；2014年《国务院办公厅关于做好2014年全国普通高等学校毕业生就业创业工作的通知》进一步提出，2014年至2017年，在全国范围内实施大学生创业引领计划，高校要创新人才培养机制，提供创业服务，提升创业能力，帮助和扶持更多高校毕业生自主创业，逐步提高高校毕业生创业比例。2015年《关于深化高等学校创新创业教育改革的实施意见》确定了创新创业就业实施目标：到2020年建立健全课堂教学、自主学习、结合实践、指导帮扶、文化引领融为一体的高校创新创业教育体系。高校推进大学生主体式创新创业教育，有利于调整优化高校人才培养方案，培养一大批高素质的创新型、创业型人才，有效支撑国家创新发展战略实施，有利于激发大学生的创新兴趣、创业热情，有效提升大学生创新精神、创业意识和创新创业能力，形成大众创业、万众创新的良好局面。由此可见，积极深入开展大学生创新创业教育是国家政策的客观要求，也是高校教育改革的现实需要。

　　4. 创新创业教育是大学生全面发展的需要

　　教育部2014年颁布的《关于全面深化课程改革 落实立德树人根本任务的意见》指出，当前需要着力推进的关键领域和主要环节的改革就是研究制定学生发展核心素养体系和学业质量标准。关于"21世纪核心素养（技能）"，学者们的分类各不相同：有的学者将其划分为三类，有的学者将其划分为四类，还有学者将其划分为七类。但不管哪一种划分方式，他们都将创造和革新能力置入其中，可见，创造能力的重要意义和价值。但是，我国的高等教育长期以来对学生创新精神、创业意识和创新创业能力并没有给予足够的重视，重灌输轻引导，偏理论轻实践，强知识弱能力。可以说，大学生虽然具备了丰富的理论知识，但能力严重不足，尤其是创新能力。大学生走出校园之后，难以适应不断变化的社会，"眼高手低"的现象十分普遍，自身发展严重受挫。2012年，上海学生参加了PISA测验，结果也显示出上海学生在数学、阅读和科学三个主要能力上的排名均位居第一,且显著高于所有其他国家或地区,但其在实际测试中表现出的问题解决能力在测试国家和地区中却远远落后于新加坡、韩国、日本等国家和地区。高校积极开展主体式创新创业教育,始终坚持以学生为主体,以课堂学习、课外活动与社会实践为主渠道,充分调动学生自身的主动性、能动性和创造性,变外在督促为内在自觉,使学生乐于接受创新创业教育,勇于参与创新创业实践,在这个过程中不断接触社会,逐渐认清现实和自我,补上能力短板,提升创新精神、创业意识和创新创业能力,更快地实现从大学生到职业人和创业者的角色转变,更好地实现自我的成长、成才和成功,实现个人价值和社会价值。可以说,大学生主体式创新创业教育对其自身的全面发展不可或缺、至关重要。

大学生主体式创新创业教育强调的是学生思想的觉醒、行动的自觉,积极接受创新创业教育,主动开展创新创业实践,关注的是学生创新精神的培养、创新意识的觉醒、创新创业能力的锤炼,是促进大学生主体性发展的高水平素质教育。高校积极推进大学生主体式创新创业教育,既是高等教育改革和大学生全面发展的内在需要,也是缓解社会就业矛盾的现实出路,更是国家创新发展战略的大势所趋。总而言之,大学生主体式创新创业教育意义重大,影响深远,势在必行。

三、主体性发展视角下的大学生创新创业教育[1]

随着社会经济发展对高素质人才需求的不断增长,以及高等教育大众化带来的社会就业压力不断加大,创新创业教育已经开始成为高校教育的主题。创新创业教育作为一种新兴的教育理论与实践,其核心是培养大学生成为创新人才,成为主体性发展的人。创新创业教育,一方面能够使高校人才培养符合当今市场的需求,进一步改变高校人才培养模式,解决日益加剧的高校就业问题;另一方面,作为建设创新型国家的重大战略举措,能够为国家建设培养复合型创新型人才。因此,高校开展创新创业教育,对培养创新型、主体性发展的人才具有重要教育价值和重大战略意义。

(一)创新创业教育的目的:促进学生主体性发展

从创新创业教育的含义及本质来讲,创新创业教育的最终目的是促进学生

---

[1] 邱化民,赵春雪,呼丽娟. 主体性发展视角下的大学生创新创业教育研究[J]. 北京教育(高教),2015(10):30-33.

的主体性发展。创新创业教育主要包含创新教育与创业教育两个部分，二者都注重学生创新意识、创造能力以及综合素质的培养，注重学生创意、创新和创造对未来社会生活的重要意义。到目前为止，依然有部分专家学者对创新创业教育存在偏见，认为创新创业教育的目的是培养学生创业，同时否定学校创新创业教育的可行性。实际上，培养学生创业只是创新创业教育的狭义概念，高校开展创新创业教育的本质是引导学生主动性参与，激发学生创新意识，培养学生综合素养能力，以创新思维思考学习和生活，最终引领学生自主发展，提升和培育职业精神。

人的主体性在马克思主义哲学中是指人作为活动主体在同客体的相互作用中所表现出来的功能特性，是活动主体区别于活动客体的特殊性，它是与客体所具有的消极、被动、盲目的对立面而存在。因此，主体性的发展就是指活动主体能够积极、主动、有目的地从事活动，个体并由此发生某种变化；主体性发展强调的是培养个体的自主性、能动性和创造性。从这个层面上看，学生的主体性发展表现在教育教学过程中学生能够积极、有效地学习，主动构建自己的知识、能力和价值，并自觉地培养创新意识和实践能力。

创新创业教育的目的与学生主体性发展的内涵是一致的，学生的主体性发展强调自主学习、能动参与和具备创新意识，作为新型的教育理念被教育者重点关注，并已成为创新创业教育对人才培养的主要目的。在主体性发展视角下，学生学习的自主性、能动性和创造性既是学生自身综合素质发展的需求，更是未来求职就业等社会生活所必需的技能。因此，高校开展创新创业教育的目的应定位于促进大学生的主体性发展。

（二）主体性发展与创新创业教育的内涵关系

主体性是人作为主体的内在规定性，人的主体性发展贯穿于整个生命过程，其主要表现为主体活动的自主性、能动性和创造性。大学教育是大学生主体性发展的关键阶段，其作用在于培养和完善学生在自主性、能动性和创造性发展过程中的内在主体意识、主体能力和主体人格，而大学生创新创业教育更加强调大学生在认识世界、改造世界活动中不断地改造自我，使主体性不断地获得和增强。主体性发展是创新创业教育实施的内在前提和基础，创新创业教育是促进学生主体性发展的途径和方式。

促进学生主体性发展要以实践活动为载体，创新创业教育要以学生个体为中心，二者都侧重实践，强调学生主动参与和亲身体验。创新创业教育应该将

第一课堂延伸到课外，让学生参与到实践活动中来，让学生在教育实践中真正成为主人，能够自主地、积极地进行创新性和创造性活动，使其主体性得到发挥，促进自身全面发展。

1. 学生自主性与创新创业教育的实施

自主性代表了学生在教育过程中的地位，作为主体性发展中自我教育的关键要素，突出地表现为学生具有独立的主体意识和积极的学习态度，即根据自己的知识储备、学习能力、学习方法以及学习态度选择创新创业教育的内容，在教育者的正确启发下独立地进行创新性实践和创业实践。英国学者迪尔登认为："自主性有三个特征：独立做出判断；批判性地反思这些判断的倾向；以及依据这些独立的、反思的判断将信念与行为整合起来的倾向。"自主性的这些特征确立了其在创新创业教育实施中的重要性，奠定了创新创业教育实施的基础。

在创新创业教育实施的过程中，学生自主性主要表现在：①参加创新创业教育的动机是自身激发的，是学生基于兴趣自己选择的结果，创新创业教育采取自愿参与的方式，学生自主性首先表现为自己是否决定参与创新创业教育活动。②创新创业教育的内容是学生自主选择的，内容可以由学生推荐或是投票决定，比如课程设计和实践基地等均由学生自主决策。③创新创业导师和团队自主选择，大学生们可以依据自己的创新或创业内容选择对此较为熟悉的专家导师进行指导，创新创业团队也可采取自主组队方式。④创新创业思想实践的步骤和流程由学生自己设计和安排，如创新产品的设计、生产和营销等。由此可见，学生作为创新创业教育的实施主体，在创新创业教育开展时将面临一系列自主性决定，这些选择是学生自主性的集中体现。

同时，由于现在社会环境日新月异，学校无法为大学生们提供满足个体多样化需求的教育，正如教育家叶圣陶所说："教是为了不教。"大学生们需要培养自己自我教育、自我学习的生存意识和主体意识，在学习中锻炼自我支配、自我控制和自我教育的能力。

2. 学生能动性与创新创业教育过程的控制

能动性是指主体自觉主动地从事自己的活动，目的是为满足自己的需要。由于人的主体性发展是一个动态变化的过程，大学生们正处于知识经济和信息大爆炸的时代，如何从纷繁复杂的知识中筛选有价值的信息、学习有意义的专业知识和技能，则需要大学生们能积极主动参与、主动思考和主动管理自己的教育活动，并能利用自身原有的知识结构去同化加工知识，逐渐建立起自己的认知结构体系。

创新创业教育活动为大学生们提供了一个既可以动脑又可以动手的舞台，让学生在实践中体验思想的碰撞和创新的乐趣，而这离不开学生能动性的发挥。首先，创新创业教育的实施过程与学生的能动思考和选择密切相关，任何一项创新或是创业活动都需要学生从自身的现实情况和客观实际出发，根据掌握的信息和知识水平，既包括从书本或是从他人那里了解到的经验知识，也包括亲自探索发现的认识等，选择创新的内容和条件，如根据自己兴趣选择创新创业教育的内容和基地，并在活动进行中积极思考，探究创新创业规律。能动性强的学生会自觉积极行动，对客观信息进行筛选、加工，主动适应和变革客观外在世界。其次，创新创业教育的实施过程与学生的能动参与紧密相连，创新创业归根结底要落在实践上，需要学生将思想认识通过动手作用于实践，通过实践去探索和检验创新创业思想和知识的价值。再次，创新创业教育的实施过程离不开学生的能动反思，能动性是自主性的延伸，学生在教育过程中要具有主体意识，能动参与创新创业活动，在进行创新创业教育过程中通过不断反思，运用科学的方法策略实现自己的既定目标。

3. 学生创造性与创新创业教育结果的获得

以探索和求新为特征的创造性是主体性发展的最高层次，是建立在对自我认知能力了解基础之上的，是现代社会进步发展的动力源泉。社会需求复杂多样，作为学生，不仅要时刻保持创新精神，挖掘自身创造才能和潜力，灵活运用所学知识，还要通过独特的认知结构体系培养自己的主体性创造品质和思维能力。创新创业教育正是让学生充分利用自己思维活跃、精力充沛的优点，敢于标新立异，敢于突破常规，在实践中培养自身创造意识、创造精神和创造人格。

创新创业教育重过程、轻结果，重视在教育过程中对学生创造思维的培养和能力的提升，淡化实体形式创新创业作品的呈现。这并不代表学校不支持和不鼓励创新作品的诞生，而是更加看重教育过程中学生能力的增长和观念的培养，注重创造性人格的养成，然后再去关注创新创造作品的形式和价值；相反，如果有优秀的作品被创造出来，学校定会提供充分的支持和奖励，为大学生的创新创业提供展示的舞台，推动创新创业教育的进一步发展。

（三）创新创业教育中学生主体性发展的问题

大学生创新创业教育的最终目的是促进学生的主体性发展，而当前存在的最大问题却是在创新创业教育过程中，学生主体性不能充分发挥，其主要原因是学校教育定位不明确，教育观念上存在误区，评价方式和教育模式单一，抑制了大学生主体性的发展。

1. 教育定位不明确导致学生缺乏自主性

由于对创新创业教育的认识存在偏见，不能正确理解创新创业教育的内涵和本质，没有认识到创新创业教育的战略意义，部分高校依然没有将创新创业教育纳入学校教育体系，即使部分高校开展了创新创业教育活动，但依然存在教育定位不明确、人才培养目标不明晰、课程单一且设置不合理的问题。因学校层面没有准确的教育定位和清晰的培养目标，导致大学生在创新创业教育中缺乏自主性，学习缺乏目标性，实践缺乏动力性。

通过对创新创业教育内涵的分析，可以得出创新创业教育的目标是树立学生的创新意识和培养学生的创新能力，最终促进学生的自主发展。目前而言，高校虽然认识到创新创业教育的重要性，但是并没有将其作为主流教育体系的一部分，也没有形成相对成熟的理论体系，教育定位含混不清。一些高校虽然开展了创新创业教育的系列活动，但都是以提高学生的就业能力、为学生解决就业问题为出发点，将其作为学生求职就业的一个重要补充。创新创业教育课程设置偏离创新创业教育的目标，以学生求职就业为导向，所开设的大部分课程仍侧重于关于创业程序和创业能力提高的方面，而且以传授理论知识为主，学生缺乏自主探究的空间，将学生封闭在已有的课程体系中，直接导致学生融入创新创业教育的自主性降低。

2. 评价方式单一导致学生缺乏能动性

现有的评价体系是制约创新创业教育发展的一个重要瓶颈，具体表现在社会评价对就业的重视、学校评价对学习成绩的关注以及学生自身评价注重短期功利等方面，学生在这些评价体系的引导下往往缺少学习和实践的主动性，只是根据评价指标进行相应学习，致使创新创业教育失去了学生主体性发展的意义。

社会评价方面，随着高校扩招和就业压力的不断增大，整个社会更加关注高校的就业率，家长和学生关心毕业后能否找到称心如意的工作。另外，社会上存在"找不到工作才去创业""创业是九死一生的事情"的误区。面对严重的社会评价压力，部分大学生考虑自身情况只能通过努力学习知识，提升学习成绩，努力在毕业后找到一份稳定工作。即使部分家庭条件好、资质潜力好的大学生也因此丧失了创业的主动性。

学校评价方面，学校在"三好"学生评选、奖学金的评定和保送研究生等评价方面依然是以学生学业成绩为主，而忽略了创新创业教育所关注的学生综合素质，缺乏创新人才培养的导向性。部分学校在实施创新创业教育方面主要以系列活动，例如创业讲座、创业大赛等形式开展，而非提供完整的课程体系，甚至是没有学分，学生出于对成绩的追求，往往忽视创新创业教育的重要性，缺少进一步学习和实践的主动性。

目前，高校创新创业教育的开展大多以各类大赛带动学生的创新创业活动，从国家、省市再到学校层面设立的各类科技竞赛、创业设计大赛只是停留在策划、设计和比赛阶段，很少有几个项目能够走到商业运营阶段，缺乏激励学生长远进行创新创业能力培养的机制。短期的项目评价机制，导致学生形成追求短期收益的短期功利主义，严重影响学生长远发展的主动性。

3. 教育模式单一导致学生缺乏创新性

创新创业教育的模式逐渐成为阻碍创新创业教育中学生主体性发展的因素，主要表现在创新创业教育的课程体系单一、教育对象单一、教育形式单一等方面。

高校创新创业教育课程体系单一，部分高校甚至没有开设创业课程。虽然高校对创新创业教育的重视程度不断加大，但依然只有少数几所高校将创新创业教育做成课程体系，如黑龙江大学的"融入式"创新创业教育，而大部分学校还没有开设创业课程，没有将创新创业课程纳入必修课。即使部分高校开设了相关课程，也多是注重知识教学，忽视实践，更缺乏理论与实践的结合，缺乏为学生提供创新思维的空间。

高校创新创业教育的开展对象单一，大多是针对有创业意愿或已经进行创业的学生，而不是针对所有的学生。创新创业教育的目的是培养学生的创新意识，而不仅仅以创业行为为目标，教育对象的片面化使得创新创业教育背离了原有的教育目标，导致创新创业活动过分注重教育结果而淡化教育过程。

高校创新创业教育形式依然存在单一的问题，或只重视第一课堂的知识讲授，或只重视第二课堂的活动开展。部分高校将创新创业教育课程设置成必修课，注重学生的理论学习，导致学生只追求考试；而部分高校仅是通过举办创新创业大赛等形式开展创新创业教育，导致学生只是为了比赛而比赛，单一的教育形式没有激发学生的创新性。

（四）主体性发展视角下大学生创新创业教育实施策略——以北京师范大学为例

北京师范大学作为中国教育创新的重要策源地，高度重视学生的创新创业教育，以学生主体性发展为目标，多措并举整合校内外资源，努力打造主体式创新创业教育。

1. 营造创新创业校园氛围，激发学生自主性

良好的校园环境是学生主体性发展的根本保障。创新创业教育离不开有利于大学生主体性发展环境的支持，这既包括校园的硬环境，也包括软环境。硬环境是指学校为学生开展创新创业教育提供的物质保障条件，如创客空间、实验室、创新活动所需的实验器材等。北京师范大学将校园环境的营造作为创新创业教育的重要环节，创建"北师大创客空间"、创客实验室、科学魔坊、3D打印空间等，为学生提供创新与创业的平台，形成集互联网计算、开源软硬件、技术创新、知识分享、创意交流、协同创造为一体的创新创意集散地，为创新创业教育的展开和学生主体性的发展搭建平台。软环境主要是指学校的文化环境，包括校园文化和创新创业研究氛围。北京师范大学邀请知名创业校友返校做"创意·创新·创业"教育沙龙，联合多家创客空间和高校举办北京师范大学首届大学生创客节，举办毕业生优秀创客产品展览，对大学生创业项目给予奖励和宣传等，在校园内外积极营造了良好的创新创业教育氛围，激发了学生的参与热情。

2. 构建综合课程体系，提高学生能动性

综合课程体系建设是创新创业教育的有效抓手。高校应该在专业教育与通识教育中融入创新创业教育的理念与内容，建立与核心课程相融合的多层次、立体化的创新创业教育课程体系，以优化学生知识结构为出发点，采用模块化、项目化和参与式等多种模式教学，形成教师主导、学生参与、探究创新的教学模式。同时，设计与强化创新创业教育实践，将研究创新实践、创办企业实践、竞赛训练实践以及志愿服务实践纳入实践体系中。综合课程体系注重学生的基础，关注学生的需求。北京师范大学成立创新人才实验班，通过与学生座谈、调研等方式构建综合课程体系，根据专业需求，将创新创业教育理念融入其中，邀请相关领域的专家学者来校做专题讲座、设置工作坊，开展"创意·创新·创业"教育沙龙，提升学生理论素养。通过走出校园承接创业实战项目，参加国内外创新创业产品大赛，参观国际高新企业等形式丰富课程体系。综合课程体系的建设，丰富了学生的阅历，激发了学生的兴趣，提高了学生的能动性。

3. 搭建多样社团平台，培育学生创新性

形式多样的社团是学生创新性的孵化器。社团活动是大学生在校期间重要的学习内容，是大学生参与校园生活的重要途径。社团组织灵活，活动内容丰

富多彩，成员专业背景多元，氛围民主自由，利于提升社团成员综合素质和能力，利于个体的社会化，利于创意创新想法的形成，是大学生创新创业教育的平台。北京师范大学充分发挥社团多样化的优势，在全校范围内搭建各类社团，为各类社团的活动提供物质保障和理念引导，建立相关激励机制，每学期进行"百团大战"，开展创意大展示、才艺大汇演、项目大比拼等活动，形成了一批具有创新创意特征的精品项目，如北京大学生电影节、"5·25"心理健康节等，各类社团活动的开展有效培育了大学生的创新性。

创新创业教育作为促进大学生主体性发展的主要途径之一，其作用的发挥离不开内外环境和具体策略的支持，观念是前提，制度做保障，高校应将"以生为本"的理念落到实处，将促进学生主体性发展纳入培养体系中去，赋予大学生更多的自主性。在实施创新创业教育的过程中，通过营造良好的校园氛围、构建综合课程体系、搭建多类社团平台等策略来提升学生的自主性、能动性和创新性，加强学生对主体地位、主体能力和主体价值的认识，最终促进学生的主体性发展。

四、高校辅导员在大学生主体式创新创业教育中的角色发挥

大学生主体式创新创业教育与传统意义上的创业教育不同，其强调的是以学生为中心，以创新为基础，以能力为重点，通过发挥大学生自身的自主性、能动性和创造性，不断提升其创新精神、创业意识和创新创业能力。高校辅导员作为大学生的良师益友，是创新创业教育的倡导者、组织者和推动者，是大学生主体式创新创业教育的重要力量。在创新创业教育过程中，辅导员发挥着引导主动性、激发创新性和辅助交往性的重要作用。

（一）辅导员在大学生主体式创新创业教育中的重要作用

1. 主体式创新创业教育的主动性需要辅导员引导

大学生主体式创新创业教育坚持以学生为中心，调动学生的主动性、能动性和积极性，自主地接受创新创业教育，自觉地开展创新创业实践，在教育和实践过程中培养创新精神，增强创业意识，提升创新创业能力。主体式创新创业教育要求大学生根据自我需求，主动地参与、思考和管理接受创新创业教育的过程。由于我国大学生创新创业教育起步较晚，大学生对创新创业认知不清，认同度较低，参与度更低。据不完全统计，我国大学生创业比例不足1%，创新创业人数少、比例小，大学生不愿创业、不敢创业现象十分普遍。要扭转大学生对创新创业的误解，高校辅导员在学生工作的第一线，应承担起

引导员的角色，利用自身的优势条件，通过座谈会、谈心会等多种方式与学生进行交流，对其适时地加以引导，使其认识到创新创业教育的重要意义，积极主动地参与其中，乐于接受创新创业教育的熏陶，喜于享受创新创业实践的洗礼，真正地实现由学校的外在灌输到学生的内在自觉转变。

2. 主体式创新创业教育的创新性需要辅导员激发

大学生主体式创新创业教育坚持以创新为基础，培养创新精神，增强创业意识，提升创新创业能力，可以说，主体式创新创业教育主张的是创新导向。长期以来，我国高校创新创业教育缺位，重灌输、轻引导，偏理论、轻实践，强知识、弱能力，可以说，大学生虽然具备了丰富的理论知识，但能力严重不足，尤其是创新能力。2012年，上海学生参加了PISA测验，结果也显示出上海大学生在数学、阅读和科学三个主要能力上的排名均位居第一，且显著高于所有其他国家或地区，但其在实际测试中表现出的问题解决能力在测试国家和地区中却远远落在新加坡、韩国、日本等国家和地区后边。辅导员作为大学生的良师益友，在学生中具有较大的影响力和号召力，辅导员能够利用课堂学习、课外活动与社会实践等渠道，动员学生参与其中，使学生乐于接受创新创业教育，勇于参与创新创业实践，在这个过程中感受创新创业的乐趣，培养创新创业的兴趣，迸发创新创业的激情，让其创新创业思想不断涌流。

3. 主体式创新创业教育的交往性需要辅导员辅助

大学生主体式创新创业教育是实现素质教育的有效途径之一，不仅要培养学生的创新精神、创业意识和创新创业能力，还要锻炼学生的组织协调能力和沟通交流能力。由此可知，交往性是主体式创新创业教育题中应有之义，是大学生应当具备的重要能力之一。与此同时，主体式创新创业教育的开展也需要各种力量的协调和配合，交往性是不可或缺的重要因素。辅导员作为大学生主体式创新创业教育的倡导者、组织者和推动者，扮演着非常重要的交际与交往的角色。首先，辅导员在动员学生参加创新创业教育实践的过程中，特别是在组织开展活动时，发挥着协调各方的作用，其突出的交际能力能够形成对学生的示范带动作用，促使学生重视交际能力，并不断提升自身素质。其次，主体式创新创业教育离不开校际的交流研讨、校企间的沟通合作，在这个过程中，辅导员是校际关系的协调者和校企关系的联络者，为大学生主体式创新创业教育搭建起沟通的桥梁和纽带，这也有助于学生扩大交际范围、增加交往频率，提升自我交往能力。再者，大学生在进行创新创业实践时，需要接触社会上的不同人员，当学生遇到困难时，辅导员可从旁辅助，出谋划策。

(二) 辅导员在大学生主体式创新创业教育中存在的问题

高校辅导员是推进大学生主体式创新创业教育的重要力量，对大学生在创新创业中主体性的发挥起着十分重要的作用。高校辅导员是大学生思想政治教育的组织者、实施者和指导者，角色定位清晰，但在创新创业教育的组织和实施过程中存在诸多问题，如自我定位不明，主体意识缺失；业务能力不足，工作成效不大；研究水平不高，教育方法单一等。这些问题的存在致使大学生主体式创新创业教育的实效性降低。

1. 自我定位不明，主体意识缺失

高校辅导员是大学生的知心朋友和人生导师，在高校思想政治教育中有明确的定位，但多数辅导员没有意识到自身是主体式创新创业教育的责任主体，平时工作的重心放在学生日常管理、思想政治教育、心理健康教育、安全稳定、评优助困、就业指导等方面，主体式创新创业教育却主要停留在口号上和文件中，宣传的多，落实的少，创新创业教育工作被边缘化。甚至还有部分辅导员认为创新创业教育不切实际，没有开展的可行性和必要性。总起来讲，辅导员自身没有意识到创新创业教育的重要性和对学生的深远影响，没有意识到创新创业教育实际上是大学生主体性发展的有效途径，没有意识到自身作为人生导师理应承担起创新创业教育的主体责任。

2. 业务能力不足，工作成效不大

大学生创新创业教育在我国是新兴的教育科目，师资力量相对薄弱，第一课堂开展起步较晚，第一课堂与第二课堂结合较弱，高校辅导员作为第二课堂的组织者、实施者和指导者，需要较强的学科业务能力，这对辅导员提出了较高的挑战和要求，不仅需要其具备宣传动员、组织协调、沟通交流等能力，还要具备把握创新创业政策、掌握创新创业动态、提供创新创业指导的素质和能力，而这些能力和素质都是高校辅导员目前所欠缺的。高校辅导员大多是教育学、管理学、心理学等专业出身，学科专业知识有限，对创新创业教育没有接受专业的培训，而其指导服务的学生来自不同年级、不同专业，难以满足学生日益多样化、多元化的需求。因高校辅导员对创新创业教育业务能力的不足，导致对大学生创新创业教育缺乏有效的引领和指导，使创新创业教育的第二课堂无法正常开展，使大学生主体式创新创业教育收效甚微。

3. 研究水平不高，教育方法单一

创新创业教育研究水平的高低直接关系到创新创业教育的成败。辅导员作为大学生主体式创新创业教育的主导力量，也肩负着推动创新创业教育研究工作的重要使命，如《教育部关于加强高等学校辅导员班主任队伍建设的意见》（教社政〔2005〕2号）和《普通高等学校辅导员队伍建设规定》（教育部令24号）中指出，"辅导员要定期开展相关工作调查和研究，分析工作对象和工作条件的变化，及时调整工作思路和方法"。由此可知，辅导员开展创新创业教育是其重要职责之一。但是，近年来主体式创新创业教育才日渐兴起，大部分辅导员并没有接受过专业的教育或培训，理论素养不高，加之辅导员日常事务繁忙，时间、精力十分有限，开展创新创业教育研究大多属于兼职性质，专门从事研究工作的辅导员少之又少，这就导致辅导员理论研究水平不高，难以有效支撑创新创业教育的先进性和代表性，教育方法单一、方式落后，仍然以传统的创新创业课堂讲授、专题讲座、临时活动为主，根本无法保证创新创业教育的长期性和持久性。

（三）辅导员在大学生主体式创新创业教育中的角色发挥

1. 主体式创新创业教育的引领者

高校辅导员作为大学生的知心朋友，在教育人、引导人、培养人、塑造人的过程中发挥着不容忽视的作用。只有辅导员自身知识丰富、能力出众，富有创新创业的精神、意识和能力，才能激发学生的创新创业意识，培养学生的创业能力，创新创业教育才能出成绩、见成效。换言之，辅导员应成为创新创业教育的引领者，肩负着引领、示范、带动的重要使命。为此，辅导员必须积极主动地学习，努力提高自身的工作水平、学术水平和专业素养，围绕创新创业教育的现实需要，提高自身的综合素质和能力。首先，扮演好创客的角色，辅导员应首先是一名创客，具备突出的创新创业意识与能力，这样既能够鼓舞、激发学生创新创业热情，又能够指导、协助学生进行创新创业实践。其次，扮演好宣传者的角色，辅导员应认真学习国家关于大学生创新创业的政策、法规，如融资、税收、培训等，应做好政策宣传和解释工作，及时地将其传达给学生。同时，辅导员还应通过电视、广播、微信、微博、活动、比赛等多种形式，宣传普及创新创业教育，营造良好氛围。再次，扮演好沟通者的角色，辅导员应提高自身的沟通交流能力，加强校企沟通、校际沟通，为创新创业教育的深入开展提供良好的条件。最后，扮演好组织者的角色，组织大学生参加创新实践活动和比赛，在实践中提升学生的创新精神、创新意识、创新创业能力。

2. 主体式创新创业教育平台的搭建者

创新创业教育平台是提升大学生创新创业能力的依托和载体,高校辅导员应该成为创新创业教育平台的搭建者。一方面,应积极开展创新创业活动和比赛;另一方面,应积极组建创新创业社团,有效支撑创新创业教育,从而形成创新创业教育的长效机制。

举办大学生创新创业活动。创新创业活动是开展创业教育的有效形式和重要依托。创新创业活动形式灵活、内容丰富,能够吸引不同学生参与其中。辅导员应积极组织大学生开展喜闻乐见的多层次创新创业活动。一是创新创业体验活动,通过建立模拟创新创业实验室,调动学生创新兴趣,激发学生创业热情;二是创新创业调查活动,鼓励大学生积极参加社会实践,深入社会、深入企业,增进对就业市场和创业环境的认知;三是创新创业学术活动,通过举办创新创业研讨会、交流会,加强校际、校企之间的沟通、交流与合作,提升创新创业理论素养和经验储备;四是创新创业实训活动,通过选取具有前景性、可行性的创新创业项目,学校给予政策和经费支持,投入市场运营,在实训中锻炼创新意识,是培养创业能力,积累创新创业经验。

组建大学生创新创业社团。创新创业社团是开展创新创业教育的重要阵地,培养创新型人才的有效载体。高校辅导员应指导、推动大学生成立创新社团,将不同学科、不同专业和不同年级的学生组织起来。学校从政策和经费上给予支持,鼓励大学生开展各类科技创新活动。如北京师范大学教育学部形成了"以社团形式为延伸,搭建梦想支撑平台"的有效机制,辅导员通过深入了解同学们的创业意愿和想法,并在全学部范围内招募有意愿了解和参与创业的同学组建创业梦想俱乐部。俱乐部的同学根据创业项目组建团队,撰写创业计划书,以俱乐部为平台争取资源,聘请创业导师开展多方面培训,为创业项目配备导师,募集创业基金,参观创业型企业等,为实现同学们的创业梦想提供支撑和保障。大学生创新创业社团,使得大学生在开展活动过程中,相互沟通,相互交流,激发创新创业灵感,培养创新创业意识,提高创新创业能力。

3. 主体式创新创业教育的研究者

当前,我国创新创业教育研究还处于起步阶段,整体水平不高,难以真正地发挥指导、示范、引领带动作用,在一定程度上制约了创新创业教育的深入开展。根据《高等学校辅导员职业能力标准(暂行)》的要求,辅导员要坚持终身学习,勇于开拓创新,主动学习教育理论、方法及相关学科知识,积极开展理论研究和实践探索,参与社会实践和挂职锻炼,不断拓展工作视野,努力提高职业素养和职业能力。高校辅导员应紧紧围绕创新创业教育的工作难点和理论热点，坚持将创新创业教育与实践相结合的价值导向，始终把大学生创新创业能力的提升作为研究的出发点和落脚点，以工作中的问题为起点，以课题项目研究为突破口，树立问题即课题、课题促研究、研究出成果、成果推发展的理念，将创新创业研究课题与创新创业教育深入融合、有机结合，达到提升辅导员自身能力和创新工作方法的双重目的、双重效果。一方面，提升自我能力，更好地为学生提供创新创业教育理论指导；另一方面，创新工作方法，积极采用创新创业教育新方法、新手段，赢得新成果，开创新局面。为了搞好创新创业教育研究工作，辅导员应做好三方面的工作，一是要积极参加创新创业教育学术研讨会，及时掌握创新创业教育领域的最新动态和研究动向；二是要勤于思考，及时把工作中遇到的问题转化为项目课题，全面、深入地加以研究；三是要积极吸纳学生参与研究，以研究带学习，以学习助发展。如北京师范大学教育学部辅导员组织带领学生进行研究，围绕大学生创业行为、创业意愿、创业者素养、创业政策、创业教育、创业环境和创客空间等多个领域开展课题研究，效果显著，成果突出。

主体式创新创业教育关系到每一位大学生的全面发展，关乎国家的创新发展战略，影响社会的和谐发展。高校辅导员奋战在学生工作第一线，平时与学生接触最多，联系最密切，是大学生的良师益友，更是创新创业教育的倡导者、组织者、支持者和实践者，应着力推进大学生主体式创新创业教育，培养、塑造大学生的创新精神、创业意识和创新创业能力，力争取得新成果，开创新局面，使大学生创新创业教育再上新台阶。

五、教育类创新型人才的培养

在当今知识经济时代背景下，党和国家高度重视创新创业、创新创业教育以及创新型人才培养。"创新是引领发展的第一动力"，"创新是一个民族进步的灵魂，是一个国家兴旺发达的不竭动力"，"创新的事业呼唤创新的人才，必须在创新实践中发现人才、在创新活动中培育人才、在创新事业中凝聚人才"，"创新驱动实质上是人才驱动。为了加快形成一支规模宏大、富有创新精神、敢于承担风险的创新型人才队伍，要重点在用好、吸进、培养上下功夫"。❶ 这对高校教育教学和人才培养提出了更高的要求，教育教学要开展创

---

❶ 王焰新. 高校创新创业教育的反思与模式构建［J］. 中国大学教学，2015（4）：5.

新创业教育，要服务于创新型人才培养，要培养富有创新精神、敢于承担风险的创新型人才。

在有关创新型人才培养的相关研究中，我们发现大部分研究都提到了师资队伍的建设、教育教学观念的转变等措施，但是相关研究却未深入，没有找到师资队伍和教育观念问题的源头。我们认为这个源头应该是教育类创新型人才的培养，教育类创新型人才应该是师资队伍的来源，是教育教学观念转变的起点，是创新创业教育良性循环的切入口，是创新型人才培养的基础和前提。因此，教育类创新型人才培养至关重要，迫在眉睫。

(一) 教育人才创新培养的必要性

1. 对创新创业教育存在的认识误区急需转变

对创新创业概念存在误解。随着社会和时代的不断发展进步，创新创业的概念范围在不断扩大，已经不再局限于开办企业，不再是狭隘的单纯的商业实践的定义。从更广泛的意义上来讲，是指开创新事业，只要是在工作或者事业中具有创新思维，善于创新、创造，不管将来是否会开办企业，都是一种创新创业行为。正是因为高校很多领导干部对创新创业的理解依然停留在生存型创业的层面，部分教师依然停留在传统市场的"经营—消费"观念层面，才认为国家"大众创业，万众创新"是一阵风，尤其不认可大学生进行创新创业的观点和做法，导致高校创新创业教育难以推行。

对创新创业教育存在误区。因对创新创业有误解等原因，有部分专家学者对创新创业教育存在偏见，认为创新创业教育的目的是培养学生创业，同时否定学校开展创新创业教育的可行性，导致创新创业教育的开展停留在表面。实际上，培养学生创业只是创新创业教育的狭义概念，高校开展创新创业教育的本质是引导学生主动性参与，激发学生创新意识，培养学生综合素养能力，以创新思维思考学习和生活，最终引领学生自主发展，提升和培育职业精神。[1]部分高校领导、管理干部和教师认为，创新创业教育是管理学科、理工科的事，与文、史、哲等学科没有关系，文科学生没有必要学习和参与，创新创业教育就是开几门创业基础的公共选修课，开展几场创新创业的讲座、活动和比赛。所以在汇报展示高校创新创业教育情况的时候，学校只会拿出一些数据，比如多少学生参加了创新创业活动，有多少个创业项目，举办了多少

---

[1] 孙玮，葛玉良，邱化民. 大学生主体式创新创业教育研究 [J]. 中国大学生就业，2016 (6): 39-42.

创业讲座，获得了多少创业奖励，投入了多少场地空间，做了多少创业研究等来自我衡量；而很多教师认为创新创业教育与自己的专业教学无关，依然是接传统方式按部就班地上课，使创新创业教育游离于专业教育和知识教育之外。

对当前创新创业和创新创业教育的认识误区急需转变，否则会严重影响高校对创新型人才培养的推进，影响国家创新型发展战略人才资源的储备。而误区的扭转依然要靠教育，要靠教育类创新型人才。

2. 教育人才的创新创业素养有待提升

创新创业素养一般是指所具有的创新创业意识、知识和能力。通常情况下，在传统教育模式下培养出来的大学生普遍存在创新创业素养不高的问题，尤其是创新创业的实践能力欠缺，从事带有开创性的独立工作的能力差，很难适应知识经济时代的要求。《实用领导科学大辞典》中对教育人才的定义是"掌握基本教育理论，精通教育业务，具备良好的职业道德，在教育工作中取得显著成绩的专门人才。"❶ 可以看出，传统的教育人才没有强调创新创业素养方面。

北京师范大学是以教师教育、教育科学和文理基础学科为主要特色的著名学府，所培养的学生80%以上从事教育行业，是教育人才的摇篮。我们选取北京师范大学一年级656名新生（男生146人，女生510人）进行了创新创业素养基本现状调研。数据表明：北京师范大学新生创新创业素养较低，存在创新创业意识不强、知识不足、能力不高等问题。第一，大学新生创新创业意愿不强，26.2%的学生没有想过创业，有创业想法的只有18.1%，正在创业的学生比例不足1.2%。第二，大学新生创新创业知识不足，67.7%的学生表示了解得很少，非常了解的学生比例还不足1%。第三，大学新生创新创业能力不高。大学新生的创业启动能力2.45分，强化能力2.34分，持续能力2.48分，实施能力2.57分，四个维度的得分均低于平均分3分，说明大学新生创新创业能力整体水平处于较低层次。❷

从北京师范大学的调研数据分析来看，当前大学新生的创新创业素养水平较低，为满足创新型人力资源强国战略要求，高校应该加大力度积极采取措施培养和提升大学生的创新创业素养。

---

❶ http://www.what666.com/society/30764.html.
❷ 孙玮，邱化民. 大学新生创新创业素养调查研究——以北京师范大学为例［J］. 北京教育（德育），2017（1）：45-48.

3. 教育人才创新培养是创新型人才培养的基础

创新型人才培养是一个系统性工程，需要教育人才相互协作。创新型人才培养不仅需要教师队伍建设，还需要有良性的培养机制、健全的课程体系、多元的实践平台、先进的教学方法和考核方式以及完善的政策保障体系等多个方面的协同。而这个协同的系统工程的关键在于政策、机制、平台和体系的制定者、实施者和参与者，所涉及的领导者、管理者和教师都应该是教育人才，换句话讲，教育人才的认知观念、教育理念、创新意识、知识结构和实践能力等方面直接决定了创新型人才培养的质量。

创新型人才培养是一个过程性工程，是一个从娃娃抓起的自始至终的教育过程。从北京师范大学新生创新创业素养的水平可以看出，学生之前所受的创新教育是缺位的，问题应该是在开始受教育时就出现了，人生的第一粒扣子就出了问题，每个时段的教育者都没有守好自己的一段渠，没有种好自己的责任田。教育者没有创新创业素养如何培养出有创新创业素养的学生呢？据不完全统计，截至2013年，全国各级各类学校专任教师已达1476.82万人❶，而从事教育工作的人员远远超出2000万。这些教育工作者直接影响着创新型人才的培养。

因此，教育人才的创新培养是创新型人才培养的前提和基础，创新型人才的培养必须由创新型的教育人才来实施。我们将现在或者将来从事教育工作的创新型人才称之为"教育类创新型人才"。教育类创新型人才在教育过程中是创新意向的主导者，是创新资源的整合者，是是创新活动的组织者，创新成果的推广者。

（二）教育类创新型人才的核心素养

作为国家试点学院的北京师范大学教育学部，在教育类创新型人才培养方面进行了探索实践，教育学部以塑造教育类创新型人才为培养目标，努力培养在教育决策、管理、实践、研究、技术与市场开发、国际交流等众多教育领域做出突出贡献的未来教育家、教育学家、教育发展专家、教育企业家等，使其成长为中国社会未来教育改革与发展的积极参与者和卓越领导者。就目前来看，约有98%的毕业生从事教育工作，其中有约45%的毕业生在高校、约50%的毕业生在中小学和幼儿园、约3%的毕业生在教育培训和科研机构从事管理和教学工作。教育学部是教育人才输出的基地，努力将学生培养成具有

---

❶ http：//www.zgdlys.cn/jiankang/2015/0101/7496.html.

"扎实的学术基础（Academic）、丰富的实践经验（Practical）、博大的教育之爱（Love）、开阔的国际视野（International）、不竭的创新动力（Creative）"（通称 APLIC 育人目标及素养）的教育类创新型人才。

1. 扎实的学术基础（Academic）

扎实的学术基础是教育类创新型人才创新的理论基石。要求大学生能够理解教育活动基本原理，知晓教育理论和相关科学发展脉络，了解教育理论和科学前沿进展，掌握基本的教育研究方法，具有良好的教育科学素养；同时具备敏锐的学术洞察和发现问题的意识，具备运用专业理论和方法分析、研究的学理意识，具备规范的教育研究的方法意识等。

2. 丰富的实践经验（Practical）

丰富的实践经验是教育类创新型人才创新的垫脚石。要求大学生首先具备在学术领域、专业领域和社会领域实践的意识，有意识地去发现自我学术研究方向、学以致用；其次具备实践的能力，掌握学术实践、专业实践和社会实践的方式方法，提升各方面能力；再次具备实践的经历，参与学术理论研究与反思，走进中小学课堂、教育机构等教育现场实习实践，积累相关的服务、研究和实践经验；最后要尊重教育实践工作者，具有较好教育思考与行动的智慧，形成基本的团队合作与领导意识。

3. 博大的教育之爱（Love）

博大的教育之爱是教育类创新型人才创新的压舱石。要求大学生热爱国家、热爱民族，能够自觉传承中华民族优良传统，自觉将个人理想融入国家和民族事业当中；要热爱教育事业，以"四有好老师"的标准严格要求自我；要尊重、信任和关心每一个孩子，具有爱心、奉献精神和良好的专业品格，恪守教育实践伦理要求；能够奉献教育之爱、发现教育之爱和传播教育之爱，确立把美好的教育事业作为毕生追求的远大理想。

4. 开阔的国际视野（International）

开阔的国际视野是教育类创新型人才创新的他山之石。要求大学生具有宽广的国际视野，关注国际教育发展动态，形成跨文化国际教育理解的基本意识，立足中国国情正确看待国内与国际教育问题；具备参与国际教育交流与合作的基础能力，能够运用学术语言与不同国际文化背景的工作者沟通交流与合作。

5. 不竭的创新动力（Creative）

不竭的创新动力是教育类创新型人才创新的源泉。要求大学生具有创新意识，对教育的前沿问题、重大问题保持专业的敏感性，能够勇于发现和探讨新问题，具有良好的信息素养、理性的批判精神和基本创新素养；具有解决实际问题的创新知识、技能和素养，包括扎实的学术基础、过硬的专业技能、应对复杂问题的能力。

（三）教育类创新型人才培养的实践

北京师范大学教育学部是中国教育创新的重要策源地、高素质教师的培养基地、未来教育家的摇篮、教育决策的思想库、国际教育交流和中国教育文化产业的重要基地。以国家试点学院建设为契机，加强教学改革和人才培养方案改革，以教育类创新型人才培养为目标，将创新创业教育理念融入大学生人才培养方案之中，将创新创业教育融入专业课程与实习实践之中，从而构建了创新知识学习与创新实践提升的教育类创新型人才培养方案，提升了大学生教育创新能力和持续发展的潜力。

1. 修订教育类创新型人才培养方案

修订招生方案。顺应教育类创新型人才培养改革的要求，吸引和择优遴选热爱教育事业、对推动教育改革有浓厚兴趣和特长基础的优秀学生，高考招生参与"引领计划"，重点选拔在全国信息类和科技创新竞赛的获奖者，在全国英语、作文比赛中获奖及具有文学、语言文化等方面的特殊才能者，有相关学科调研的经历者，高考分数不低于本科第一批同科类录取控制线即可录取。❶对教育类创新型人才的培养从招生开始选拔有创新素养的学生，不再局限于追求过高的高考分数。

放宽专业选择度。以往学生进入大学的专业都是报考志愿时选定的，而经过调整后的培养方案是大类宽口径入学，两年后根据自己志趣选择专业方向。试点学院教育学（大类）设五个专业：教育学、公共事业管理、学前教育、特殊教育、教育技术学。学生根据自己的兴趣，从上述五个专业模块课程中选择其一进行修读，从而确定自己的毕业专业。专业选择的自由可以激发学生培养自己的专业兴趣，同时激发专业教师对人才培养的投入度。

大力推行导师制。新生入学开始，通过学生和导师"双向选择"，为每一位本科生配备导师。导师的职责是根据学生的特点和兴趣，对学生的发展方向提出建议，指导学生制订个性化的学习方案，帮助学生合理安排学习进程，对课程学习、科研方向选择、毕业论文、自主择业等教学环节和成长过程提供正

---

❶ http://admission.bnu.edu.cn/zsxx/29065.html.

确的指导和帮助，把学生的主动性纳入教师指导的轨道。导师能够根据学生培养目标，实现因材施教，促进学生主体性发展。❶

2. 优化教育类创新型人才课程体系

课程体系设计原则。教育类创新型人才培养的课程体系本着以下五点原则进行设计：一是宽口径原则，注重在本科阶段打下宽厚的学科基础，学生第一学期主要学习学校通识教育课程，第二学期开始逐渐涉及教育学科基础课程和部分教育学科专业课程。通过一年左右的课程学习和见习体验，逐步聚焦自己的专业方向。第四学期开始主攻教育学科专业课程，参与相应的实践活动。二是本科、研究生一体化培养原则，注重本科、研究生培养方案的结合，鼓励大多数同学本科毕业后继续攻读研究生。三是个性化培养原则，方案具有很强的选择性、灵活性、个性化的特点，学生应在导师指导下，结合个人的兴趣和发展定位进行课程选择，每位学生一个培养方案，实施因材施教。四是主辅修统筹培养原则，在培养方案设计里，设置专业前置课程，前置课程应在除教育学部之外的其他本科院系中选修，学生可以集中在一个学科专业领域选择，也可以任意选择，主辅修统筹设计，以奠定学生将来读研或工作的学科基础。五是科研与实践创新原则，导师进行全员全程导学，加强学生学业规划和指导，并突出科研能力培养；强化实践能力培养，实践环节采取四年一贯制设计，提高学生实践能力，培养正确的教育态度和感情。

教育类创新型人才课程体系。按照教育类创新型人才培养的目标和原则，打破了原有的分段式课程体系模式，将现有课程设计为通识教育课程和专业教育课程。通识课程和专业前置课所涉及的课程领域比较广泛，学生需要到学校平台、其他院系进行选课、上课，学生具有充分的课程自主选择权，根据自己的兴趣在课程模块内进行选择。为了拓宽学生的国际视野，切实提升学生学术交流和国际交往能力，鼓励学生修读全英文教学专业课程。艺术教育和体育按照四年一贯制设计，采取俱乐部制等多种形式提升艺术和体育修养。同时，适当压缩学分，减少授课时间，拓展学生课前阅读和课后讨论，推进教学模式改革，建立以学生学习为中心的教学模式。

---

❶ 郑春龙. 大学生创新实践能力培养研究与探索[J]. 中国大学教学，2007（12）：74.

表 5-1　教育学教育类创新型人才培养课程体系表

课程类别	课程模块	课程名称
通识教育课程	家国情怀与价值理想	必修,思想道德修养与法律基础、马克思主义基本原理、中国近代史纲要、形势与政策、女子形体、军事理论
	国际视野与文明对话	必修,综合英语阅读、综合英语听说、实用英语表达、学术英语读写、东西方文化课程中
	经典研读与文化传承	必修,建议修读哲学概论、逻辑学;也可在该模块课程中任选
	数理基础与科学素养	必修,试点学院学生均需修读普通心理学、教育统计学。此外,教育技术学方向修:信息处理基础、一元微积分、多元微积分与线性代数;其他专业方向修:计算机应用基础、一元微积分与线性代数、应用概率统计、人体解剖生理学
	艺术创作与审美体验	该模块课程任选,如社会化媒体入门
	社会发展与公民责任	必修,建议修读社会学;也可在该模块课程中任选
专业教育课程	学科基础课程	必修,中国教育史、外国教育史、教育研究方法导论、教育心理学、发展心理学等
	专业选修课程	必修+选修,小学语文教学论、小学数学教学论、小学英语教学论、学校文化、人事经济学等
	专业前置课程	根据自己专业志趣选修外院系专业课程,如文学院、心理学院、数学学院等
	实践与创新	教育见习与教育实习
		科研训练与创新创业
		毕业论文

3. 健全教育类创新型人才实践平台

实践是将知识转化为能力、精神、品质的必由之路和根本途径,是培养大学生创新能力的实现载体和根本保障。❶ 教育类创新型人才的培养要结合人才培养目标搭建创新实践教育平台。

教育见习与实习平台。"教育见习与实习"是教育类创新型人才培养方案中课程的必修环节,要求所有学生都要参与,贯穿整个培养过程,每个学期都会组织学生亲临教育现场进行观察和体验,到知名中小学、幼儿园、特殊学

---

❶ 李辉. 大学生创新能力培养中的创新实践教育平台建设 [J]. 中国大学教学, 2013 (9): 84.

校、教育企业和科研院所（合作共建单位）观摩和学习，逐步增进学生对教育理论与实践的认识和理解，培养教育感情，增强实践能力。学生在见习和实习之前，在导师的指导下确定感兴趣的教育研究问题，通过见习和实习，结合自己所学理论知识，最终以报告的形式进行课堂总结分享。

教育社会实践平台。鼓励学生利用小学期、寒暑假、周末等课余时间深入到学校、社区、企业和农村等基层单位进行支教、调研等教育实践活动。实践前期，专业教师指导学生自主选题和组队，提供实践经费，实践过程中由辅导员、专业教师与一线教师带队指导实施，实践结束后提交支教和调研成果参与学部实践答辩。鼓励不同专业、不同年级的同学共同参与实践，与学生的综合测评、保送研究生结合在一起，学生参与率达90%以上。

教育科研训练平台。"科研训练"为必修环节，贯穿整个培养过程，主要依靠导师制和导学制发挥作用。学生在导师和高年级同学的引导下确立自主研究课题，在研究过程中提高科研能力。鼓励学生参与申请学校及更高层面发布的科研项目，如大创计划、京师杯等；鼓励学生组建团队申请学部和院系层面的教育课题研究，由导师负责指导，学部配备经费，并组织课题的开题答辩、中期审核和结题答辩，规范学生的科研课题研究。同时，要求学生参与导师的科研项目，鼓励"做中学"，所有学生在本科学习期间都参与过导师的科研项目，部分学生主持过科研课题研究，并且取得了省部级和国家级大奖。通过科研课题训练，着力提升了培养学生的创新意识、创新精神和创新能力。

4. 营造教育类创新型人才育人环境

营造一个和谐的、有利于创新发展的校园环境是高校培养教育类创新型人才的重要保障。教育学部主张打造全员育人、全程育人、全方位育人的人才培养氛围，重点抓好第二课堂，加强师资队伍建设。

抓好第二课堂。第二课堂与第一课堂紧密衔接，以班级、社团和学生会等学生团体为载体开展。开展学术文化节和国际、国内前沿领域学术论坛，举办"锵锵三人行""教育大家谈""教育争鸣""国外名家演讲"等学术领域活动，引导学生以学术视角、国际视角来了解教育领域问题，培养了学生学术与专业的成长。通过大学生创客空间、创新实验室和创业社团孵化学生教育类创业项目，指导学生参与各种层次的创新创业大赛，举办大学生创客节、教育博览会等有特色教育创新活动，引导学生学以致用。

建设师资队伍。通过政策解读、学术沙龙和会议论坛等多种途径和方法强化教师对创新创业教育的认识，扭转教师以知识继承为中心的传统教育观念，树立创新教育理念，以身示范，将大学生的创新素养提升放在教育教学首位。不但要教给学生专业理论知识，更要教给学生如何发现问题、分析问题和解决问题，提升探究问题的实践能力，在解决问题的实践过程中不断创新，即"授之以渔"。通过制度文件等措施，明确教师教育类创新型人才培养的责任；通过师资培训、国外访学等措施，提升教师的创新意识和教学实践能力；通过课程评价、学生评价、专家评价等多元评价方式，激励教师重视创新型人才的培养，将教育类创新型人才培养的目标融入专业教师的教学过程、育人过程和教案教材中。

六、大学新生创新创业素养的现状调查[1]

为进一步深化高等学校创新创业教育改革，推进大众创业、万众创新，日前国务院办公厅下发了《关于深化高等学校创新创业教育改革的实施意见》，这对高校创新创业教育的实施和开展提出了明确的要求与任务。在此背景下，探讨大学生创新创业素养现状并提供改进对策对高校有针对性地开展创新创业教育具有重要意义。本部分以北京师范大学大一新生为研究对象，通过自编问卷来调查其创新创业素养现状，以期为高校创新创业教育的顶层设计和科学部署提供依据和参考，从而提升高校创新创业教育实效。

（一）基本情况

对于创新创业素养的定义，不同的人有不同的界定。综述各类文献，创新创业素养主要包括创新创业意愿（涉及"想不想"的问题）和创新创业知识与能力（涉及"能不能"的问题）两个部分。1994年，联合国教科文组织在泰国曼谷召开了有关创业和创业教育的专题会议，发表了题为《培养创业精神》[2]的报告。该报告将一个人的创业能力概括为启动能力、强化能力、持续能力和实施能力四大能力，共22个指标。

本文在借鉴了联合国教科文组织对创新创业能力分类的基础上，自编了《大学新生创新创业素养现状调查问卷》。问卷内容涉及调查对象的基本情况、创新创业的意愿及其创新创业知识与能力等内容。其中，对大学新生创新创业

---

[1] 孙玮，邱化民. 大学新生创新创业素养调查研究——以北京师范大学为例［J］. 北京教育（德育），2017（1）.

[2] Unesco Principalregional Office For Asiaand Thepacific ［EB/OL］. http://unesdoc.unesco.org/images/0011/001119/111909e.pdf, Bangkok, 44-48, 1994.

能力采用 Likert 5 点量表进行测量,"1 分"为非常不符合,"2 分"为比较不符合,"3 分"为一般,"4 分"为比较符合,"5 分"为非常符合。将平均分作为各项能力的最终得分,所有项目得分相加为量表总分,分数越高表明能力越强。分析发现,本问卷量表具有较高的信度（Alpha = 0.949）。

本次调研以北京师范大学一年级新生为样本,目的是想了解刚入校的大学新生创新创业素养基本现状,便于高校开展创新创业教育。通过网络发放问卷,共有656人填答,经过问卷检核与筛查,有效问卷为656份,有效率为100%。在有效样本中,男生有146人,所占比例为22.3%;女生有510人,比例为77.7%。本次调研采用 SPSS18.0 统计软件对调查问卷所获得的数据进行统计分析。

(二) 调研结果分析

通过对调查问卷的数据进行统计分析,笔者发现,北京师范大学大一新生创新创业素养相对较低,存在创新创业意识不强、知识不足、能力不高等问题。可以说,大学新生创新创业教育形势不容乐观,有待进一步加强和深化。

1. 大学新生创新创业意愿不强

本研究从不同层面调查了大一新生对创新创业的意愿。一方面,新生对创新创业态度积极,69.1%的学生认为创业是不错的选择;20.0%的学生认为对此不太了解,没有感觉;只有11%的学生表示并不看好。大学新生对创业这一出路认可度较高。另一方面,新生对创新创业行动迟缓,26.2%的学生没有想过创业;44.5%的学生有创业的想法,但不会采取行动;有想法且会付诸行动的比例为18.1%;正在创业的学生比例还不足1.2%。其中,表示不会选择创业和有想法但不会采取行动的两项比例之和占到80.6%。换言之,真正有创新创业意愿的比例只有19.4%,说明大一新生的创新创业意愿比较低。总体而言,新生对创新创业态度积极,但对创新创业行动迟缓,当问及"如果有较好的工作机会,你是否会选择创业"时,仅有12.3%的学生坚定地选择创业,而57.9%的学生坚定地选择就业。

大学新生创新创业意愿不强受多种因素影响。一是性别因素的影响,本次调研数据显示,男生具有强烈创业意愿的比例为24.7%,女生仅为17.9%,男生创业意愿显著高于女生,与国内外的研究结论一致,而所调研的北京师范大学的女生数量远多于男生。二是家庭经济条件的影响,统计发现,家庭经济条件富裕（28.6%）和困窘（26.2%）的两类学生选择创业的意愿明显高于家庭经济条件比较富裕（19.0%）和比较困窘（18.5%）的学生。究其原因,良好的家庭经济条件有助于大学生创业，可为其创业提供人、财、物等方面的支持；而家庭经济条件比较差的学生则在通过创业来改变自己以及家庭的经济情况和社会地位等方面有着更加强烈的愿望，因此，家庭经济条件对大学生创业意愿的影响呈现"中部凹陷"的态势。三是自身价值定位的影响，34.1%的新生表示选择创业主要是为了更好地实现自我价值和追求个人兴趣，而不想创业的学生主要追求的是安逸和稳定，比例高达65.4%，学生追求稳定的特点与师范大学校风相契合。

2. 大学新生创新创业知识不足

创新创业知识是大学生进行创业实践的基础，本研究调查了大学新生对创新创业知识的掌握程度及学习意愿。调查结果显示，大学新生创新创业知识严重匮乏，9.3%的大一新生对创业知识表示根本不了解，67.7%的学生表示了解很少，而有一定了解的学生比例仅为22.1%，非常了解的学生比例还不足1%，大学新生创业知识匮乏程度由此可见一斑。与此同时，大学新生对创新创业知识的学习意愿不足，在创新创业知识匮乏的背景下，大学新生并没有浓厚的学习意愿，73.3%的学生表示自己没有打算学习创业所需的知识，仅有26.7%的学生表示想要学习。1.7%的学生表示自己经常会有意识地了解国家的创业政策，63.9%的学生表示偶尔会了解，不会了解的学生比例高达34.5%。当被问"若你们学校开设创新创业教育课程，您是否会选修"时，只有31.6%的学生表示会选修，21.8%的学生持否定态度，还有46.6%的学生犹豫不定。综上，大学新生对创新创业知识的掌握情况不容乐观，并且学习的欲望和动力有待增强。

大学新生创新创业知识匮乏的原因是多方面的，主要有以下几点：第一，传统应试教育的弊端。长期以来，我国中小学素质教育严重缺位，应试教育大行其道，家长关心的是学习分数，学校关注的是升学比例。在唯分数论的大背景下，学生主要学习的是理论性和通识性知识，很难接受创新创业等实用性知识。第二，大学新生对社会知之甚少。对于大一新生来说，从小学到高中，他们长期在学校内学习、生活，很少、很难接触社会，对社会知之甚少，尤其是关于创新、创业等具有前瞻性的知识。第三，社会风气使然。近几年，国家提出"大众创业，万众创新"等重大战略，但是社会对此认可度还不太高，更加倾向于谋求一份好职位。受此影响，大学新生更加热衷于获得高薪职业而非创业，学习创新创业知识的意愿并不强烈，这也是导致大学生创业知识匮乏的重要因素。

3. 大学新生创新创业能力不高

创新创业能力是大学生进行创业实践的关键，本研究对大学新生创新创业能力水平进行了调研。在调查过程中，将大一新生的创新创业能力划分为启动能力、强化能力、持续能力、实施能力四个维度，以便全面、客观地测评大学新生的能力水平。从整体来看，通过调查发现，大一新生创新创业能力四个维度的得分分别为：启动能力 2.45 分，强化能力 2.34 分，持续能力 2.48 分，实施能力 2.57 分，四个维度的得分均低于平均分 3 分。由此可知，大一新生创新创业能力比较薄弱，整体水平处于较低层次，迫切需要全方位的提升。

在整体创新创业能力薄弱的前提下，大一新生的创新创业能力还具有明显的差异性，不同背景的学生之间能力差距较大，主要集中体现在以下两个方面：一是不同户籍学生创新创业能力有差异。数据分析发现，农村户籍的学生在持续能力和实施能力方面高于城市户籍学生，城市户籍学生在启动能力和强化能力方面高于农村户籍学生。二是不同家庭经济条件的学生创新创业能力有差异。数据分析发现，家庭经济条件富裕的学生在启动能力和强化能力方面高于比较困窘的学生，反之，在持续能力和实施能力方面显著低于比较困窘的学生。

通过以上调研数据分析，以北京师范大学为代表的大学新生创新创业素养现状不容乐观，创新创业意愿不强，知识不足，能力不高。针对当前大学新生创新创业素养现状以及当下国家对创新创业人才的需求，高校应根据学校学生的实际情况，贯彻落实国家对人才培养的战略要求，有效实施创新创业教育。

（三）对策建议

2015 年，国务院办公厅《关于深化高等学校创新创业教育改革的实施意见》（以下简称《意见》）指出，"到 2020 年，建立健全课堂教学、自主学习、结合实践、指导帮扶、文化引领融为一体的高校创新创业教育体系，人才培养质量显著提升，学生的创新精神、创业意识和创新创业能力明显增强，投身创业实践的学生显著增加"❶。为进一步提升大学生创新创业素养，结合调研中发现的问题，提出以下改进建议。

1. 以课堂教学为基础，科学设计创新创业教育课程体系

针对当前大学新生创新创业素养存在的问题，最直接、最有效的措施是高校将第一课堂和第二课堂紧密结合起来。《意见》指出，"未来我国高校创新

---

❶ 《关于深化高等学校创新创业教育改革的实施意见》，国办发〔2015〕36 号。

创业教育将以'面向全体，分类施教'为指导，把创新创业教育纳入教学主渠道，贯穿人才培养全过程，使之惠及每个学生"。因此，高校应以课堂教学为基础，科学设计创新创业教育课程体系，扮演好补位角色，发挥好补课作用，着重解决大学生创新创业素养中意识不明、知识不足和能力不强的问题。一是分层分类设置创新创业课程。高校应在现有课程体系的基础上，新增或调整创新创业课程。创新创业课程体系是一个"2＋N"的模式，"2"就是两个层次，"N"是指每个层次下面均可以开设多门课程。第一个层次是创新课程，第二个层次是创业课程。创新课程是必修课，专为大学新生开设，意在引导学生增强创新意识，培养创新兴趣，提高创新能力。创业课程是选修课，供所有年级的学生自行选择，讲解创业的流程和要素等内容。课程纳入学分管理，构建一个依次递进、有机衔接、科学合理的创新创业教育课程体系。二是建立创新创业教师资源库。高校应着力打造创新创业教育专兼职教师资源库，应从各个领域中择优选取，知名科学家、创业成功者、企业家、风险投资人等各行各业优秀人才均应有所涵盖。高校之间加强合作，共同建立一个优质的教师资源库，从而共享优质教育资源，实现双赢，甚至多赢。三是改进创新创业教育方式与方法。创新创业教育应当融入学校教育教学的全过程，应广泛开展启发式、讨论式、参与式教学，注重培养学生的批判性思维、独立思考和创新意识，激发其创新创业灵感和创新创业的积极性。

2. 以校园文化为依托，努力营造创新创业浓厚氛围和环境

当前，大学生创新创业意愿不强，缺少创新激情，缺乏创业动力，就业重于创业、优于创业，是多数大学生的真实写照。校园文化氛围的营造对调动大学生的创新创业积极性、主动性和创造性具有重要作用，与国家"大众创业，万众创新"形成呼应，激发大学生创新创业的意愿。竞赛活动、讲座论坛、科研项目、社团组织等是校园文化的重要构成，高校开展创新创业教育要积极发挥它们的促进和推动作用。一是通过建立激励创新机制，开展创新创业项目评比活动，并对学生创业项目给予支持、宣传、推广和孵化，帮助完成成果转化。二是开展形式多样高质量的创新创业讲座论坛，分享创业故事，帮助学生了解创新创业，增强创新精神，培养创业意识，树立创新理想、创业梦想。三是支持和组织开展有关创新创业的课题研究。通过自我反思、教师指导、同伴互助深化对创新创业活动的认识，训练创造性思维，培养创新性意识。四是鼓励学生自主建立创业俱乐部、创新人才协会等社团组织，鼓励支持有创意、有创业想法的同学聚集到一起，便于同学们之间互相分享创意，启发思维，也便

于共同协作开展创业项目。

3. 以实习实践为重点，着力打造创新创业校企合作新模式

加强大学生的实习实践是解决当前大学生创新创业能力不强的有效举措。高校应以学生实习实践为重点，着力打造创新创业校企合作新模式，让大学生在实习、实践中提升创新创业素养和能力。世界上开展创业教育比较成功的知名高校，如斯坦福大学、哈佛大学、加州伯克利大学等，都着重强调通过校企合作模式搭建学生实习实践的平台，如斯坦福大学开展"产学研一体化"的创新创业教育，注重创新创业精神的培养，近90%的学生至少选修一门创新创业课程。❶ 斯坦福大学还首创了"科技工业园区"模式，与企业之间形成了双向互动互利的关系，鼓励师生到硅谷兼职或从事科研项目，促进了科研成果的转化。我国高校也应以此为鉴，着力打造创新创业校企合作新模式，搭建提升大学生创新创业能力实训平台，实现高校、企业、学生多主体协同发展。一是高校可以为企业提供智力支持，如开展项目咨询、解决技术难题等；二是企业可以为大学生提供实习基地，让学生在实习中加深对企业、对社会的认知，在实践中提升创新、创业能力；三是高校与企业双方还可以共同合作把优秀的创意变为现实，把创新成果转化为商品、专利。校企合作应建立持久稳固的长效机制，以推动大学生创新创业能力的稳步提升。

---

❶ 迟俊. 国外大学如何开展创新创业教育［J］. 时事报告·大学生版，2015，(2)：112-113.

第六章

大学生领导力建构发展

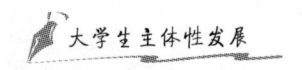

领导力，是一种能力，一种影响力，一种作为主体的人应该具备的作用力。关于领导力与主体性发展的探讨较少，本人认为，领导力是主体性发展到一定阶段必然生成和建构出来的一种能力。

根据对领导力的研究，领导力包含了诸如自知的能力、有效处理人际关系的能力、灵活的适应能力、创造性思考的能力及承诺服务的能力等多个方面，实际上也可以说是主体性发展的主动性、能动性和创造性的能力。本部分不去探讨领导力与主体性发展的关系，而将着重探讨大学生领导力的建构过程，将从建构过程中体悟大学生主体性发展的成长。

一、大学生领导力研究概述

(一) 大学生领导力的核心概念

1. 什么是领导力

领导力（Leadership），最早出现于20世纪中期，至今国内外学者对其界定仍没有达成一致。对于"领导力"一词的概念界定，在过去50年里，大约形成了65种不同的体系（弗莱希曼，1991）。[1] 巴斯（Bass）与斯托迪尔（Stogdill）合著的《领导力手册》为领导力列举了12种有代表性的定义，可见，学者们被领导力的定义"困扰得苦不堪言"。现将具有代表性的概念界定列举如下。

国外代表性的界定有：领导学大师本尼斯（Bennis）、美国学者库泽斯（Kouzes）、庞瑟（Ponser）、查普曼（Chapman）和奥尼尔（O. Neil）等认为，领导力是一种能力，一种将愿景转化为现实的能力，激励他人自愿地在组织中做出卓越成就的能力，激励他人实现那些极具挑战性目标的能力。詹姆斯·库泽斯、巴里·波斯纳认为，领导力是一种过程，是想领导别人的人与选择追随他的人之间发生相互作用的一个过程，[2] 某个体影响带动一组个体实现某个目

---

[1] 李庆朋. 大学生党员领导力培养研究 [D]. 长沙：湖南科技大学硕士学位论文，2012：8.
[2] [美] J. 库泽斯等. 领导力 [M]. 李丽林，等，译. 北京：电子工业出版社，2004：10.

标的过程。❶ 约瑟夫·罗斯特认为"领导力是一种领导者与跟随者间的互相影响的关系"。❷

国内学者多数将领导力界定为一种能力、一种影响力。例如，马建新（2007）认为："领导力，是一种特殊的人际影响力，是一个人在与他人交往中影响和改变他人心理和行为的能力。"❸ 梁健（2005）认为："领导力就是领导者影响被领导者的能力，是领导者利用自身资源与具体实际有机结合而形成的能督促、激发、引导被领导者一起实现共同目标的能力"❹。兰徐民（2007）认为："领导力，就是指领导者在履行领导职能过程中影响和带动下属的能力。"❺ 李永瑞（2011）将领导力定义为："领导力是正确规划个人或组织发展方向，有针对性地整合、内化相关资源，并积极影响相关人员决策与行为，从而实现个人价值或组织效益最大化的能力。"❻

纵观国内外学者对领导力的界定，可总结为以下几种观点：第一，领导力是一种影响力；第二，领导力是一种将愿景转换成现实的能力；第三，领导力是实现目标的一个过程。

2. 什么是大学生领导力

关于大学生领导力的概念界定，是在领导力理论相对成熟的基础上，依托大学生相关研究的现状而提出的。因国内外学者对领导力没有统一的概念定义，所以大学生领导力的定义依然莫衷一是。

总结相关研究，主要呈现两种观点：①大学生领导力是处于领导地位的大学生已经具备或需要掌握的一系列能力。部分美国学者认为，主要包括自知的能力、有效处理人际关系的能力、灵活的适应能力、创造性思考的能力及承诺服务的能力。❼ ②大学生领导力是大学生通过充分利用自身和周围的资源，从而最终实现自我和团体目标的过程。❽ 国内有学者认为，大学生领导力是指在

---

❶ [美] Peter G. Northouse. 卓越领导力——十种经典领导力模式［M］. 王力行，王怀英，李凯静，吴纪明，译. 北京：中国轻工业出版社，2003：2－3.
❷ Rost, J. C. Leadership for the Twenty－first century［M］. NewYork：Praeger. 1991, p116.
❸ 马建新. 有效领导力的构成及提升途径［J］. 理论界，2007（1）：48.
❹ 梁健. 如何提升非制度权力下的领导力［J］. 北京石油管理干部学院学报，2005（6）：22.
❺ 兰徐民. 领导力的构成及其形成规律［J］. 领导科学，2007（2）：34.
❻ 李永瑞. 领导力与组织管理［M］. 北京：清华大学出版社，2011：9.
❼ Adams T C, Keim M C. Leadership practices and effectiveness among Greek student leaders［J］. College Student Journal，2000, 34（2）：259－270.
❽ 翁文艳，房欲飞. 当代美国大学生领导力教育成功经验分析［J］. 中国青年政治学院学报，2007（2）：8.

其所处的环境中，利用客观条件，通过个人能力影响他人，运用管理手段使团队资源最优化配置，以最小的成本实现组织目标的过程。

汤新华（2010）以实践调查的形式对美国学校管理者进行访谈，总结出学校管理者对学生领导力的定义。[1] 亚利桑那州安提娄普学区的高中校长认为，学生领导力是指处于领导地位的学生成功地组合并优化一个集体的内部和外部资源，以实现组织目标和社会目标的能力。纽约州荣德奥特河谷高中的学生课题负责人认为，学生领导力是使全体学生成长的一个过程，在这个过程中运用自身的影响力去团结和指导其他同学实现一个目标。

通过以上国内外学者和一线教师对学生领导力的描述可以看出，大学生领导力不只是一种能力，还是一个成长发展的过程，这种能力不只是指影响和带动他人实现组织目标，还要有规划自我、实现自我的综合规划能力；这种成长过程需要一系列的资源。另外，领导力并不只是学生干部专属，而是面向全体学生，每个学生都具有领导力的潜力。

结合本研究，笔者将大学生领导力定义为：大学生个体主动规划自身发展，积极参与并影响所在组织的发展方向，有针对性地整合、优化、利用各种资源，影响他人的决策和行为，从而实现个人发展愿景、组织目标的一种综合影响能力，其主要包括：自我领导力和团队（组织）领导力。

根据对大学生领导力概念的界定，具体阐释如下。

第一，大学生领导力是大学生规划个人或者团队组织方向的能力。规划能力包括两个方面：对个人发展来说，是大学生个人职业生涯规划的能力；对于团队组织来说，是对某个社团组织发展的战略规划能力。

第二，大学生领导力是大学生能够整合并内化相关资源的能力。规划个人或组织的发展，通过配置和整合各种资源以实现其目标，不但要有能力整合自己所掌握的资源，还要积极争取需要却暂时不占有的资源来实现目标。

第三，大学生领导力是大学生影响他人或组织决策和行为的能力。大学生确立了个人或者组织目标，获取了资源，要实现目标，还要通过影响他人或者激发团队的积极性来共同完成目标任务。

大学生领导力维度见表6-1。

---

[1] 汤新华. 培养学生领导力：美国公立学校的做法（上）[J]. 中小学管理, 2010 (7): 7.

表6-1 大学生领导力维度

大学生领导力维度	学生个人	团队组织
规划发展的能力	职业生涯	战略发展规划
利用资源的能力	整合内化	整合内化开拓
影响他人的能力	鼓励自我	影响激励团队
实现目标	个人发展	团队组织任务

3. 什么是建构

"建构"一词在日常生活中很常见,与"建造""型塑""构造""构成"等是近义词。"建构论"的源头在知识领域,指人类不是发现了这个世界,而是通过引入一个结构在某种意义上"构造"了它。建构的思想一般可追溯到休谟、贝克莱和康德。康德指出,认识主体并不直接接近外部实在,而是通过运用与生俱来的基本认知原则("范畴")组织经验来发展知识。❶ 他认为,一切可靠的知识都不是"调节性的",而是"建构性的"。❷

建构主义是从20世纪80年代中期欧美国家兴起的理论体系,涉及哲学、心理学、社会学和教育学等多个学术领域。随着发展,学者对其分类持不同观点,陈琦(1998)将其分为激进建构主义、社会性建构主义、信息加工的建构主义、社会建构论和系统论系统;丁邦平(2001)将其分为个人建构主义、激进建构主义和社会性建构主义;楚江亭(2005)将其分为社会建构论和个体的建构主义。

社会建构论通常指事物或知识本身的社会可改变性,其结构、内容和形式等是通过社会因素的作用和影响得以成为其自身。社会建构论者通过认识论的相对主义把科学、知识与社会、文化、性别等联系了起来。20世纪60年代前后,由于米德的符号互动论、舒茨的现象学、社会学以及现代科学哲学、阐释学等研究工作的崛起,社会建构论才得以重新发展。符号互动论中指出,"所有的科学事实、发现、理论等都是社会建构的"。舒茨进一步指出,"社会世界是按照常识的范畴被解释和被建构的,且其根源大部分是社会的、群体的"。彼得伯格认为,"知识社会学关注对'现实'的社会建构过程进行分析","日常生活中的基础是主观过程(与意义)的客观化","我明白,我对

---

❶ 赵万里. 科学的社会建构——科学知识社会学的理论与实践 [M]. 天津:天津人民出版社, 2002:29.

❷ 弗里德曼. 论科学知识社会学及其哲学任务 [J]. 张敦敏,译. 哲学译丛, 1999 (2):76.

这个世界的自然态度，是相对于他人的自然态度而生的，他人也是通过这个有序的世界来理解客观化的事物，他人也是在其所处和所欲为的'此地此刻'中建构这个世界。"[1] 南开大学赵万里教授认为，社会中的现实，如习惯、风俗、规则、角色、情感、权力、科学等，都是通过这些过程社会地建构出来的。[2]

20世纪80年代，社会建构论逐渐成为社会理论的主流方法论。当代社会理论家中，如布迪厄、吉登斯、鲁曼以及后现代主义者、后殖民主义者，他们的理论都不同程度地与社会建构论联系在一起。前文中提到的布迪厄社会实践理论，通过"场域""资本""惯习"阐释了他的"结构主义的建构论"；吉登斯的"自我认同理论""再生产理论"等突出了其在现代社会中建构性的角色；鲁曼的"自生建构论"成为建构主义科学知识社会学流派中的重要力量。

国内对社会建构论研究逐渐兴起，在《高等教育学博士文库》中，陈秀兰博士认为，社会建构主要指"交往中的建构"，是指主客体间的互动与生成，以平等对话为基本形式，以主体间理解和意义建构为目的，相对于"预成"，表征在知识、意义以及主体间的关系维度。[3] 南开大学赵万里教授认为，"社会建构"通常是隐喻社会行动的人工性质，或者这种行动本身（过程或结果），自然事物的结构本身是能够加以改变并重新安排的。[4] 北京师范大学楚江亭教授在《科学课程与社会建构》中指出，"社会建构"这一概念包括两层含义：其一指对于一切事物或知识的本体来说，它们的产生、形成和发展都要受到种种社会因素的作用和影响，正是由于这些因素的作用和影响，从而使事物或知识得以成为其自身；其二指个体对事物的认识或个体知识的获得，也是个体受到社会因素的作用和影响建构而成的。[5]

对所有社会建构论进行归纳和总结，并做出准确界定很难实现。结合本研究，将采取其中一种解释："事物或知识以及个人能力的产生、形成和发展受

---

[1] [美]彼得·伯格，托马斯·卢克曼. 现实的社会建构 [M]. 汪涌，译. 北京：北京大学出版社，2009：3、18、20.

[2] 赵万里. 科学的社会建构——科学知识社会学的理论与实践 [M]. 天津：天津人民出版社，2002：33.

[3] 陈秀兰. 交往中的建构——大学教学活动的社会建构论解读 [M]. 青岛：中国海洋大学出版社，2008：34.

[4] 赵万里. 科学的社会建构——科学知识社会学的理论与实践 [M]. 天津：天津人民出版社，2002：28.

[5] 楚江亭. 真理的终结——科学课程的社会学释义 [M]. 北京：北京师范大学出版社，2005：37.

到种种社会因素的制约和影响,而得以形成其自身。"本研究认为,大学生领导力并不是与生俱来的,而是后天建构出来的,大学生领导力的建构受到多种社会因素的影响,符合领导权变理论。本研究着重研究家庭场域和学校场域中的领导力是如何被建构的。

(二) 大学生领导力的研究现状

以"领导力"为关键词,分别对CNKI电子期刊全文数据库(核心期刊)、优秀硕博论文数据库和北京师范大学图书馆馆藏目录进行检索发现,关于领导力的研究成果较为丰富,其中包括704篇核心期刊,239篇硕博士论文以及197本学术专著。通过对文章标题、论文摘要和图书名称的梳理发现,关于领导力的研究主要集中在领导科学领域、管理科学领域以及从中派生出来应用于教育教学领域的领导力研究,而研究对象多以中小学校长、中小学教师、中小学生和企业管理人员为主,关于大学生领导力的相关研究并不多。

通过上述途径以"大学生 领导力"为篇名进行检索,共得到32篇相关文献,其中包括28篇期刊(其中仅有4篇核心期刊),4篇硕博论文,没有相关的学术专著。通过对检索文献的系统梳理,剔除与研究主题无关的文献,仅对相关参考文献进行分析归纳,可以发现现有研究主要集中于以下几个方面。

1. "领导力"相关理论研究

Leadership一词最早出现于20世纪中期(Bass, 1981, Handbook of Leadership),现已形成了较系统的领导力相关理论,主要包括领导特质理论、领导行为理论、领导权变理论和魅力领导理论。

最早形成的是领导特质理论,又称为伟人理论。该理论将领导者特有的个人品质作为研究重点,研究领导者与非领导者在个性、生理、社会或智力方面的差异,研究有效的领导者应具有的特质,如智慧、意志、社会交往能力、自信、外表等领导特质。该理论的不足之处在于孤立了领导特质对领导效能的影响,没有考虑到下属的需求。[1]

20世纪40年代至60年代中期,形成了领导行为理论。研究的重点转向领导者行为,试图找出有效的领导者在行为上的独特之处,个人行为对发挥领导效能的影响关系。研究发现,领导者行为是可以通过训练培养出来的,合适的培训可以培养出更多的领导者。俄亥俄州立大学研究将领导行为分为结构维度和关怀维度,密歇根大学的研究将领导行为划分为员工导向和生产导向两个

---

[1] 李光. 现代领导力问题刍议 [D]. 哈尔滨:黑龙江大学硕士学位论文,2008:35.

维度。领导行为理论考虑了领导行为与群体绩效之间的关系,但却忽视了情境因素的影响。

为弥补以往领导理论研究的不足,形成了领导权变理论。该理论着重考虑了情境因素对领导有效性的影响,认为能否进行有效的领导在很大程度上要受所在环境和当时情境的影响,诸多的环境及情境因素共同作用在整个领导过程中。费德勒的权变模型表明,有效的群体绩效取决于领导者的风格和领导者对情境的控制程度,以及这两个因素的合理匹配程度。Hersey 和 Blanchard 的权变理论认为,领导风格的正确与否很大程度上决定着一个领导者领导行为的成功与否,而下属的各方面能力以及他们的动机对领导者的领导行为是否有效有着很大的影响[1]。

20 世纪 70 年代后,领导力相关理论得到了进一步的发展,特质理论发展成了现代特质理论,其站在一个动态的角度看待领导的整个过程,领导者的特质可以在个体所拥有先天品质的前提下,通过训练和培训得到加强。

20 世纪 80 年代后,领导力研究的焦点转移到了魅力领导理论上,再一次把注意力集中到领导者的个人特质上,但与以往的领导特质理论有所区别,该理论认为领导魅力是可以塑造的,个体经过培训可以展现出领袖魅力的行为。该理论为研究领导能力影响因素提供了理论依据。

2. 大学生领导力构成要素的研究

国外关于大学生领导力构成要素的相关研究主要是通过研究优秀学生干部和资优生的领导力特质来确定的。

美国 31 所高校的大学生领导力项目主要从以下几个方面进行聚焦:自知能力、有效处理人际关系的能力、灵活的适应能力、创造性思考的能力、承诺服务的能力和把握公共政策的能力六个方面。

哈佛大学、芝加哥大学、沃顿商学院等 8 所美国高校的大学生领导力培养主要关注以下领导力特征:沟通能力、自信心、想象力、创造力、生涯发展、领导意识、团队合作、团队的信任与道德、授权、影响力、冲突和解决等。美国马萨诸塞大学主要是通过建立新生的学习团体来培养学生的领导力,包括自我了解、人际交往、社区服务、社会责任感等方面[2]。

还有一些研究以优秀学生为研究对象,研究青年学生的领导力构成要素。

---

[1] Andrew J. Dubrin. Leadership [M]. Houghton Mofllin Company, Massachusetts, United Stateof America. 2006: 22 - 25.

[2] 翁文艳,赵世明. 国外青年学生领导力培养的研究与实践 [J]. 领导科学,2011 (4): 8.

美国资优生的领导力构成要素主要包括：勇于接受挑战、创造性解决问题的能力，批判性推理能力，较强的口头表达能力，思想与行动的稳定性，包容、激励他人的能力。

国内学者对大学生领导力构成要素也做了比较广泛的探讨和研究。

李光（2008）对国内外有关领导力的研究进行了梳理，他认为，"领导力的大小由领导者影响能力、决策能力、协调能力、控制能力四个方面组成。同时，这四种能力又不是各自独立地发挥作用，而是相互包容、互为因果、相辅相成、协同并进的共生关系"。❶

翁文艳（2011）等提出，"大学生领导力即大学生在有效执行领导角色或非领导角色及其过程中所需要具备的各种综合素质和能力，包括社会责任感、创造性思维、有效沟通、解决问题的能力等"。❷

张超（2012）采用量化研究，通过文献检索、半结构化访谈、结构化和开放式问卷调查搜集数据，最终对309份有效问卷进行探索性因素分析，探讨了大学生领导力的构成要素。研究结果表明，大学生领导力主要由任务处理、关系处理和动机态度三个维度构成。

陈静（2012）利用大学生社会实践课题调研形式，向青岛市部属和省属各类大专院校，涉及各个学科各个专业的1500名大学生发放了《青岛市大学生领导力构成要素调查问卷》，共收回1298份，采用量化研究方法，对大学生领导力构成要素进行探索性分析，将大学生领导力分成两个维度：自身的管理约束能力和社会的交际管理能力。对自身的管理约束能力体现为领导者自身的一些个人素质，如自制力、学习力、表达能力、知识见识、道德品质、分析归纳能力等，即个人的一些特质；社会管理能力表现为对外部关系的应变处理，如协调能力、激励他人的能力、合作意识、沟通能力、人际交往能力、创新能力等，表现为个人魅力的一些特质。统计结果显示，学生干部在计划能力、资源整合能力、组织协调能力、合作意识、团队整合能力、统筹规划能力、沟通能力、人际交往能力、责任心、决策能力、分析能力、归纳能力、主动性上明显强于非学生干部的学生；学生干部和非学生干部均认为自己具备的领导特征排在前面的有：沟通能力、人际交往能力、责任感、宽容大度、诚实守信、表

---

❶ 李光. 现代领导力问题刍议［D］. 哈尔滨：黑龙江大学硕士学位论文，2008：17.
❷ 翁文艳，赵世明. 国外青年学生领导力培养的研究与实践［J］. 领导科学，2011（4）：8.

达能力。[1]

广东金融学院领导力发展研究中心的许国动（2012）采用"方便抽样"的方法，从广东省和河南省高校中分别随机抽取10所本科院校不同专业、不同年级的学生进行调查，研究大学生领导力的结构问题，结果显示，大学生领导力结构由传达、逻辑和意志构成。传达由交往力、沟通力和思维力构成，逻辑由亲和力、学习力和信息力构成，意志由执行力、情绪力和自我力构成。独立样本T检验显示，不同学科的学生，意志、亲和力、沟通力、执行力和情绪力有显著性差异；不同性别的学生，意志、沟通力、交往力、思维力和情绪力有高显著性；不同生源地的学生，传达、逻辑、亲和力、思维力、学习力和信息力都具有高显著性。[2]

朱武生（2002）、沈家宏（2004）、罗品超（2005）、文茂伟（2008）、房欲飞（2008）、杨桂萍（2009）、王霁（2008）、彭新武（2008）等对大学生领导力的研究总结出大学生领导力构成要素更加广泛，汇总起来包括大学生的判断能力、自制力、计划能力、执行力、资源整合能力、信息反馈、学习能力、拼搏进取、坚韧不拔、勤奋踏实、组织协调能力、合作意识、团队整合能力、统筹规划能力、沟通能力、应变能力、人际交往能力、激励他人能力、情绪控制能力、应急能力、抗压能力、时间管理能力、大局观、洞察能力、宽容大度、个人魅力、诚实守信、适应能力、挫折应对能力、创新能力、责任心、重视细节、奉献精神、决策能力、情绪调控能力、表达能力、自我反省能力、分析能力、归纳能力、主动性、想象力、勇气和同理心等四十余项。

纵观国内外学者对大学生领导力构成要素的研究，结合我国大学生的发展特点和规律，在大学生领导力概念界定的基础之上，将大学生领导力的构成要素主要划分为规划发展的能力、利用资源的能力和影响他人的能力。规划发展的能力主要包含判断能力、分析能力、归纳能力、统筹规划能力、计划能力、时间管理能力、大局观、决策能力；利用资源的能力主要包含学习能力、资源整合能力；影响他人的能力主要包含拼搏进取、坚忍不拔、组织协调能力、合作意识、团队整合能力、人际交往能力、激励他人能力和人格魅力。

3. 大学生领导力影响因素的研究

关于领导力影响因素的研究国内外都比较丰富。最早可以追溯到柏拉图，

---

[1] 陈静. 大学生领导力影响因素及培养策略研究［D］. 青岛：青岛大学硕士学位论文. 2012：19.

[2] 许国动. 教育视域下大学生领导力结构维度探析［J］. 重庆大学学报（社科版），2012：109.

他强调领导是需要在先天秉赋的基础上教育和培养的，领导力的影响因素包括个人特质和环境影响两个方面。通过对文献的查阅，个人特质主要包括领导者的人格、认知能力、动机等，环境影响主要包括个人的成长环境、个人经历、工作环境等。

Josephine A. van Linden 和 Carl I. Fertman（1998）对青少年领导力的形成进行了研究，他们认为青少年领导力主要是来自青少年自身对领导能力的自我培养和来自家庭、工作场所、社区以至社会的外部成年人的影响，主要包括青少年自身、家庭和社会三个方面。❶

从查阅众多文献的过程中发现，对大学生领导力影响因素的研究是国内研究的重点，尤其是在硕博论文中更加多见。

王益（2003）认为领导力来源于遗传基因、童年影响、自身经历和自我意识四个方面。影响领导力形成的因素主要有遗传、童年与家庭的影响，占10%；自身经历的重要性，占20%；自我意识、信念和意志的力量，占40%；与时俱进是培育领导力的主要源泉，占30%。❷ 根据其研究，成年后的经历对领导力培养至关重要，包括教育经历、工作经历以及经验丰富、学识渊博的领导者的引导。通过不断学习而与时俱进，领导力的形成是一个永无止境的过程，需要紧跟时代步伐，不断创新、不断实践。❸

张超（2012）采用量化研究，对309份有效问卷进行探索性因素分析，在探讨大学生领导力的影响因素中，发现担任学生干部的经历、时间与责任、追求成功的态度存在显著正相关，可见学生干部的经历以及工作的时间和态度是大学生领导力形成的重要影响因素。❹

陈静（2012）针对青岛市不同部属和省属各类大专院校的1500名大学生做调查，发现在各影响因素中，大学生的个人禀性对其领导力的培养影响最大，参与社会实践活动是培养大学生领导力的重要途径，和谐的家庭关系会积极促进大学生领导能力的形成和提升。❺

---

❶ 罗爱林. 大学生领导能力及其影响因素实证研究［D］. 成都：西南交通大学硕士学位论文，2010：9.
❷ 王益. 李永瑞修正. 变革时代的领导力［M］. 北京：清华大学出版社，2003：35.
❸ 李永瑞. 领导力与组织管理［M］. 北京：清华大学出版社，2003：29.
❹ 张超. 大学生领导力：结构及相关影响因素的路径分析［D］. 上海：华东师范大学硕士学位论文，2012：14-17.
❺ 陈静. 大学生领导力影响因素及培养策略研究［D］. 青岛：青岛大学硕士学位论文，2012：15-21.

西南交通大学的罗爱林（2010）设计了大学生领导力量表、社会参与量表、家庭功能量表和领导者个人禀赋量表，对375份有效问卷进行了描述性分析、相关分析和回归分析，大学生社会参与和个人禀赋的各个维度都与大学生领导力显著相关，家庭功能的各个维度同样与大学生领导力具有相关性，其中家庭冲突与其成负相关，情感反应、家庭沟通、家庭亲密度与其成正相关。❶

卢德平（2008）的研究结果表明，早期的班干部经验、人际交往、关键事件、民主原则、竞选领导职务的原则、学校和家庭的支持等是青少年领导力形成的影响因素。尤其是早期的班干部经验是影响领导力的关键因素。❷

从国内外研究成果来看，影响大学生领导力的因素很多，曹科岩和王磊（2012）等将其归纳为个人因素、家庭功能和社会参与三个方面。部分学者同样认为这三个维度对大学生领导力有很大影响。例如，牛兴荣（2009）从跨文化领导力的视角对中国大学生进行了调查，得出结论："在校生的性别、受教育水平以及学校所在地等因素对大学生的领导行为期望有所影响。"❸而李晓蕾（2005）并不认同，她认为学生的自我领导力水平与性别、年龄、民族等人口统计学变量并没有显著性相关。❹黄宏强（2007）通过对高校学生干部领导能力结构的研究发现，男女学生干部在合作能力上差异显著，文、理科学生干部在信息处理能力、任务执行能力以及合作能力上差异显著。❺如上所述，罗爱林（2010）采用家庭功能量表分析家庭功能对大学生领导力的影响，研究发现，家庭功能和社会参与的各个维度均与大学生技术领导、人际领导、理性领导显著相关。❻徐晓林等（2004）针对武汉市高校大学生的研究表明，社会实践提升了大学生的领导力，尤其是社交沟通能力和特长的发挥。❼

---

❶ 罗爱林. 大学生领导能力及其影响因素实证研究［D］. 成都：西南交通大学硕士学位论文，2010：18-23.

❷ 卢德平. 青少年领导力的萌芽和形成——基于三个城市26名高中学生干部的深度访谈结果［J］. 中国青年研究，2008（5）：14.

❸ 牛兴荣. 中国在校大学生领导行为期望研究——从跨文化领导力角度的分析［D］. 上海：上海外国语大学硕士学位论文，2009：4.

❹ 李晓蕾. 关于大学生自我领导力水平的实证研究——以北京师范大学为个案［D］. 北京：北京师范大学硕士学位论文，2005：21-28.

❺ 黄宏强. 高校学生干部领导能力探析［J］. 管理工程师，2010（1）：46-50.

❻ 罗爱林. 大学生领导能力及其影响因素实证研究［D］. 成都：西南交通大学硕士学位论文，2010：22.

❼ 徐晓林，吴开松，石海燕. 大学生领导素质与培养研究［J］. 湖北民族学院学报，2004（3）：74-78.

综合关于大学生领导力影响因素的研究，家庭和学校的影响是两个不可缺少的因素，这两方面因素在大学生成长过程中对其领导力的萌芽、建构、培养和再造起着关键作用。本研究将继续围绕家庭和学校两个因素探讨大学生领导力建构的过程。

4. 大学生领导力现状的研究

国外学者对大学生领导力的研究和实施都比较早，尤其是在美国，研究和培养工作开展得如火如荼，大学生领导力水平相对较高，主要是通过教育教学和实践活动来培养和提升。[1] 国外很多大学都有比较成熟的课程和项目体系来培养大学生领导力，如加州拉文大学、南伊利诺伊大学、鲍尔州立大学等。

我国最早研究和介绍领导力的文章是潘吉仁先生在20世纪末翻译的《美国麻省理工学院学生领导能力培养计划》[2]。21世纪初，国内陆续有学者开始研究大学生领导力，大学生领导力的研究同样是先从学习国外经验开始，如房欲飞（2008）博士的《美国高校大学生领导力教育研究》，陶思亮（2012）的《美国高校大学生领导力教育的历史考察》。我国大学生领导力教育处于刚起步阶段，而我国大学生领导力状况同样不容乐观。

许大鹏（2012）认为，我国大学生的领导意识不强烈，沟通与激励能力不突出；大部分学生表现出来的领导特质欠佳，缺乏自信，领导过程缺乏科学性与艺术性。其根本原因是，大学生受到家庭、学校和社会的不良影响，如传统的错误领导观误导，素质教育理念未能有效落实等。[3]

刁静、陶思亮和王群（2013）通过《大学生领导力开发调查问卷》对全国多所高校的705名学生干部进行了调查，其中90.1%的学生认为"担任学生干部以后，感觉到自己的领导力有待提升"，表明领导力教育现状不能满足其需求；84.8%的学生认为"担任学生干部以后，领导力得到了明显提升"，学生认为领导力的开发可以通过后天的努力和环境的培养来实现。78.8%的学生干部表示期待学校开设专门针对他们的领导力开发项目或课程，71.9%的学生表示期待学校开设面向全校大学生的领导力开发项目或课程，表明学生对接

---

[1] Zeleny. Experiments in leadership training [J]. Journal of Educationalsociology, 1941.

[2] 潘吉仁. 美国麻省理工学院学生领导能力培养计划 [J]. 江南大学学报（自然科学版），1999.

[3] 许大鹏. 我国大学生领导力现状及教育建议 [D]. 长沙：湖南大学硕士学位论文，2012：25.

受领导力教育的热情很高，需求很大。❶

高聘（2011）在其论文《大学生领导力教育研究》中认为，虽然国内多数高校已经对大学生的领导力教育有所认识，但是理解不够深入，没有引起足够重视，各种教育资源没有得到很好的利用，尚处于初级阶段。❷

陈静（2012）认为，大学生领导力教育具有很大的局限性，教育对象主要是学生干部，教育内容尚停留在技能和能力培训层面，高校对大学生进行的领导力培养其实施主体主要是团委，❸如北京师范大学、中国人民大学和复旦大学等的"青年领袖培养计划——卓越计划"。

翁文艳（2008）对上海市某重点高校268名大学生进行了问卷调查，调查显示，64.6%的大学生没有参加过任何形式的领导力教育，27.2%的大学生参加过学校开设的关于领导力的讲座、课程或项目，12.7%的大学生参加过户外拓展训练，4.9%的大学生参加过非政府组织开设的领导力开发项目。❹上海是我国的一线城市，教育质量和实践机会都远远高于国内平均水平，相比之下，可以看出我国大学生领导力教育的现状不容乐观。

张恒龙和张书磊（2012）认为，当前大学生领导教育定位有失偏颇，主要定位于少数学生干部的教育培养；内涵的理解不够全面；资源的开发利用不足，主要是教育途径不宽，教育载体不够丰富。❺

通过对文献的分析和实际现状的考察了解，我国大学生领导力教育的现状还处于初级阶段，大部分学生对领导力不了解，甚至部分学生看不到自己领导力的潜力，需要在理论的指导下，不断探索大学生领导力教育的途径和方式。

5. 大学生领导力培养的研究

从检索到的资料来看，关于大学生领导力教育培养的研究和实施状况，美国是起步最早的，研究成果比较丰富，落实情况较好，覆盖面比较广。

国内学者对美国大学生领导力教育的成功经验进行了分析，如房欲飞、翁文艳（2007）介绍了美国高校大学生领导力教育的组织形式、招生制度、课程设置、教学形式、教学管理、师资队伍等多个方面的基本概况，并从管理学

---

❶ 刁静，陶思亮，王群. 大学生领导力开发的现状及对策研究——基于对全国705名高校学生干部的调查与分析[J]. 思想理论教育，2013（1）：85.

❷ 高聘. 大学生领导力教育研究[D]. 石家庄：河北科技大学硕士学位论文，2011：18.

❸ 陈静. 大学生领导力影响因素及培养策略研究[D]. 青岛：青岛大学硕士学位论文，2012：10-11.

❹ 翁文艳. 大学生领导力开发现状与途径[J]. 当代青年研究，2011（3）：24.

❺ 张恒龙，张书磊. 发展大学生领导力教育的瓶颈及对策[J]. 当代青年研究，2012（5）：49.

角度揭示了美国大学生领导力教育实践中的成功因素、从心理学角度概括了美国大学生领导力教育中呈现出的领导力必备特征、从教育学角度挖掘了美国大学生领导力教育的教学组织特色。❶ 陈静（2012）总结出，美国的大学生领导力教育涉及几乎所有类型的院校，学生工作部门在大学生领导力教育计划中起主导作用；大学生领导力教育模式具有多样化："精英"模式、"大众"模式、"普及"模式。美国高校领导力教育途径具有多样化：课程学习、课程辅助活动、课外活动和领导相关结果培训。❷

国内学者借鉴国外先进经验，针对我国大学生领导力基本状况提出了适合国内大学生领导力培养的策略，例如：

翁文艳（2008）认为，高校开展大学生领导力教育的途径主要有三个方面：一是营造领导力开发的校园文化氛围，二是设立专门的领导力教育项目，三是将领导力教育纳入正规的学位课程体系。具体建议可以开设领导学方面的理论课程，量身设计领导力教育项目，为学生提供更多的教育实践机会。❸

高聘（2011）认为，应该本着以人为本、开放性、个性化、主体性和全面发展的教育理念构建我国大学生领导力的教育体系，教育内容要围绕提升大学生的思想政治素质、道德素质、身心素质和知识素质等。提出了大学生领导力的教育途径：系统的课程教学，丰富的领导实践，大力度的干部培训，发挥校园的教育功能和主动的自我教育等。❹

许大鹏（2012）认为，设立大学生领导力培养机构；选拔、培训专业的指导老师；将领导力课程合理地纳入高校课程体系；采取"全面理论教育"与"重点选拔培养"相结合的策略；优化家庭教育，促进个体全面发展，净化社会风气；注重校际、校企合作，在实践中提升大学生领导力。❺

陈静（2012）认为，高等学校、家庭和社会都要大力推进大学生领导力培养。高校应该将通识教育与领导教育有机结合起来，将教育对象逐步拓展至所有在校学生，充分利用现有资源，创新课程开发设置工作，建立科学完善的

---

❶ 房欲飞，翁文艳. 当代美国大学生领导力教育成功经验分析［J］. 中国青年政治学院学报，2007（2）.

❷ 陈静. 大学生领导力影响因素及培养策略研究［D］. 青岛：青岛大学硕士学位论文，2012：12-15.

❸ 翁文艳. 大学生领导力开发现状与途径［J］. 当代青年研究，2011（3）：25.

❹ 高聘. 大学生领导力教育研究［D］. 石家庄：河北科技大学硕士学位论文，2011：32-35.

❺ 许大鹏. 我国大学生领导力现状及教育建议［D］. 长沙：湖南大学硕士学位论文，2012：44-51.

领导力评价体系,重视多元文化和全球视野教育,积极为大学生创造社会实践的机会;家长应该为子女提供良好的家庭成长环境,保证子女养成健全的人格,家长做好表率,通过合理的方式引导教育子女;社会应该制定相关政策法规,做好保障工作。❶

张恒龙和张书磊(2012)针对当今大学生领导力教育提出以下建议:一是准确定位大学生领导力教育,将领导力教育与集体主义价值观教育相结合,教育对象要面向全体学生;二是要从学生的需要出发,结合人格发展、课外实践活动和职业生涯发展规划;三是要创新大学生领导力教育的形式,建立完善的领导力教育网络平台,将校内外实践平台结合在一起;四是建立长效机制,设立专门的组织机构,建立精英选拔制度,加强国际交流与合作,创造文化环境。❷

沙军(2012)以全球化视角认为大学生领导力教育要构建独具特色的培养体系。❸ 奚洁人(2012)从战略定位的角度考虑,大学生领导力教育模式主要有"精英"模式、"开放和自选"模式和"全员"模式三种;大学生领导力教育内容主要有价值观、知识和行为三个维度;教育方法主要有课程学习、校内实践活动、校外公共服务实践和岗位见习等。❹

施冰心(2013)认为,大学生领导力培养具有重要的意义,学校的专业学科教育应该为领导力的形成和发展提供智力、行为、情感和意志的基础;把高校的社团活动、团学工作、社会实践等作为领导力教育的第二课堂;高校应充分开发社区资源,为大学生提供实践和学习的机会;高校还应就大学生领导力教育的探索工作制订明确的评估计划,将评价结果用于改善和加强教育项目。❺

6."场域—惯习"理论视角的相关研究

"场域—惯习"理论出自皮埃尔·布迪厄的社会实践理论,属于社会学理论。社会学是一门利用经验考察与批判分析来研究人类社会结构与活动的学科,可以作为一种看待问题、分析问题和解决问题的视角。在该理论中,"场

---

❶ 陈静. 大学生领导力影响因素及培养策略研究 [D]. 青岛:青岛大学硕士学位论文,2012:25-30.
❷ 张恒龙,张书磊. 发展大学生领导力教育的瓶颈及对策 [J]. 当代青年研究,2012 (5):50.
❸ 沙军. 全球化视域下大学生领导力教育及对策探析 [J]. 思想理论教育,2012 (8):79.
❹ 奚洁人. 中国大学生领导力教育的战略思考 [J]. 当代青年研究,2012 (5):25.
❺ 施冰心. 大学生领导力培养教育 [J]. 教育教学论坛,2013 (3):2.

域"作为一个客观的关系系统,"资本"就是这个系统中的目的和手段,而在"场域"和"资本"之间,推动拥有一定数量资本的个体采取不同策略的机制就是"惯习"。布迪厄的著作中研究了形形色色的场域,包括艺术家和知识分子、阶级生活方式、名牌高校、科学、宗教,也论及了权力场域、法律场域、居民住宅建设的场域等,最突出的是教育场域。

布迪厄著作的翻译始于20世纪90年代,社会实践理论在学界引起了广泛关注,越来越多的学者开始运用该理论阐释社会问题,以"场域—惯习"理论视角做研究。

马维娜(2002)运用"场域—反思—实践"的理论框架,分析讨论了学校场域中的弱势群体,从场域的视角出发关注了学校场域中弱势群体的惯习,讨论了学校场域所呈现的关系网络、意义空间、中介型塑以及资本的争夺、惯习的潜沉等,激发了作为一个局外生存的人对教育实践的反思。她认为,场域是关系的网络;场域是共时与历时的交融;场域是重新型塑的中介。[1]

万可等(2007)以"场域—惯习"的理论视角分析高等教育场域中的各种竞争压迫,通过学生"入场""在场""离场"三个动态过程来分析高校教育场域中的弱势群体,指出文化资本和社会资本的欠缺导致学生成为高校的弱势群体。[2]

李源源(2010)在"场域—惯习"理论的视角下针对待业大学生群体做了生存状态的相关研究,以生存状态为切入点,素描待业大学生群体的生存状态,分析了教育场域、经济场域和权力制度场域中待业大学生的惯习,通过资本分析了待业大学生求职场域和求职惯习的互动。在此基础上,提出相关对策与建议,挖掘待业大学生人力资源的潜力和价值。[3]

宋佳音(2011)以"场域—惯习"的理论视角做了农村籍大学生城市适应性研究,分析了农村籍大学生这个群体在适应城市过程的"入场突围""在场状态""离场选择",深入探讨了农村籍大学生群体的经济资本、社会资本和文化资本以及惯习状况。[4]

---

[1] 马维娜. 局外生存——相遇在学校场域[D]. 南京:南京师范大学博士学位论文,2002:10.
[2] 万可,储祖望. 竞争压迫:基于场域理论的高校弱势群体生成分析[J]. 江苏高教,2007(6):122-124.
[3] 李源源."场域-惯习"理论视角下待业大学生群体生存状态研究[D]. 上海:华东师范大学硕士学位论文,2010.
[4] 宋佳音. 基于"场域-惯习"理论的农村籍大学生城市适应性研究[D]. 武汉:华中科技大学硕士学位论文,2011.

单册（2012）以"场域—惯习"的理论视角分析了大学生的极端行为，列举了药家鑫、曾世洁和杨元元极端行为典型事件，深入分析了极端行为在家庭场域和校园场域的惯习，最终得出三者惯习的产生是因为家庭场域和学校场域畸形，经济资本、社会资本和文化资本匮乏所导致。❶

还有部分学者以"场域—惯习"的视角分析了大学场域中的教师发展、权力再生产等，如杨鸿（2006）的《基于教师共同体与校本场域的专业化发展策略》、张俊超（2008）的《大学场域的游离部落》、冯典（2008）的《名牌大学与权力场域再生产机制的联系与互动》、施国庆、严登才（2011）的《"场域—惯习"的视角下的水电移民长期补偿安置方式》等。

虽然以上所列举研究的主题与大学生领导力研究没有直接的关系，但是它们对于场域、资本、惯习等概念的解读和运用以及对场域各主体之间深层次的解读和探讨对本研究有重要的启示作用和借鉴意义。

7. 对已有相关研究的评述

纵观大学生领导力方面的相关研究，发现大学生领导力自20世纪80年代提出以来受到了教育学界和心理学界的广泛关注，现已成为国内外学者的一个重要研究课题。以往关于大学生领导力的研究主要集中在：①关于大学生领导力的构成要素研究，对此学者看法不一，但多数认为是个人自身的管理约束能力和社会的交际管理能力。②关于大学生领导力的影响因素研究，虽然学者对此研究表述多样，但主要包括个人因素、家庭功能和社会参与三个方面。③关于大学生领导力现状的研究，总体认为我国大学生领导力水平、领导力教育以及领导力研究与国外相比均处于初级阶段，需要不断加强。④关于大学生领导力教育培养的研究，这方面的研究占有比例最大，研究者们多是总结介绍国外先进经验，并结合国内实际情况就课程体系、项目活动等方面提出建议。

虽然大学生领导力的相关研究已经在国内受到了重视，并且取得了一定的研究成果，但是与国外相比，对该领域的研究还存在诸多不足：①对大学生领导力的概念界定模糊。众多研究对其概念界定，可谓仁者见仁，智者见智，没有统一的结论，界定的视角不同，导致理解偏差较大。②对大学生领导力的研究角度单一。综合以上文献，对大学生领导力构成因素、影响因素、教育培养等的相关研究，都是从大学生的外部着眼，多是量化研究，没有从大学生本身

---

❶ 单册."场域-惯习"视角下大学生极端行为研究［D］．大连：东北财经大学硕士学位论文，2012.

去看待领导力的形成过程和原因。③对大学生领导力的研究不够深入。通过对现有文献的梳理，发现大部分成果停留于比较或者学习借鉴西方，尤其是借鉴了美国大学生领导力的研究和实践成果上，研究的视角很少借鉴其他领域的理论，没有挖掘大学生领导力深层的因素，对其培养途径的建议也比较空泛。④关于大学生领导力的研究与实践结合较少。我国大学生领导力教育水平处于初级阶段，教育培养和提升不成体系，与国外有较大差距，应该引起足够重视，尤其是要注重理论联系实践。⑤研究方法多是采用量化研究，缺少质性研究，多是相对客观数据的罗列说明，缺少鲜活的自下而上的源于生活的故事深描。

本研究将在学习和借鉴已有研究成果的基础上，弥补该领域的研究不足。明确界定大学生领导力的核心概念，引入"场域—惯习"的社会学理论作为研究视角，运用质的研究方法从大学生自身的角度去深入分析和探讨大学生领导力的建构过程，借鉴已有研究关于大学生领导力建构的因素，从大学生自身、家庭和学校三个方面入手，深入探索和挖掘大学生个人和团队两个维度的领导力，为大学生领导力的教育、培养和提升提供借鉴，希望能够做到理论与实践相结合。

二、大学生领导力建构理论

本研究将运用布迪厄的"场域—惯习"理论对经济资本、文化资本和社会资本的阐述来分析大学生领导力在学校场域和家庭场域中是如何被建构的。

"场域—惯习"理论来源于皮埃尔·布迪厄的社会实践观。布迪厄（Pierre Bourdieu）是法国继福柯之后的又一位具有世界影响的社会学大师，与英国的吉登斯、德国的哈贝马斯并称为当前欧洲社会学界的三大代表人物。

布迪厄的社会实践观是围绕着行动者在哪里实践、如何实践、用什么实践等相互联系的社会实践观的基本问题而展开的，具体来说，就是行动者的实践空间、实践逻辑、实践工具是什么。他用场域、惯习、资本以及三者之间的关系分别回答了这三个紧密联系的社会实践观的基本问题。布迪厄认为，生活在社会空间中的行动者是由特定的社会关系网络来确定其社会位置的；行动者凭借各自拥有的特定资本和特定惯习，在一定的社会场域中生活，在一定的社会制约条件的客观环境和结构中，不断地创造和建构自身以及生活在其中的社会。❶

---

❶ 宫留记. 布迪厄的社会实践理论［M］. 开封：河南大学出版社，2009：10.

布迪厄在具体的研究中把"惯习"[1] "资本""场域"三个中心概念相互联系起来，把社会实践看成是在特定场域中通过特别逻辑实现的东西。资本本身就是行动者惯习的产物，是场域中行动者惯习的具体化。[2] 实际上，布迪厄的社会实践理论强调社会结构与个人能动性间的交互辩证关系，力图通过场域、惯习和资本的概念，探索社会生活中实践的奥秘。[3]

"场域"，最早来源于19世纪的一个物理学概念，布迪厄将其普遍化，在《实践与反思——反思社会学导引》一书中专门论述了这一问题。他认为，"场域"是一个关系性概念，"从分析的角度出发，一个场域可以被定义为在各种位置之间存在的客观关系的一个网络，或一个构型"[4]。我们可以把它理解为，处在不同位置的行动者在惯习的指引下依靠各自拥有的资本进行斗争的场所。[5]

可以将场域理解为：场域首先是个关系的网络，每个行动者都有各自的位置，占据着各自的网络结点。场域是个交融的空间，由附着于某种权力或资本形式的各种位置间的一系列客观历史关系所构成，是由各自特有的价值观和调控原则界定的一个社会构建的空间。[6] 在这个空间里，行动者根据自己的位置和所掌握的资本以及空间的规则进行游戏、斗争和争夺资源，斗争的焦点在于谁能够强加一种对自身所拥有的资本最为有利的等级化原则。[7] 不同的场域有不同的游戏规则，行动者的实践策略要适合身在其中的游戏规则。场域还是个型塑的中介，是那些参与场域活动的社会行动者的实践同周围的社会经济条件之间的一个关键性的中介环节，[8] 行动者置身于场域当中，受到场域内外因素影响和作用，重新型塑或者是再生产。

场域形形色色，包括艺术家和知识分子、阶级生活方式、名牌高校、科

---

[1] 对于"Habitus"的翻译，国内有"惯习""习性""生活心态"等多种译法，本研究倾向于译成"惯习"。

[2] 包亚明，译. 布迪厄访谈录——文化资本与社会炼金术 [M]. 上海：上海人民出版社，1997：219.

[3] 马维娜. 局外生存——相遇在学校场域 [M]. 北京：北京师范大学出版社，2003：27.

[4] [法] 布迪厄，[美] 华康德. 实践与反思——反思社会学导引 [M]. 李猛，等译. 北京：中央编译出版社，1998：133-134.

[5] 宫留记. 布迪厄的社会实践理论 [M]. 开封：河南大学出版社，2009：48.

[6] 王有升. 被规限的教育——学校生活的社会建构 [D]：南京：南京师范大学博士学位论文，2002：19.

[7] 杨善华. 当代西方社会学理论 [M]. 北京：北京大学出版社，1999：281.

[8] [法] 布迪厄，[美] 华康德. 实践与反思——反思社会学导引 [M]. 李猛，等译. 北京：中央编译出版社，1998：144.

学、宗教，还包括权利场域、法律场域、居民住宅的建设场域，等等。❶ 布迪厄还论及了哲学场域、政治场域、文学场域和教育场域等。布迪厄大部分人生是在教育场域和科学场域度过的，他把教育体系看作社会中控制地位分配和特权分配的主要机构，学校是生产、传播和积累各种形式文化资本的场所，是学生惯习的分离器，考试是社会分层的手段。

本部分主要研究大学生所在的家庭场域和学校场域。家庭一般被视为社会组织的初级群体，很少将其作为场域进行研究。本研究认为，在家庭中同样存在着结构、功能、关系、权力和位置，如其他场域一样存在着资本，对家庭成员具有型塑的过程，因此，将家庭场域界定为家庭中多元位置关系间的网络结构。学校场域是指学校中各种复杂矛盾的多元位置之间存在的多元关系的网络，是有形与无形的整体集合于各种力量的不断重组。❷ 本研究所指的家庭场域和学校场域，更多的是意义上的场域，或者说是物理场域与意义场域的相互交融。

惯习（Habitus），其意义起源于亚里士多德的德行（virtue）概念，是指经过学习，由长期的习惯养成的美德。涂尔干、毛斯、黑格尔、胡塞尔、布迪厄等都使用过这一概念，布迪厄为其赋予了新的内容。

布迪厄将惯习界定为"持久的可转移的禀性系统"，法国学者菲利普·柯尔库夫对这一定义解释为："禀性，也就是说以某种方式进行感知、感觉、行动和思考的倾向，这种倾向是每个个人由于其生存的客观条件和社会经历而通常以无意识的方式内在化并纳入自身的。持久的，这是因为即使这些禀性在我们的经历中可以改变，那它们也深深地扎根在我们身上，并倾向抗拒变化，这样就在人的生命中显示出某种连续性。可转移的，这是因为在某种经验的过程中获得的禀性（如家庭经验）在经验的其他领域（例如职业）也会产生效果。"❸ 布迪厄还认为："所谓惯习，就是由知觉、评价和行动的分类图式构成的系统，它具有一定的稳定性，又可以置换，它来自于社会制度，又寄居在身体之中。"❹

---

❶ [法]布迪厄，[美]华康德. 实践与反思——反思社会学导引[M]. 李猛，等译. 北京：中央编译出版社，1998：131.
❷ 马维娜. 局外生存——相遇在学校场域[D]. 南京：南京师范大学博士学位论文，2002：10.
❸ [法]菲利普·科尔库夫. 新社会学[M]. 钱翰译. 北京：社会科学文献出版社，2000：36.
❹ [法]皮埃尔·布迪厄，[美]华康德. 实践与反思——反思社会学引论[M]. 李猛，李康译. 邓正来校. 北京：中央编译出版社，2004：171.

在日常生活中，我们比较熟悉的是"习惯"，而"惯习"与"习惯"是两个不同的概念，"惯习"是深刻地存在于行动者性情倾向系统中的，是作为一种技艺存在的生成性能力，具有生成性和创造性；而"习惯"表现出的是自发性、重复性、机械性和惰性，不具有创造性、建构性和再生性。❶ 惯习可以理解为行动者过去实践活动的结构性产物，看待社会世界的方法，对社会评判起主导作用的行为模式。这种行动倾向受行动者从幼年时代积累起来的各种经验的影响，经验会内化为行动者的意识，指挥调动行动者的行为，成为群体的社会行为、生存方式、生活模式、行为策略等行动和精神的强有力的生成机制。惯习不但能够指导行动者的行为，还能够显示其风格和气质，表现其个性和禀赋，还能够记载行动者的生活经验和受教育经历，在不同的境遇下进行创新和再生产。这一概念集中体现了布迪厄"建构的结构主义"和"结构的建构主义"的理论本质。

根据对"惯习"概念的阐述，本研究认为，惯习是个体经过长期积累不断建构形成的感知、行动、评价和思考的倾向，具有稳定性和可转换性。大学生领导力可以认为是大学生的一种惯习，是大学生日常生活中形成的感知、行动、评价和思考的倾向能力，是推动拥有一定数量资本的行动者在场域中采取这样或那样策略的内在逻辑。

"资本"是布迪厄实践论中的重要概念，是社会实践的工具，是与场域相依共存的，场域决定资本的价值，资本决定行动者在场域中的位置，位置决定了行动者使用资本的策略。❷ 资本是一种积累起来的劳动（它以物质化形式或是"肉体化"、身体化形式存在）。当行动者或行动者群体在私有的前提下占有、利用它时，他们便可以因此占有、利用物化形式，或者体现为活生生的劳动的社会能量。❸ 布迪厄拓展了马克思的资本理论，早期将资本分为经济资本、文化资本和社会资本三种基本类型，后来添加了符号资本，不同资本类型之间是可以相互转换和传递的。

经济资本，一般是经济学所谈论最多的资本类型，它可以直接转化为货币，也可以制度化为产权形式。其他类型的资本可以转化为经济资本，是一种基础性的资本类型。

---

❶ 宫留记. 布迪厄的社会实践理论 [M]. 开封：河南大学出版社，2009：147.
❷ 侯钧生. 西方社会学理论教程 [M]. 南京：南开大学出版社，2001：336.
❸ [法]布迪厄，[美]华康德. 实践与反思——反思社会学导引 [M]. 北京：中央编译局出版社，2004：303.

文化资本，在布迪厄看来主要分三种状态："①具体的状态，以精神和身体持久'性情'的形式；②客观的状态，以文化商品的形式（图片、书籍、词典、工具、机器等），是理论留下的痕迹或理论的具体显现；③体制的状态，以一种客观化的形式，这种形式赋予文化资本一种完全是原始性的财产。"❶文化资本的具体状态，如言辞、审美、礼貌等多是在耳濡目染中完成，而体制状态主要表现为社会对资格的认可，如各种入学资格和文凭等。

社会资本，是指行动者或行动者群体，凭借拥有一个比较稳定的又在一定程度上制度化的相互交往、彼此熟识的关系网，从而积累起来的资源的总和，不管这种资源是实际存在的还是虚有其表的。社会资本的实质是群体以集体拥有的资本为其成员所提供的支持。❷

三、大学生领导力建构过程

结合具体情况，本研究采用目的性抽样，即按照研究目的抽取能够为研究问题提供最大信息量的研究对象。❸基于此，选取小卢、营营、贺鹏（三者均为化名）作为研究对象。简单情况介绍如下。

　　小卢，出生于辽宁省本溪市，家在市中心，家庭条件优越，各方面都比较好。爷爷是市委党校校长，姥爷是钢铁厂领导干部，父亲在当地银行工作，母亲在当地医院工作，家庭富裕，独生子女。从小学开始，学习名列前茅，一直担任团支书，高中在辽宁省最好的高中学习，虽然没有进入"奥赛班"，但是通过高考自主招生进入北师大读书，入大学后连续四年担任班级班长，在校学生会担任宣传部长、主席，评选为北师大"十佳大学生"，北京市优秀学生干部，本科毕业后保送到华东师范大学攻读硕士研究生。在小卢的老师和同学看来，小卢是个特别踏实的学生，很会规划个人的发展，学习、生活和学生工作都能够有条不紊地进行，并且都取得了优异成绩。在团队组织中，很会鼓励人、团结人，人缘特别好。

　　营营，女，出生于黑龙江省牡丹江市，家住在市区，家庭条件一般，独生女，母亲是临时工，父亲是铁道工人，三口之家。小学学习一般，初

---

❶ 包亚明. 文化资本与社会炼金术——布尔迪厄访谈录［M］. 上海：上海人民出版社，1997：192-193.

❷ 宫留记. 场域、惯习和资本：布迪厄与马克思在实践观上的不同视域［J］. 河南大学学报（社会科学版），2007（5）：80.

❸ 陈向明. 质的研究方法与社会科学研究［M］. 北京：教育科学出版社，2008：20.

中、高中学习名列前茅。初中开始做学习委员，高中担任班长。理科专业，本科期间学习良好，每年都获得奖学金，现本科已毕业。兴趣爱好广泛，多才多艺，性格开朗，大学入学后，担任班级班长、多个社团负责人、院系学生会主席，校级"优秀学生干部"，最终保送本校攻读研究生。营营心态特别好，是大大咧咧的东北女孩，学习和做事情都特别有主意，能吸引人一起和她做事，在担任学生会主席期间，学生会在全校各方面评比都取得了第一名的好成绩，她立下了汗马功劳。

贺鹏，出生于河南省一个农村，国家级贫困县，父亲是村里小学校长，母亲是农民，家庭条件因孩子多较贫困。家里有比自己年长10多岁的哥哥和两个姐姐，哥哥和两个姐姐都是大学生，现已工作，哥哥在铁路局工作，两个姐姐是教师。自己从小学开始一直学习很好，一直担任班长，高考参加了三次，最终被北师大录取，上大学后继续担任班长，连任四年，多次荣获校级、市级"优秀学生干部"称号，今年本科四年级。贺鹏有较强意志力和耐力，做事情态度认真、谦虚谨慎，创意不多，但是能够团结带领班级所有同学一起来参与，他所在的班集体多次获得北京市先进班集体，带领班集体做出很多有意义的学生活动。

之所以选择这三位作为研究对象，主要原因如下。

第一，研究对象领导力表现突出，且具有一定的异质性，能够满足研究需要。小卢、营营、贺鹏三名大学生都曾较长时间担任学生干部，所在学生团体都取得了众多的荣誉，其本人多次荣获优秀学生干部称号，学习、工作等方面都是佼佼者，充分表现了较强的领导力。在三名大学生中，小卢担任校级学生干部，营营担任院系学生干部，贺鹏担任班级学生干部，因所在学生团体层级不同，三者在领导力方面表现出了一定的差异，便于获得更加充实、立体的原始材料，以满足研究的需要，建构出来的扎根理论更加具有说服性，同时，利于提升研究的效度。

第二，与研究对象保持了良好的关系。本研究需要搜集大量深入、全面的原始数据资料，处理好研究者与被研究者的关系将直接影响到研究的质量，因此研究者必须与被研究者建立良好、和谐的研究关系，以此保证研究的深入推进，收集到真实、丰富的研究数据。我在做辅导员期间，三名学生都担任学生干部，接触的机会较多。同时，和他们的个人关系非常好，因为年龄相仿，总是与我兄弟相称，关系亲密，研究者与被研究者之间并没有太大的隔阂，他们愿意把我想知道的和盘托出，把自己内心深处的"隐私"讲出来。另外，三四年时间的相处,我对他们的基本情况,包括学习、生活、工作以及为人方面都比较了解。这些因素都便于我进入研究场域,搜集到丰富而真实的原始资料,为研究奠定基础。

第三,研究对象乐于参与本研究,他们都性格开朗、健谈,愿意提供相关研究资料。质的研究方法需要搜集人量的一手资料,访谈是最常用的方法之一,研究对象是否愿意配合研究,是否善于语言表达等直接影响到资料的搜集。三位研究对象都是"心直口快"知无不言的同学,加之和他们关系较好,他们乐于提供自己的成长经历和家庭、学校生活中的相关资料,能够主动提供相关书面资料,并允许访谈录音,为研究的顺利开展提供了保障。

大学生是处于动态生成中的"人",在对生活意义和价值的追寻中不断塑造自己、完善自己和超越自己。他们的知识、思维、经验、情感、价值观、态度等都在不断地被塑造和建构。社会化过程涉及一系列广泛的个人、群体和机构。这些群体中最重要和最有影响者被称为社会化的主体(agents of socialization)。主要的社会化主体有家庭、学校、同辈群体(peer groups)以及大众传播媒介。同辈群体是指社会地位大致相当、年龄相仿的一群人。大众传媒是指传到广大人群之中并对他们产生影响的传播方式,尤其是指报纸、杂志、电视广播以及现在的互联网。❶ 社会化过程是领导力形成过程的一部分,对于社会化主体同样适用,本研究将同伴群体和大众传媒融入家庭场域和学校场域去分析。美国质的研究专家诺曼·K.邓金指出,质的研究的写作是一种情境中的写作,让研究者带领着读者进入现场,让作品逼近真实,唤起读者的共鸣,使读者相信那些描绘的经历体验是可信的和可能的。❷

(一)家庭场域:领导力的培育

家庭是社会最基本的构成单位,是一个人最早接触的场域,是领导力培育的始发地。家庭一直被认为是初级组织,但并非如学校、企业那样具有完备制度的组织,朱丽叶·米切尔讲,"家庭给这个原子化的、混乱的宇宙提供了一块坚不可摧的飞地,在这块飞地里,人们相亲相爱,安全祥和"。❸ 在家庭中,家庭成员相亲相爱,感情占主导的维系地位,血缘关系使其更加稳固,但是,

---

❶ [美]戴维·波普诺. 社会学[M]. 北京:中国人民大学出版社,2007:172.

❷ [美]诺曼·K.邓金,伊冯娜·S.林肯. 定性研究:经验资料收集与分析的方法[M]. 风笑天,译. 重庆:重庆大学出版社,2007:800.

❸ [英]朱丽叶·米切尔. 妇女:最漫长的革命[M]. 上海:三联出版社,1997:35.

在家庭成员之间、家庭与家庭之间同样存在着冲突、利益和位置的争夺，我们把家庭也作为一个场域，研究大学生孩童时期的领导力在家庭场域是如何被建构的。

1. 成员的榜样示范

家庭成员对孩子成长具有重要的示范作用，尤其是父母，被称为是孩子的第一任教师。因为孩子最初的学习源自模仿，模仿是社会生活中最基本、最普通的一种互动方式。家庭成员的沟通方式、价值观念和行为方式都会对孩子的成长有重要影响。三位被研究对象都通过具体事例阐述了自己深受家庭成员榜样作用影响的过程，在家庭成员榜样示范作用下，自己的领导力逐渐得到了培养。

贺鹏家庭里兄弟姐妹较多，他认为家里的每位成员都是他的榜样，对他的领导力培养都有较大的影响。

> 妈妈对我个人发展有比较大的影响，家里的日常生活都是妈妈来统筹安排的。我很佩服妈妈能够将家里的事情都料理得井井有条，妈妈做事雷利风行，很有效率。妈妈性格上很要强，干什么事情从来不示弱。我也具备了这样的品质，别人学习好，我要学习更好，别人去竞选，我也要竞选，而且得胜出！凡事就要做到人前，倒不是自己喜欢班长或者权利什么的，就是感觉不能落于人后，这是妈妈对我的影响。

> 爸爸是农村小学校长，学校里事情很多，一般对家里的事情很少管，只是在大事上做决定。常听他讲学校的事情，他是如何带领老师治理学校的，如何解决老师们之间矛盾的，如何激发老师们工作积极性的……有时候他还会为我分析怎么处理才是一个领导正确的做法，这些对我的启发比较大。父亲作为我们小学的校长，很受当地人的敬重，父亲在我小的时候也是希望我能够做领导式的人物，在这方面也是有意地引导吧。

从贺鹏的叙述中可以看出，他对父母是由衷的崇敬，父母不但给予了他生命，更重要的是以身示范教给了他如何做人、做事。母亲统筹安排家里的日常生活，虽然没有文化，但是性格很要强，给他的直接影响是"凡事做到人前，不甘落后"；父亲是学校领导，对学校的管理和领导讲求策略，受人尊重，他在父亲的耳濡目染下成长。

> 家里还有一个哥哥，两个姐姐，最小的姐姐比我大12岁，我记事时姐姐上高中了；哥哥大我18岁，都已经工作了，他们都是大学毕业的。

他们都是我的榜样，我也不能示弱，也得考上大学才行。所以我憋着劲参加了三次高考，这也是一种动力吧。两个姐姐大学毕业后当了老师，再加上爸爸也是老师，家里算是有个当老师的传统吧，所以我报考了北师大，也想当个好老师，将来有能力了当个好校长，办所好学校。

贺鹏认为哥哥姐姐是他学习的榜样，他们都是大学毕业，他就有了不甘落后、同样要成为大学生的动力，发奋读书，最终经历三次高考，考上了大学。两个姐姐大学毕业后都当了老师，加之父亲也是教师，所以他毫不犹豫地选择了到北师大读书，计划将来也能够成为一名教师。从他现在的选择来看，他的家庭成员对他的学习生涯、学生工作过程以及将来的职业选择都有重要影响。

营营认为在家庭里对其影响最大的是母亲，母亲虽然是没有固定工作的临时工，只有高中文化，但是母亲性格开朗，什么事情都能看得开，笑对生活中的困难，经常同时间段做两份兼职甚至更多，那种拼命为家工作的精神，时常将其感动。母亲总是能成为人际交往中的中心，能够掌控着交际的"局势"，这一点她特别佩服。营营在母亲的身上学到了乐观、坚强，佩服母亲的人际交往能力，这些优点现在都成为她的主要优点。

小卢和营营、贺鹏对家庭成员的评价略有不同，因为父母工作忙，没有时间经常和他待在一起，所以他认为父母对他关心度不够，他成长的榜样并不是父母，而是爷爷。他讲述道：

> 爷爷对我的影响最大，从小到大在爷爷家待的时间最多。爷爷经常给我们讲哲学知识，他有渊博的知识和深邃的思想，我从小到大一直非常羡慕。爷爷是党校的校长，是优秀共产党员，做人非常低调，从来不张扬，非常受人尊重，这方面非常值得我学习。另外，爷爷对我的教导，从来不是灌输，一直都是引导，说什么问题讲什么道理都是语重心长的，具有老者风范。

从小卢的讲述来看，对小卢成长影响最大的是爷爷，他佩服爷爷有学问，会做人，会教育人。可以说爷爷的价值观念和行为方式对小卢都有非常大的影响，他因此努力成为共产党员，成为学生干部，并立志读博士，做个博学的人，将来到高校工作，这就是他自我领导力的建构过程。

2. 家庭内部的互动

在日常生活中，我们每个人几乎都会意识到自身行动对他人会产生影响，我们也常常意识到别人对我们行为的期待以及我们对他人思想、感情和行动的期待。这是因为人们之间存在着交往和互动,在互动的过程中通过"他者"不断地建构着"自我"。美国社会心理学家乔治·H.米德认为,人类心智的发展、"自我"意识的形成,是社会互动的结果。关于社会互动的研究已经比较深入,是指发生于个人之间、群体之间、个人与群体之间相互的社会行动的过程。戴维·波普诺认为,社会互动是人们以相互或交换的方式对别人采取的行动,或者对别人的行动做出的回应。❶ 家庭成员之间同样存在着互动,大学生的领导力最早就是孩童时期在家庭的互动中逐渐建构起来的。现代西方社会学的互动理论,根据社会互动主体间的利益、权力关系及其性质,将社会互动的类型主要分为交换、合作、竞争、冲突、强制和顺从六种类型。❷ 在家庭场域中,家庭成员之间同样存在着这六种类型的互动,根据布迪厄的观点,场域是个竞争的空间和型塑的中介,在家庭场域中,每个家庭成员都有各自的位置,在互动中建构和型塑着家庭成员的领导力。

家庭场域中位置关系的维系主要依赖于情感关系,但是在某种情况下,同样需要赤裸裸的交换、合作、竞争、冲突、强制和顺从来维系。

营营是个多才多艺的女孩,爱好音乐和各种乐器,要购买乐器,请辅导教师上课等需要较稳定的经济基础,可是她的家庭条件并不是很好,营营所采取的策略是"一哭二闹三承诺"。父母没有那么多钱买贵重的乐器,也不想在上面投入,营营就通过哭、不吃饭、不上学来要挟,父母答应的条件是"买了,得坚持下去,并且得好好学"。虽然不是实际意义上的"交换",但是却属于互动中的一种策略——交换,让营营培养了良好的音乐素养,在此过程中,营营在潜移默化中掌握了与父母交换的策略,实际上是领导力塑造的过程。

现在家庭中多是独生子女,合作和竞争的意识较淡薄,小卢因为常在爷爷家与表弟一起玩耍,经常遇到合作和竞争的问题。小卢曾给我讲述在过春节期间他和表弟是如何分工、协作帮助爷爷打扫卫生的,减少了爷爷奶奶打扫卫生的工作量。

在爷爷家,竞争最激烈的就是比谁能够吃上好吃的、过年得红包。爷爷是个老教授,颇有智慧和学问,小时候考我们背古诗、答脑筋急转弯,甚至有的时候是下象棋。很多时候我古诗比较好,但是表弟脑子灵,我一般脑筋急转弯不如他,再加上他比我小,爷爷更加疼爱他,所以我一般竞

---

❶ [美]戴维·波普诺. 社会学[M]. 北京:中国人民大学出版社,2007:97.
❷ 同上书。

争不过他。

根据齐美尔的解释，冲突是指针对有价值的珍惜物品或价值观的斗争；强制是指将其意志强加给别人的一种倾向；顺应是指一方主动调整自己，以实现相互适应。❶ 在家庭中，一般是价值观上的冲突。比如，贺鹏讲述的小时候在家偷钱被妈妈追打的经历，在家拿的10块钱并不算多，但是在妈妈看来这是一种恶习，不能任其发展，否则会让其走上邪路，必须通过"激烈的冲突"让其改邪归正，而贺鹏认为10块钱不算什么，与母亲是价值观上的冲突，母亲采取的是"强制"措施，在母亲追打和乡里邻居众人笑话的情况下，贺鹏不得不"顺应"母亲，主动承认错误。强制表面上来看是一个人或一个群体将其意志强加于另外一方，本质上来看，是使用物质力量或暴力的威胁为基础，强制的表现时常比较微妙。❷ 正是在与母亲的激烈冲突中，在不得不顺应母亲的强制的情况下，贺鹏纠正了自己的价值观和不良的生活习惯，型塑了正确的惯习。

在家庭场域中，虽然没有过多的家庭成员和多功能的成员角色，但是依然存在多种类型的互动形式和行为策略，大学生在孩童时期是场域中的参与者和旁观者，他们的领导力在其中不断地被建构和型塑。

3. 家庭之间的冲突

同一家庭场域内部有互动和冲突，而不同的家庭之间同样存在。本研究将家庭场域的范围进一步扩大，不只是局限于本家庭内部，还可以进一步扩展到不同的家庭之间，如邻里之间、亲属之间等。通过深度访谈研究，发现不同家庭之间的冲突对大学生孩童时期的领导力具有激发作用。

美国社会学家戴维·波普诺认为，在所有社会中，人们一生下来就面对着不平等，即缺少平等的途径以得到社会所提供的有价值物，他可能是物质的，如收入与财富，也可能是非物质的，如声望、权力等。❸ 因为资源、声望和权力的稀缺，社会中的人为获得这些稀缺物而不断地冲突和斗争着，此过程中会存在偏见、歧视，还会存在讨好、奉承等不同的策略。人们所采取的不同策略，会激发或者引导儿童向往领导力。

小卢和营营家庭条件较好，父母以及家庭成员的社会地位相对较高，尤其

---

❶ [美] 戴维·波普诺. 社会学 [M]. 北京：中国人民大学出版社，2007：102.
❷ [美] 戴维·波普诺. 社会学 [M]. 北京：中国人民大学出版社，2007：148.
❸ [美] 戴维·波普诺. 社会学 [M]. 北京：中国人民大学出版社，2007：263－268.

是小卢的姥爷是钢厂的领导,爷爷是党校的教授,在当地都特别有威望,掌握着权力,可以运用权力为自己和家人获得更好的位置,能够得到当地人的尊重,甚至是讨好和奉承。小卢向我讲述过小时候在姥爷家的情景。

> 我从小就生活在别人赞赏和关注的目光里,从来没有别人家看不起我们的感觉。我们那个地方都是比较势力的,很重视关系,都想巴结上级,我爷爷和姥爷都是当地的领导,我们就跟着沾了很多光。逢年过节,很多人来给姥爷送东西,我们小孩都愿意去姥爷家。另外,我一个表弟在姥爷家,基本上都是车接车送着上学,我当时很是美慕!我妈妈和姨的工作都是姥爷给安排的,妈妈前后也调动了多次工作,当然都是拣最好的工作干。

小卢从小生长在"有权有势"的家庭中,亲身感受到了领导权力带来的好处,例如,能得到人的赞赏和关注,能吃到好吃的,上学能够车接车送,还可以被安排工作……可以看得出,孩童时期小卢就对权力充满了向往,否则不会对这些记忆如此深刻。他还向我讲述了一件小事。

> 小时候还不懂事,在姥爷家楼梯上和表弟一起玩,我们耍坏,从楼梯上向下撒尿,被一对老年夫妇发现了,可能是尿到人家身上了,他们对着我们破口大骂,说没有教养……我们害怕了,忙跑回姥爷家,姥爷知道了把我训了一顿。后来这对老夫妇知道我们是姥爷家的孩子,就主动登门道歉,还拿了很多礼品,当时姥爷很不好意思,本来是我们的错,他们却来谢罪。当时我很纳闷,后来姥爷给我们讲,他们的儿子在姥爷厂子,需要姥爷多关照呢。我当时也是一直有了这样一个想法:"当领导真好,本来是自己犯了错误,却还有人来主动道歉"。

这件小事是小卢记忆非常深刻的,当他向我讲述时,从他的表情中我看出了一是不好意思,二是有些"自豪"。他还向我说明,"对这个社会真是不理解,只能去顺应了"。小卢与两位老人发生了冲突,本是自己的错,老人却碍于自己儿子在他姥爷厂子上班而"卑躬屈膝"去赔礼道歉,作为一个孩子的确是不懂两位老人的做法,但是他却看到了姥爷有权力,能够使本应该受罚的他却得到了道歉,实际上是一种借助权力在冲突中"狐假虎威"的表现,这给孩童时期的小卢一个重要的"启示":"当领导真好!"

相比小卢和营营,贺鹏的家庭条件不是很好,在家庭冲突中时常处于弱势地位,甚至有时候会受辱,这就从相反的方面激发了贺鹏从小立志培养自己的领导力，激发他对权力、声望和资本的渴望。贺鹏向我讲述了他经历的故事。

> 我家因为兄弟姊妹多，是比较贫困的，妈妈说因为当年我是超生，我们家唯一值钱的老牛都被牵走了。小时候我一直是"黑人"❶，没有户口，所以我常常被别人笑话，甚至是被看不起。我幼小的心灵肯定受到了伤害，时常感觉自己是多余的，所以，我经常一个人默默地想，我得努力证明自己并不是多余的，混出个样子来，让别人瞧瞧，能经历三次高考也有这方面的原因。

> 小时候，我们村的村支书想要他的一个亲戚去当校长，但是最后，我爸胜选了，所以村支书总刁难他。我知道了爸爸的难处，当时就想，我以后一定得当县长，把村支书给撤掉，不要让他刁难我们，当时都是小孩子想法，但是对我的影响比较大，所以我要当班长，要说了算。

贺鹏从自己的身份和爸爸工作上遇到的问题讲述了他所认为的冲突，一是他自己被歧视，二是父亲被刁难，都源于自己没有资本、权力和声望，从小就开始有一种对权力的渴望和追逐，这是激发他建构领导力的外在动力。贺鹏讲述了他关于自我领导力顿悟的难忘事件。

> 有件事对我的触动比较大，我记得小时候因为我在家里偷了10块钱去抽奖，被妈妈知道了，妈妈追着我打，我跑到了大街上，街坊邻居知道了，都在看我笑话，也有拉架的，有人说："校长家的孩子还偷东西，校长是怎么教育的，以后怎么教育别的孩子呀……"我妈听了这话，打得我更狠了。我内心当时极其愧疚，感觉给自己家丢了人，抹了黑。以后就长记性了，得给爸妈长志气！从此以后，我一下子懂事了，不再让爸妈生气，什么事情都以校长家孩子严格要求自己，主动去做，积极去改变自己。

贺鹏讲述的这件事是他自我领导力顿悟的一个起点，被别人笑话、给家人"抹黑"，激发了他自我领导力的建构。类似于此的事件时常发生在我们身边，无论是何种家庭之间的冲突，对孩子的成长以及领导力的建构、激发都会有较大的促动作用。

(二) 学校场域：入场突围

在布迪厄看来，"场域"是各种位置之间存在客观关系的网络，在场域当

---

❶ 在农村一般指超生而没有户口的孩子。

中，行动者根据自己的位置和所掌握的资本以及空间的规则进行游戏、斗争和争夺资源。同时，场域本身的存在及运作，必须依赖其中的各种资本的反复交换及竞争才得以维持。根据前文文献综述中对"场域—惯习"理论的介绍，布迪厄将场域中的"资本"主要划分为文化资本、经济资本和社会资本。

本部分主要研究大学生在"入场"前是如何争夺有价值的资本的。此"入场"不仅仅指大学生进入大学这个场域，还指大学生进入大学后进入校学生会、院学生会和班委的"入席"。作为大学生"惯习"之一的大学生领导力，在"入场"和"入席"的过程中是如何被建构的？他们是如何争夺和利用这些资本的？

1. 文化资本："入场"的必要条件

在我们现行的社会制度条件下，迈进更高层次的学府，获得更多的知识，从事更加理想和体面的工作，实现自己的梦想，生活地更加有尊严，最重要也是最容易获得的是"文化资本"。文化资本是大学生进入大学的"入场券"，是走进学生干部群体、提升领导力的"入席券"。

（1）挤过"独木桥"——持券入场。

"高考"，自从 1978 年恢复以来，一直是整个社会的热点问题和焦点问题，每年六月份都会有千军万马过"独木桥"的壮丽场景，新闻媒体铺天盖地地报道和渲染。之所以如此，不仅仅因为"高考"是我们从中等教育上升为高等教育的一次考试，更因为在中国现有体制和政策之下，高考发挥着促进社会分层和实现社会流动的社会作用。"高考"在中国主要起着"筛选"和"过滤"的社会功能，被称为目前最公平的社会筛选机制之一。"高考"承担着太多人的梦想，亿万学子希望能够通过"一纸考卷"改变自己的人生命运，挤入自己的理想大学，尤其是农村的寒门学子，寄个人、全家乃至全族的希望于"高考"。

本研究的三个研究对象都经过了挤"独木桥"的悲壮场面，获得了理想大学的入场券。无论他们经过的这个过程是否艰辛，都是将自己的文化资本成功兑换了上大学的入场券，他们所具有的文化资本就是入场券的成本。当然，拿到入场券是为了获取更大的收益，Ivan Illich（1992）认为，大学之所以能够狐假虎威是因为他的文凭能够得到社会的认可。[1] 这也就是我们甘愿花费我

---

[1] ［美］Ivan Illich. 非学校化社会学［M］. 吴康宁，译. 台北：桂冠图书股份有限公司，1992：57-67.

们文化资本的根源。

我经历了三次高考，历经三次生死一样的考验，现在想起来还有些焦虑。高考已经结束三年多了，但是夜间时常做梦梦到在高考，这三次高考对我的影响很大。当时之所以如此执着，是因为想证明自己是行的！因为我学习一直挺好，一般都在全年级前三名，最差时候是第五名，可是第一次高考发挥失常，自己给自己的压力太大了，只是考上了河南大学，我们当时河南考生是90.5万人❶；紧接着复读了一年，每次月考、段考都是我们当地的第一名，可是到了高考，压力巨大，依然没有发挥好，当时考场上几乎要放弃和绝望了，成绩下来依然是530分，和第一年一点都没有变化。第三次高考，我一切都想开了，当时想如果考上了好大学就去，否则就去干别的了，心情特别轻松，最终考出了全县第一名的成绩。接到通知书时，心情没有多大的起伏，没有像范进中举一样忘乎所以，而是很平静，感觉这一纸通知书来得太迟了！当然也正是这一张纸才能够证明我还有才华。（贺鹏）

经历了高考，人生才算是完整的。在全力以赴准备高考的过程中，我经历了成绩的波状起伏，内心有焦虑、担心、恐惧、喜悦和兴奋。而我爸妈也跟着我一起有过这种不同的人生经历，因为他们没有经历过高考，这次比我还紧张、担忧和兴奋。当时，我的分数在我们市里排20多名，很多学校都可以上，我当时在北师大、同济大学和复旦大学中选择了北师大，分数足够了。（营营）

我的学习成绩不算是最好的，但是考上了我们当地最好的高中——本溪一中❷，也算是辽宁省最好的，但是我没有分到"奥赛班"，去了普通班级。在普通班里前三四名，没有进奥赛班挺遗憾和愧疚的。在模拟考试中考到了年级的前40名，我有资格通过自主招生上大学了，首先通过交材料，来大学笔试和面试，最后参加高考，这样的话比普通学生高考低20分录取，当时报考北师大约有15个同学，最后只录取了包括我在内的

---

❶ 数据显示，河南省2008年高考人数为90.5万，2009年95.9万，2010年95.24万，一直居全国之首。

❷ 本溪市第一中学创建于1945年，1960年被辽宁省政府命名为辽宁省重点中学，1985年被定为辽宁省"试行向高等院校推荐和保送优秀毕业生办法"的重点中学。在2010年全国省级重点高中排名中，本溪高中排第31位，辽宁省第2位。

两个人，我当时发挥得还算是一般，压着线进来的。（小卢）

从我对三名研究对象的了解以及对相关资料的搜集，发现他们不只是过"独木桥"的高手，而且确实是"才子"。他们的文笔都特别好，能通过诗歌、散文表达自己内心的感受。据我所知，小卢曾经在大学获得过全国高校时事政治知识竞赛一等奖，营营在艺术表演、主持、播音等方面获得过多种奖项。我在小卢和贺鹏的QQ空间、人人网里搜集了他们的多篇诗歌和散文，如小卢空间里的《有时候》《面朝讲台，春暖花开》《再见》等，贺鹏空间里的《从李白到苏轼》《泪已尽 花已落 人亦去》《怎么可以不告而别》《相信未来》等；这些发自肺腑的诗歌和散文彰显了他们的才华。

（2）"不松懈"学习——暂且入席。

无论是通过何种方式取得大学的入场券，他们都具有丰厚的文化资本，不单单会考试而通过"高考"，上大学后他们的学习成绩也一直保持领先。学习，同样是他们获得学生干部岗位的优先资本。

每当进入一个更高的学习阶段，尤其是升入大学时，每个学生都将面临更加强劲的竞争对手。很多优秀的学生来到大学变得"不优秀"了，会发现来自全国各地的同学都比自己优秀，所以，曾经的佼佼者、领导者、香饽饽……在这个新的环境里未必仍然如此，不可能很轻松地得到自己想到的"席位"了，需要自己的资本置换，对于这个年龄阶段的学生来说，这个资本最主要的依然是文化资本。

> 从小到大能当上班长，主要原因肯定是因为我学习好。从小学开始，我基本上都是班里的前三名，初中一直是班里和年级的第一，到了高中，刚开始成绩有点不好，那也没有下过年级前五名，在班里也都是数一数二的，所以老师和同学都特别看好我，小学是指定我当班长，后来是选举我当班长。大学里，虽然不是只关注学习成绩了，但是要当班长学习成绩也得"说得过去"！我也一直没有放松学习，保持中游偏上的水平。（贺鹏）

> 在小学里没有带上"两道杠"❶就是因为学习不好，只是当了个小队长，但是干的却是班长的活。后来我不服气呀，发奋学习，不再不做作业，到了初中学习就"嗷嗷"的了，当上了大班长。大学里每次都拿专

---

❶ 少先队员的标志，按照少先队章程，在少先队中被全班同学通过投票选举出来的少先队队委在左上臂佩戴，"一道杠"是小队长，"两道杠"是中队长、中队委，"三道杠"是大队长、大队委。小队由七人到十三人组成，中队由两个到五个小队组成，大队由两个以上中队组成。

业奖学金，这是我做学生干部的"后台"。（营营）

　　我在进入大学之前没有当过班长，一直当团支书，还当过课代表和学习委员。老师对我的学习要求非常严格，我自己也认为作为学习委员和课代表，学习成绩得好，至少做课代表的那科成绩得非常突出。到了大学里，学习一直没敢放下，因为自己想当班长还想做更多的事情。在北师大，学习成绩是评价我们的最重要标准，保研、评奖都是要看成绩的，后来评的"十佳大学生"更是要看成绩，所以我的成绩一直都保持在前面。（小卢）

　　由此可见，对于领导力培养机会的获得，对学生干部岗位的占有，仅仅拿到"入场券"还是不够的，还要让文化资本继续发挥作用，才能够在班级场域和学校场域获得一席之地，获取"入席券"。

　　2. 经济资本：本场"游戏"的筹码

　　经济资本，在本部分主要是指影响大学生生存、生活以及交际方面的物质因素，例如，大学生的家庭条件，大学里的学费、生活费、通信费和社交费用等。因为这些物质因素都会影响到大学生作为学生干部对自己的规划、惯习和行为策略的选择，以及团队领导的策略等。经济资本，被视为本场"游戏"的筹码，对其占有度将直接决定着占有者对个人发展和所钟爱事业的投入程度。

　　从三名研究对象来看，他们所占有的经济资本有较大差别，最终所担任的学生干部角色也有所不同。

　　从来没有为花钱的事情发愁过，一般是要多少，家里就能给多少。上大学时，妈妈每学期给我卡上打5000的生活费，不够了再要。大三之前每个月平均得1500，上了大四就更多了。主要用于各种同学聚会，还用于电话费和出去玩以及请客吃饭交朋友方面，电话主要是联系同学，转发各种通知等，每个月得100多块。我经常请客吃饭，班委会开会，我经常自掏腰包给大家买零食和水果。爸妈都很支持！（小卢）

　　我之所以有点才艺，会点乐器，是因为我爸妈特别舍得给我投入，对我可好了，我想学什么他们都会给予支持的，小学看着学校有乐队，我就报名去学管乐，妈妈还给买了手风琴，我还学过两年的笛子、黑管，这些当时都花了挺多钱，现在看来对我的发展很给力。（营营）

　　上大学之前都是家里人给的钱，上大学之后，我自己立志不花家里钱，申请了国家助学贷款，平时出去做兼职、做家教赚钱养活自己。大一和大二的时候课程不是很多，我利用课余时间挣了两万多，满足了自己所有的开销，还能贴补家用。在学校里是比较节俭的，衣服也很少买，一个月的费用大约有600块钱，我还给自己制订了每个月存400块钱的计划，想大学毕业能够还上国家助学贷款。（贺鹏）

所占有的经济资本不同，对其岗位转化成的时间成本也会不同，自己经济方面比较充裕的，没有经济后顾之忧，可以把更多的时间投入学生活动中去，有更多的机会做更高职位的学生干部。相反，经济条件较差，要把更多的时间投入做兼职赚取生活费中，对学生工作投入的时间肯定少很多，机会就丧失很多。小卢和营营的家庭条件较好，每个月都有充裕的生活费，减少了在赚取生活费上的时间成本，相反，可以利用其充裕的时间去学习、交流，提升领导力。正如小卢所讲：

"之所以能够最后做到学生会主席，与我从大一当干事、大二当部长、大三当副主席，一直在里面全心全意的'熬'有直接关系！"

小卢在学生活动中投入了大量的时间成本，这些时间成本本身是经济成本的一种转换，是最终获得竞选资格，成为学生会主席的重要"筹码"。相反，贺鹏的经济条件就差了很多，也导致他不可能像小卢和营营一样在学生会这个非常忙碌的组织里做四年。营营早期占有的经济资本转化成了更丰腴的文化资本，父母对营营兴趣的拓展投入了大量经济成本，最终转换成了文化资本，在营营接下来的"入席"中发挥了不可替代的作用。

从被访的三名研究对象中发现了一个现象：小卢和营营生活费的一个主要去处是请客吃饭，大约能占到每月生活费的四分之一，有的月份能到达一半以上；而贺鹏的请客吃饭费用所占比例较少，有时两三个月一次，甚至一学期才参加一次聚餐。这说明充裕的经济资本对小卢和营营经营、维系和扩大自己的人际关系有很大的优势，同样，经济资本的优势更有利于在维系关系后便于领导团队，实现组织目标，利于领导力的发挥和进一步塑造建构，形成一个良性循环。另外，小卢每次在召开班委会时都自掏腰包给大家买水果和零食，其实这些都是团队领导形成合力的一种有效策略，经济资本在该策略中发挥了较大作用。

3. 社会资本：使入场"锦上添花"

社会资本的研究始于社会关系网络，主要是指通过社会关系网积聚起来的资源总和。社会网络分析的中心概念与社会资本研究所关心的问题存在很大程度的交叉,在某种情况下,经常把社会关系作为社会资本。❶ 科尔曼(Coleman)认为,社会资本主要存在于人际关系网络结构之中,表现为义务与期望、信息网络、规范与社会组织等。本部分将着重探讨作为社会资本的社会关系对大学生入场和入席的影响。谈到社会关系,不得不提到费孝通先生提出的"差序格局"❷,主要是讲我们的社会关系如同一块石头抛入水面所激起的一圈圈推出去的波纹,我们每个人都是这个圈子的中心,波纹所推及的地方就是社会关系所到之处。我们从小就受到注重社会关系的维系的影响,逐渐成为水中的一圈波纹。社会资本的理论告诉我们,通过人与人之间的关系网络,个人不仅能够支配自己的资源,也能够通过这种关系获取其他的资源。也就是说,社会关系作为社会资本有助于实现个人或者团队的目标,能够让我们的努力"锦上添花"。

学校是社会关系的一个汇合点。学校里产生的一些重要社会关系包括教师与学生的关系、教师与教师的关系、学生与学生的关系、学校同所在社会之间的关系等。❸ 关系是人们获取利益的一种手段,或者可以说,关系是一种配置资源的手段。通过对三名被研究对象的深入访谈,发现社会关系都对他们入场和入席以及领导力的建构起到了不可忽视的作用。

> 我爸爸是我们村小学的校长,说实话,我之所以上小学一年级就被老师指定当班长,除了我学习好的原因外,很大原因应该归于我爸是校长。这是一种潜在的原因,老师虽然不说,我猜肯定有这方面的原因,老师们平时都特别关注我、照顾我。我到了初中时候,我大姐是我的班主任,他也让我当班长,鼓励我好好干,我也不好意思不好好干,不能给她丢人。在小学和初中就积累了当班长的经验,到高中我就主动去竞选了,再加上和大部分同学关系都很好,因为自己曾经干过班长,有经验。(贺鹏)

贺鹏领导力的建构与其早期占有的社会关系是分不开的,他父亲是他所在小学的校长,按照中国人的社会关系网络结构,他的老师势必对其格外关注和

---

❶ 庄西真. 学校行为的逻辑——关系网络中的学校 [D]. 南京:南京师范大学博士学位论文,2005:12-14.

❷ 费孝通. 乡土中国·生育制度 [M]. 北京:北京大学出版社,1998:24.

❸ 庄西真. 学校行为的逻辑——关系网络中的学校 [D]. 南京:南京师范大学博士学位论文,2005:9.

照顾，让他做个班长，经常在校长和其他老师面前表扬一下都是情理之中的。在老师们的无形关照之下，贺鹏的个人领导力和团队组织领导力都会得到培养。另外，初中时期，姐姐是自己的班主任老师，在家是"姐姐"，在学校是"老师"，"姐姐"与"老师"两个不同的身份集中在一个人身上，施加到同一个对象上，很难做到"公私分明"和"场域界限清晰"。同样，初中阶段的其他老师也会看在他姐姐的"面子"上不自觉地给予贺鹏关照。小学阶段在父亲的圈子里，初中阶段在姐姐的圈子里，最终都会成为贺鹏本人的圈子，成为他建构领导力的社会资本。

> 能上北师大，能通过自主招生来到这里，我得感谢我的高中母校。我的高中很牛，是我们辽宁省最好的高中，这所高中有资格通过自主招生保送我们上大学，如果我在一所普通高中不一定能上北师大。我感觉和别人处的关系都挺好的，尤其是和老师以及学长们，他们都特看好我，主要是我是好人吧。我能当上校学生会主席主要是主管我们学生会的老师以及上任的主席看好我，认为我靠谱，做事让他们放心，之前很坚定地跟着他们做事做了三年，他们保我当了主席。院系和校团委的老师都很看好我，支持我。（小卢）

小卢领导力的真正发挥始于大学阶段，但是，支持他顺利进入大学阶段的社会资本可以归于他的高中学校，因为高中是省重点中学，有通过自主招生保送高中生上大学的资格，有比其他同学进入大学低20分的优势，这就成了小卢入场的社会资本。入场后，小卢抓住早到学校几天的优势，多给老师们帮帮忙，留下深刻印象；同时在日常生活中取得了师生的信任，扩大了自己的交际圈子，充分利用了自己所占有的社会资本，在这个场域中争得了有利位置。

关于小卢在大学之前没有担任班长的问题，他给出了这样的答案：

> 我们当地初中、高中当班长和其他学生干部，非常重视的是学习和背景，我们当时的班长背景比我硬多了，家庭条件特别好，经常给老师送礼。我当时被同学们选上党员了，最终因为没有硬的背景被老师给撸下来了。本来我是第一的，最终是让班长和一个女生当选了。

小卢在大学之前就意识到了社会关系对其发展的重要性，自己没有当上班长，没有被选上党员，主要的原因都是自己没有足够的社会资本，或者说是"关系"。大学之前因为社会资本稀缺而受挫，所以入大学后非常重视社会资本的积累和社会关系的扩展。

第六章 大学生领导力建构发展

> 我是个比较幸运的人,感觉走到哪里都有贵人相助,别的不说了,上了北师大,见到的第一位老师是我的班主任。巧合的是,他是我们吉林老乡,还是同一个市的,我爸爸认识的一位北师大老师和她关系也挺好的,开学前就在一起吃过饭。开学后,班主任老师就比较照顾我,开学典礼上推举我作为新生代表发言,给老师和同学们留下了深刻的印象,我也顺理成章地成为班干部,后来逐步成为学生会的主要负责人。(营营)

营营将自己入席的社会资本归结于她的班主任是她的"老乡"。根据《现代汉语词典》的解释,老乡是指同乡,是指和自己在同一个地方出生或者长大的人,"老乡"的范围并不固定,可大可小,比如,在市里,同一县的人算作老乡,在省里,同一市的人算作老乡,在其他省市,同一省的人算作老乡。"老乡"在我们国家是个特殊的社会关系,一句"老乡"就拉近了疏远的生活中和茫茫人海中情感的距离,是费孝通先生所讲的"差序格局"中的一圈,我们大部分人都有"老乡"情结,俗语中的"老乡见老乡,两眼泪汪汪"就是最好的例证。这种情结同样是重要的社会资本,使其在同等条件下具有很大优势。

营营在刚开始上大学时只是注重了和老师关系的维系,而忽略了同学关系的相处,所以很多时候办事并不顺利,在她的一篇博文中看到了如下文字:

> 想问个问题,现在这个世界上到底凭借什么来评判一个人,他们给我的答案令我惊讶不已。"你不是能力不足,而是你关系没有处好。"这个答案太出乎我意料了,我已然活了20年,却方知这一道理。
> ——营营《心情不爽,随便发泄……》(2010-11-03)节选

因为有了关系处理不好而尝到苦果的教训,所以在以后的日常生活中非常重视各种社会关系的维系和扩展。最终,能够顺利入席,把团队带得非常出色。

三位被研究对象都有自己独特的社会资本,能够顺利入场、入席,在这个场域中争得了一席之地。当然,如果没有这些社会资本,他们也可能能够入场和入席,但是有了这些社会资本对于处于场域边缘上的人可能是"雪中送炭",对于已经入场的人就是"锦上添花"。

人们的关系是一个随着主观努力而不断延伸的过程。三位被研究对象入场和入席之后,都充分利用个人所占有的各种资本,包括文化资本、经济资本和社会资本,继续扩大自己的圈子,延伸自己的关系,继续积累自己的社会资

本，使其为自己加固和提升在场域中的位置。

（三）学校场域：在场状态

美国社会学家戈夫曼（Erving Goffman）发展了符号互动论，提出了"拟剧理论"，把社会比作舞台，把社会成员比作演员来解释人们的日常生活，最早提出了"前台"（on stage）和"后台"（backstage）的概念，是指舞台的两个不同的场景，并用"表演"（performance）"脚本"（script）"前台"（front）与"后台"（back stage）等概念构建其理论体系。❶ 本部分主要借助戈夫曼的拟剧理论讨论学校场域中的"前台"和"后台"大学生领导力有哪些特征，大学生领导力在"前台"和"后台"是如何被建构的，在"前台"和"后台"中，被研究对象是如何利用在场的资源实现自己的目标的。

1. 具形化前台

"前台"即为舞台，是舞台中灯光打亮之处，是在观众面前高度受监督且乐于按程序铺陈开去的场景。前台是由制度、规范所规限的控制之所。❷ 使用灯光是为了引导观众前来观看。在学校场域中，相对于课外来说，正式的课堂教学是"前台"；相对于宿舍，教室是"前台"；相对于同学的简单交往而言，师生关系是"前台"……本研究所指的"前台"专指展现在师生面前的正式活动场景。本节主要讨论前台的角色特征有哪些，角色在台上是如何表演的，角色如何利用自己所占有的资源。

（1）"做个好学生"：日常生活的追求。

"努力做个好学生"是中国学生一直以来的追求，有较长的可追溯历史。从新中国成立以来说起，1953年，毛主席提出青年们要身体好，学习好，工作好。"三好"一经提出，很快就被套用进教育方针。1955年教育部公布的《小学生守则》和《中学生守则》的第一条，就对学生提出了"努力做个好学生，做到身体好，功课好，品行好"的要求。自此，"三好学生"的评选活动开始在全国上下大张旗鼓推行。1963年，全国各级各类学校统一开展了"学雷锋、争三好"的活动。1982年，教育部公布《关于在中学生中评选三好学生的试行办法》，规定"三好学生"的标准是：思想品德好，学习好，身体好。2001年，教育部还规定，高中阶段被评选出的"三好学生"按当年毕业生万分之一的比例评选并确定优秀学生，享受普通高等学校的保送生资格。因

---

❶ [美] 欧文·戈夫曼. 日常生活中自我呈现 [M]. 北京：北京大学出版社，2008：8.
❷ 刘云杉. 学校生活社会学 [M]. 南京：南京师范大学出版社，2000：177.

为此类种种社会效应以及各种利益的诉求，争当"好学生"逐渐成为我们日常生活的追求。

"做个好学生"基本标准的场景是在"前台"，至少是在舞台灯光打到的地方是个"好学生"，同样得被舞台上的角色评价为"好学生"。三位被研究对象同样是"好学生"的追求者，是在"前台"对自己严格要求的学生，是师生心目当中的"好学生"。在小卢大学一年级的一篇日志《面朝讲台，春暖花开》中写道：

> 从明天起，做一个学术的人
> 听课、记录，周游书海
> 从明天起，关心讲义和教材
> 我有一份决心，面朝讲台，春暖花开
> 从明天起，和每一个学霸自习
> 我会努力成为一名好学生

从小卢的这首小诗中感受到，小卢对自己严格要求，要好好学习，有努力成为一个好学生的决心，在他的眼里学习好依然是大学生成为好学生的最重要标准。在采访中，小卢回应了这首小诗，他说：

> 因为当时是大学一年级，感觉大学应该和高中差不多，一定要学习好！后来在做工作的过程中有了更新的感受和领悟，要成为一个好学生，不只是在大家面前是，要时刻是如此才行，做个好学生，首先要做个好人，'己所不欲，勿施于人'，尤其是做学生干部，做领导更是如此。

营营对"好学生"的问题这样评价自己：

> 我一直是老师和同学心目中的好学生，以前是因为自己学习好，老师喜爱，同学敬重；到了大学里光是学习好不行了，这个不是最主要的，得全面发展，得很努力地通过做各种事情展现自己。学习上脑子不好使，就得多用功，刻苦点，做事上没经验就要多用心、虚心向别人请教，把握住各种机会取得别人的信任和好评。

"好学生"在我们现实社会条件下最主要的标准是学习好，该项标准是通过成绩来衡量的，比较好操作，而其他标准是比较难操作的，尤其是本文研究的领导力。对于大学生，尤其是学生干部，领导力应该纳入"好学生"的标准之中。虽然学校教育已经成为一个对人进行加工、使其适应于早计划好的世界（planned world）的有计划过程（planned process）。❶可是国内学校教育，如今还没有将领导力培养纳入教育目标，只是通过一些项目或者社会实践活动夹带着培养，并不系统和成体系。

这三名研究对象的老师对他们是"好学生"有更广义的理解，对他们作为一名"好学生"都有着较高的评价。

> 小卢是个好学生，做事情非常踏实，让人很放心，人缘比较好，能够和同学们相处很好，经常能够急人所急，做班长能够让班级非常团结，现在做了学生会主席，那么忙，班里的事情也没有落下。（小卢的班主任老师）

> 营营是个很棒的学生，多才多艺，各种活动都少不了她，不管是在班里还是在院系里都能够吃得开，是学院的学生会主席，老师和同学们都比较喜欢她，科研能力也比较强，思维常常具有创新性，是我的好帮手，保送读我的研究生，有很大的潜力。（营营的导师）

> 贺鹏是个很好的学生，农村孩子，朴实敦厚，做事非常有毅力，对自己要求非常严格，规划能力和执行能力都比较强，作为我班的班长，能够把我们班带得如此团结，还做了很多公益活动，班级也拿了很多集体奖，他有很多的功劳，和班级同学关系都很好，也是我们班里最早入党的。（贺鹏班主任老师）

三名被研究对象在"前台"都得到了认可，从访谈中可以发现，老师们对其作为"好学生"的评价很少提及学习方面，主要是围绕做学生干部的经历以及处理同学关系方面而谈论的。评论者是被研究对象的班主任老师和导师，对"好学生"的定义不只是局限于学习，在某种程度上对学生的日常生活追求有了引导，更加注重学生领导力的评价和塑造。

（2）"我要成为他"：自我领导的榜样。

大学生领导力一个很重要的方面是大学生对自己发展的规划和目标实现的能力，也就是自我领导的能力。作为一名积极上进的大学生，自我领导力是基本能力，因为这是大学生职业生涯必须具备的能力。能力和知识的提高可以有多种途径，比如"读万卷书，行万里路，阅无数人……"读万卷书，行万里路自不必说，阅无数人，在这里可以指学习身边的或者已知的榜样，这是比较

---

❶ [美] Ivan Illich. 非学校化社会学 [M]. 吴康宁，译. 台北：桂冠图书股份有限公司, 1992: 38.

直接的途径。

德国哲学家哈贝马斯认为，如何看待自己不仅取决于如何描述自己，而且也取决于人们追寻的榜样。自我认同的同时，也取决于人们怎样看待自己和打算怎样看待自己，人们把自己想象成什么样的人，依据什么样的理想来规划自己及生活。❶ 自我认同，很重要的一方面是榜样的示范作用，自己要成为什么样的人，取决于他所追寻的榜样。

三位被研究对象在关于"大学里谁对你个人发展有较大影响"的问题中，他们都兴趣盎然列举了自己的榜样，一再强调当时对某个榜样（名人、老师、学长）特别崇拜，期望有一天通过自己的努力能够成为他。

> 在大学里面，班主任对我的影响最大，影响是多方面的，真正体验到了榜样的力量是无穷的！最主要的影响方式是言传身教吧，看到他的博客，看到他努力工作的身影，听到他的故事，参加他组织的活动，你就会发现，这才是真的领导力啊！我经常想，我啥时候能够组织一场和他一样棒的活动呀，比如说，我们创立的四叶草，在成立过程中，我已经记不清我们开过多少会了，讨论了多少的细节了，他基本每次都到会，会把所有的细节都想到，有些事情他也会亲自上阵，对我们的督促也是很勤快，更大的是启发、引导和鼓励，虽然工作千头万绪，但是都是有条不紊，这才是真正的领导力，这件事对我的影响很大。（贺鹏）

> 我崇拜的对象可多了，俞敏洪、李彦宏，还有我的诸多老师……因为他们都有一种精神和很多优秀的品质，一种改变自己、改变社会、证明自己价值的精神；优秀品质更多，比如博学多才，有社会责任感……将来我要做教育方面的培训，成为他们那样的大企业家。（营营）

> 对我影响比较深的应该不是具体的某个人，而是很多优秀人的集合体，比如上届学生会主席，她一个小小的女生，能把学生会这么大的一个学生组织带得这么有活力、有干劲，一个如此官方的学生组织变成一个像家一样的组织。一个历史系的师兄，知识渊博、思想深邃，还能讲课，而且讲得特别动听、有魅力；一个直系师兄，平时总说不学习，但是学习特别高效，担任学生会主席，学生活动风风火火，最后还保上了北大读研究生；院系的大部分老师，对学生视如子女，和学生打成一片，对学生无微

---

❶ ［德］尤尔根·哈贝马斯. 对话伦理学与真理的问题［M］. 沈清楷，译. 北京：中国人民大学出版社，2005：68.

不至地关心，如果没有这些榜样，我可能现在不是这个样子，可能是急功近利的一个人。正是这些榜样，我努力地去追赶，最终算是成为他们中的一员，我也当了学生会主席，而且做得还不赖，我也拿过知识竞赛的一等奖，最后我也保送读研究生了。（小卢）

在贺鹏2010年9月7日的日志《辅导员，我"恨"你》和2012年5月4日的日志《我和班主任那些不得不说的二三事》里叙述了班主任很多值得他学习的地方，比如如何为人处事，如何做一个优秀的领导，如何培养自己的毅力……其中，第一篇日志中还用了一句话进行总结"他在我的人生旅程中留下了深深的烙印，值得我去细细琢磨和认真反思，希望有朝一日能成为他，或者要比他还强。"在小卢2012年7月3日人人网上的一条状态这样记录到"大一的时候你对我说，身为一个班长手机要24小时开机，当时的我特委屈。现在两年时间眨眼而过，在这两年里，你教会了我太多太多，谢谢有你，期待两年后我也成为你，加油！！！"这是写给他的班主任助理❶的，他也希望有一天能够像师姐一样担任班主任助理。

三位被研究对象视"他者"为自我领导的榜样，将众多榜样的优点集聚于一身，学会了学长高效的学习方法，掌握了老师纯熟老练的做事风格，树立了名人渴望成功的愿望。总之，三位被研究对象的领导力受到了"他者"的建构。

（3）"协调好角色"：团队领导的关键。

"前台"的表演赋予个人角色，角色是个人在惯常的场景中所建构且认同的行为模式与认知态度。角色塑造着自我，同时也成就了自我。❷ 根据维基百科的解释，团队是为了实现某个目标而由相互协作的个体所组成的群体。在团队中由员工（下属）和管理者（领导）构成，在这个舞台上，各个成员有各自的角色，协同工作，最终实现目标。在团队中，领导者的主要职责是组织、指挥、协调和监督下属人员完成任务。那么，在大学生组织的活动当中，学生组织与政府机关、企事业单位、项目组织等团队相比，并不是正式组织，学生之间没有上下级的关系，都是平等的，所以大学生领导力不在于指挥和监督，

---

❶ 学校每年会选聘大三的学生担任大学一年级班主任的助理，主要职责是协助大一新生班主任指导和管理新生，这里的班主任助理是小卢的师姐，因为小卢是班长，与班主任助理接触得比较多，经常受其指导，因此发生了以上故事。

❷ 刘云杉. 学校生活社会学［M］. 南京：南京师范大学出版社，2000：178.

而在于组织和协调。

被访谈的三位研究对象,他们都认为在组织学生活动过程中,团队领导的关键是组织协调好各个角色,让各个角色发挥作用。

  团队领导中的领导者首先不是"刺头"而是比较圆滑的,因为要和组织中形形色色的人打交道,让他们帮助我完成目标。我更多的是起到润滑剂的作用,当然,一个具有较高领导力的人也必须让大家对其产生类似于"崇拜"的情结,做到能屈能伸,让组织的其他成员认可。(营营)

  在团队中,我比较倡导和谐的关系,不提倡级别,也不提倡年级这个级别,只是说师兄师姐就可以了。要办一场活动的话,不需要我有多大的才艺,更不需要我搬桌子搬椅子和租借场地,我更是个没有多少想法的人,我只要牢牢记住一点就可以,就是我要激发大家的干劲和想法,最终组织协调和做好分工的工作,可能最好需要提醒一下细节的问题。(小卢)

  班长这个活是非常不好干的,没有权力,就是个服务大家的职位。曾经组织一个出游活动,征集大家意见,最后发现大家选取的景点都不相同,非常分散。众口难调,要想办成这次活动,我最主要的工作就是协调了,最终达成统一意见,在获得绝大部分同学的同意后,找到其他同学向其陈述利弊,最后得到了他们的认可。虽然过程需要一定努力,但也算是圆满完成活动任务,大家玩得也很开心。(贺鹏)

被访谈的三位研究对象都认为自己虽是学生干部,但是并没有太大权力。其实不然,在舞台上,角色就是权力的中介,或者说每个角色都被赋予了一定的权力。学生干部能够组织活动,把大家召集在一起开会,并能够得到大家的认可,尤其是在没有统一意见的情况下被服从,这本身就是一种威信。角色与权力二者是相互塑造的。在场景中,如果将角色与权力二者协调好,会让二者相得益彰。角色使个人成为被高度监控的存在,不仅被瞬时外在的舞台情境、观众的喝彩所左右,更为内化的内容、角色认同所控制。[1] 在吉登斯看来,"权力"主要包含个体所具备的"转换能力"和互动过程中存在的"支配能力"。[2] 转换能力需要在行动者能动性与可能获取的资源相结合的条件下才能

---

[1] 刘云杉. 学校生活社会学 [M]. 南京:南京师范大学出版社,2000:179.
[2] [英] 安东尼·吉登斯. 社会的构成:结构化理论大纲 [M]. 李康,李猛,译. 北京:生活·读书·新知三联书店,1998:69.

实现。支配能力对资源具有依赖性，支配能力的大小取决于所获取资源的多寡。[1]对角色的协调，需要具备充足的资本，能够将资本最大化地转化成支配能力。

做好角色的协调工作是团队领导的关键，这种意识和工作方法并不是被研究对象与生俱来的，而是在后天的正式学习或者是潜移默化的环境中得到的。小卢讲，团队领导的很多方法，尤其是角色的协调，受益于小时候看过的各种电视剧，比如《楚汉传奇》，刘邦就是个无赖，但是很会用人，协调人际关系，最后靠着团队夺得江山；而项羽虽是个英雄，但是处理不好和团队的关系，不会用人，最后自刎乌江。贺鹏说，大学里当班长之所以如鱼得水，要归于自己曾经听过一堂清华教授关于团队建设的讲座，说清华之所以出了这么多领导干部不是因为他们多有才能，而是因为他们很会处理关系，协调好角色，激发下属出主意、想点子，最终自己拍板就可以了。

在"前台"，灯光打到的地方，日常生活的追求是"做个好学生"，在"我要成为他"的内在动机下激发了自我领导力，在种种外在环境的影响下，掌握了团队领导的方法"协调好角色"。

2. 无形化前台

在"前台"中，灯光打亮之处不只是指角色具体情境的表演，还指角色表演的"演技""脚本"等。从大学生视界看前台中的大学生干部对其情境的定义：他对自我领导和团队领导有哪些策略？他运用了哪些控制手段？控制是如何进行的？本部分将探讨这些问题。

（1）"鼓励和激励"：领导的有效策略。

领导，是指为实现某种目标对自己或者下属施加影响的一种行为或行为过程。施加影响的策略因组织的性质不同而不同，正式组织需要权力和制度进行影响控制，而非正式组织则需要非正式的手段进行沟通，相对更加灵活多样。大学生组织，如学生会、班集体，并非严格意义上的正式组织，不能单靠权力和制度进行制约。

本研究中的"领导力"是指"自我领导力"和"团队领导力"，通过深入访谈和资料收集，三名被研究对象认为，"自我鼓励"是自我领导的有效策略，而"激励成员"是团队领导的有效策略。从被访谈的三位研究对象来看，他们都是很擅长鼓励自己和激励别人的人，尤其是自己遇到困难时会给自己加

---

[1] 郭忠华. 吉登斯的权力观 [J]. 东方论坛, 2003 (4): 21.

油打气，与团队合作时会通过多种方式激励大家，影响大家。他们在日常生活中将其策略表现得淋漓尽致。

在小卢的QQ空间里，我收集到了几篇自我鼓劲的小短文，一篇是关于他刚入大学的，在《我的生活》中写道：

"我必须好好学习了，因为我要得奖学金，我要入党，我要保研，我要出国……"

这篇小文章写出了他对自己大学生活的美好期盼，想通过自己的努力，达到目标，通过文字来鼓励自己。在军训期间，他写下了《军训三天斗志坚》，给自己的军训生活加油鼓劲，对一个从来没有吃过苦的学生来说有这样的经历是很难得的。贺鹏，因为经历三次高考，有不同一般人的经历，所以他有更加坚强的毅力和韧劲，更是会鼓励自己。在走访他家庭的过程中，发现他曾经的卧室里依然悬挂着"拼死拼活，要上大学"的条幅，他母亲讲到"这娃很有毅力，很争气！"他在高考前写了很多自我鼓励的小文章，很是能够激发斗志。在他的博文中看到了写于高考前后的《加油》（2007-08-12）、《再战我一定胜利!!》（2007-09-16）、《成功》（2008-03-11）、《努力吧!!》（2008-07-01），还有写于第二次高考失败后的《一定要坚强》（2009-09-26）。在他即将参加第三次高考时，他写下了这样一段文字。

从你落地的那一瞬间起，你就注定是不平凡的，世界从此因为有你而改变。要时刻谨记你与别人是不同的，你注定是一个干大事的人。为了将你培养成一个真正的英才，上苍授予你磨砺，给予你优秀的品质。因此你的道路变得不再平坦，布满荆棘，纵满身鲜血，不要低头，不要屈服，更不要退缩，记住这是你通往成功之路必须经受之磨炼，从来没有不劳而获的事情，从来没有。……故天将降大任于你，必先苦你心智，劳你筋骨……前方的道路很漫长，但这不能成为你畏缩的理由；前方的道路很漆黑，但这不能成为你放弃的借口。……当你拖着沉重的步伐再迈出哪怕一小步的距离都异常艰难而想要放弃的时候，告诉自己，再坚持一会儿，就一会儿。——《高考前鼓劲》2010-04-16

最终，贺鹏自我鼓励帮助他走向了成功，历经三次高考，以一个胜利者的姿态迈入了大学的殿堂。无论是学习还是担当学生干部举办活动都需要自我鼓励。营营在举办一次大型活动前写下过《小小随笔》（2010-10-21）。

举办这次大型活动比较焦虑，有好多事情要做，心情极其郁闷，甚至有的时候偷偷掉泪，不想别人看到，我骂自己不坚强，有什么好哭的，我强迫自己保持着坚强的外表。我告诉自己选择了不许后悔，只有再接再厉，让事情做得更加漂亮才行。

在担任学生会主要领导时，她曾写下过这样一篇文章《我喜欢我的生活》（2010-11-26）来鼓励自己：

年级升了，学业重了，身份多了，压力大了。现在每天的休息时间十分有限，忙到晕头转向，但是我却觉得过得很充实，也很幸福。因为有责任在身，我必须要做到最好。渐渐地我喜欢上了每天跑来跑去，喜欢上了电话随时随地响个不停，喜欢上了回到寝室就大吵"好累好累"，也喜欢上了晚上累得我倒头就睡。

一次次经历，一次次自我鼓励，让他们不断地成长，他们的领导力不断地被塑造。团队的领导者自我鼓励成功，坚定了信念，算是成功了一半，还迫切需要做的是激励团队共同完成任务。三位被研究对象在这方面各有所长，把团队带得都特别有活力。

校学生会组织很大，上百号人要带，我带团队靠的是制度，注重每学期的评选优秀干事、优秀部长等，另外，对做事的大家进行鼓励和表扬，比如办完大型活动后，对活动进行总结，点出活动的闪亮点，顺便表扬大家做得得意之处，让大家感受到自己的价值和成就感。（小卢）

我带的团队可以说是嗷嗷叫，我们是全校最大的院系学生会，从一进学生会我就告诉大家我们是老大，做什么活动都要拿到第一，我们要为我们的荣誉而战。每次活动前，我很注重"站前动员"，大家很给我这个美女面子，啥事情都能给予配合。（营营）

我是把班级营造成家的氛围，我们没有等级，比如我们开班委会，都是圆桌会议，大家各抒己见的。我这个班长是为大家服务的，我一直倡导的是"我们是家里的一分子，都为这个家做点事情，我们这个家就会很幸福"，大家关系都很好，做活动啥的都非常为班级着想。（贺鹏）

三位被研究对象在激励团队的策略使用上可谓"八仙过海，各显神通"。小卢对校学生会的激励充分发挥制度的作用，通过制度树立自己的权威；营营借助自己最大院系学生会的平台激发大家的荣誉感，引燃了团队成员的青春热情,激励大家为荣誉而战;而贺鹏针对自己班委这个较小团队,打出"亲情牌"的策略,来激励大家为这个团队贡献力量。

(2)"规划和总结":成长的心路轨迹。

规划与总结是大学生领导力一个很重要的方面,是成就自我发展和团队有效领导的重要途径,是大学生领导力提升的一个策略。在收集到的材料和访谈中,三位访谈研究对象的成长心路轨迹被部分地展现了出来。

通过访谈了解到,小卢从小就擅长自我总结,经常写成长日记。过去的资料没有收集到,在高一开通的 QQ 空间里发现了他写的《回首 2007》,是在 2007 年 12 月 31 日写下的对自己一整年的学习、生活和交友等各方面的总结,非常全面。高二时写下了《高二——爱你别走》,记录自己高二的幸福生活,反思了高二的得与失。在高考的前一年里写下了《还有 309 天就要高考了!!》,列出了自己各个阶段的目标——"近期目标:假期考试,前 35(稳定);中期目标:三模之前,前 30(提升);长远目标:人大/中国政法/北师大(胜利)"。到了大学里,小卢更是惜时如金,非常认真地规划自己的大学生活,有时候周末就是总结规划日。收集到了 12 月 28 日(周日)的日记《我的周末啊!……》,其中在总结过去一周时有种愧疚之情,因为这一周天气不好,除了上课,学生活动没有按照计划开展,耽误了他规划的进程,他将在下周弥补上周的"损失"。针对自己的学习总结也很多,尤其英语是他学科的弱项,他制订了详细的英语学习计划《从大一到大四,细细规划大学英语学习》,最后,他成功通过了学校各项英语考试,并且都取得了不错的成绩。小卢在过生日后,都不忘总结和规划自己的发展,在 20 岁生日的时候写过《今天我 20 了》,其中有这样的豪言壮语:"在接下来的十年中,厚积薄发,成家立业,希望到奔四的时候,治国安邦!"本科毕业后,撰写了上万字的《讨己檄文——大学四年心路历程》。小卢就是如此不断总结、不断成长的。

关于这方面的资料,在贺鹏的空间和博客上也收集了很多,涉及学习、生活、工作、假期总结等多方面的总结和计划,比如高二时候写的《期末考试》(2007 - 7 - 17)、高三时候写的《我退步了!》(2008 - 3 - 14),类似的文章都是对自己学习考试的深刻总结和反省。在第二次复读的年末写了一篇长长的总结自我的文章《长大》(2009 - 12 - 26),可以看出这个经历丰富的男孩变得成熟了、沉稳了。大学里写的总结和规划更丰富,每个假期前都会写下假期的计划去落实,假期之后还会进行总结,比如《2011 寒假学习工作安排》涉及读书、撰写论文、实践调研、锻炼身体和反思计划总结等方面,内容非常全面。实习期结束后也会写下总结,比如撰写非常深刻的《午夜里出壳灵魂的醒悟》,据说得到了实习单位领导的高度评价。

"这么年轻的小伙子,对人生和工作有这么高的觉悟真是难得!"

在情感方面,也有感悟的总结,比如《虽有动力,但突感孤独》。在访谈中,贺鹏讲述了他关于大学的规划。

在上大学开始的时候我对自己的大学生活规划很明确。大一上学期主要是适应一下大学环境,可以参加一些社团,体会一下大学生活;大一下学期主要是明确自己的目标,确定自己将来的一个发展方向,同时积极学好英语。大二,主要是积极准备自己在大一下制订的目标,做到有的放矢,平时的空余时间可以做些兼职或者实习。大三,主要是一个专业课的学习,因为大三的专业课程较多,空闲的时间也较少,所以重心还是放在专业课的学习上。大四,主要就是实习,因为在大一的时候我觉得自己毕业后直接工作的可能性大一些,所以当时的规划是直接到企业或者事业单位实习,毕业后直接工作。

营营表面上看是个大大咧咧的东北女孩,通过对其周围老师和同学的访谈,发现她同样具备非常优秀的自我规划能力,有着清晰的发展目标。在她仅有的几篇博文中,发现了《深思熟虑,终归初衷》这篇上万字的文章,她深刻地剖析了自己大学之前的梦想,描述了自己大学的种种经历,畅想了大学毕业后的抉择。她虽然现在已经非常顺利地保送读研究生,但是本科毕业前对自己的毕业去向有着明晰的规划,她讲述道:

大三结束,我立刻根据我的实际情况制订了相应的计划:

A. 2012 年 10 月初,由专业课成绩决定是否能够成功保送本校研究生。

B. 2012 年 11 月底,积极准备公务员考试,参加国家公务员考试。

C. 2013 年 4 月底,前两套方案不理想情况下,立刻出击找国企和外企的工作。

营营除了对自己的个人生活常常总结之外,还经常总结自己的学生工作。给我提供的材料中,我印象很深的是她写的一篇《又是一年"毕晚"》(2012-06-12),这是她在学生会经历的第三个毕业生晚会,记录了她从学生会干事到学生会主席的复杂感受,总结了她经历的三次毕业生晚会的优缺点,还提出了改进的地方,期待以后的师弟师妹做得更好。

从收集到的大量资料看出,三位被研究对象经常性的"总结和规划"已经成为他们在这个场域中的惯习,到一定阶段,做完一件事情,办完一次活动,都会有本阶段的总结和下阶段的规划,这些"规划与总结"构成了他们成长的心路历程。

(3)"真心和用心":人际交往的现状。

在日常生活的"前台",主要的"表演"是人际交往,三位被研究对象讲到,在这个舞台上表演的内在策略是"对人要真心,对事要用心"。之所以采取此策略主要有三方面的原因:一是为了在团队中树立自我领导的权威;二是为了取得更多人的信任,便于开展工作;三是为自己的发展争取更多的机会。

> 人际交往其实比较简单,只要你真心和用心,就会得到别人的信任,路遥知马力,日久见人心!刚开始做班长时,也有同学看不上我,比如有个班委开班委会总是和我对着干,当时想不通为什么。但我每次还是主动和他打招呼啥的,做事情为他着想,通过各种付出以及处理各种关系,逐渐地被他信任和佩服了!举个例子来说,写作业和你分到一个组,你得靠谱,得帮助别人,得按照分工完成任务,尽量多做些工作。还比如,有同学在外面不方便,请你拿个快递,我一般都会停下自己的事情,毫不犹豫地去帮助他们,一些小事就让大家逐渐对我很信任,认为我很靠谱,做啥事也都会想到我。(贺鹏)

> 人际交往中,真诚是最重要的,能有幸做到学生会主席,除了机遇外,最主要的是"真诚待人"。待人接物要说实话,办实事。活动要踏踏实实去做,不要自我粉饰,更不要粉饰学生会。(小卢)

> 有人批评我,不要什么事都总笑嘻嘻的,让人觉得不靠谱。可是我觉得笑是我的招牌,我的不淑女,是因为我外向开朗,感情表达很直接,不藏着掖着,会让别人容易了解我的心情,不会让大家辛苦地揣测。笑就是笑,哭就是哭,高兴就是高兴,生气就大胆地生气。这是本真的我,真诚的我。——(营营《做人难,做女人难》2010-11-29)

"真心对人,用心对事"是三位被研究对象在无形化前台表演的策略,这八字方针让他们的演技超出一般人水平,逐渐成为他们表演的惯习。通过种种策略和自动生成的惯习控制着整个"前台",使自己的角色始终保持着有利位置。

3. 持续性后台

学校场域的"后台"在哪里？宿舍相对于教室，是学生生活的"后台"。推而广之，后台在操场、在洗手间、在校园监控之外的空间与时间里，即灯光未打到的地方，监控目光看不到的地方。❶ 在"后台"，角色可以从规则、制度等监控中逃离出来，可以更多地呈现本我。从三位被研究对象的"后台"情况来看，他们继续延续着"前台"的表演动作和演技，他们充分利用"前台"结束后的空隙，在"后台"继续塑造着他们的领导力。为此，我们把他们的"后台"称为"持续性后台"。本部分将探讨三位研究对象在"后台"是如何抓住时机提升自我领导和团队领导技能，以及如何继续积累资本的。

（1）"不断练功"：提升自我领导力。

我们已经进入了学习型社会的时代，知识更新迅速，信息量巨大，创新频率加快，对人的素质要求越来越高，这是时代的特征。对于当代人，要想在"前台"表演得更好，在场域中占据一席之地，就应该在"后台"不松懈，不断地提升自我，犹如练功一样，"台上一分钟，台下十年功"。三位被研究对象都十分清楚这个道理，尤其是自己不是学习管理专业的，而又要做学生干部，要补充一下管理、领导方面的专业知识，实际上是文化资本的积累过程。

在贺鹏的博文中发现了多篇关于培养情商、学习管理、如何用人等方面的文章，这些文章都是转载学习别人的，比如，《怎样才有好人缘》《想成大事的人必须学会的人生第一堂课》《史上最会用人的皇帝》《终生受用的十大经典管理理论》《失败的人只有一种，就是在达到成功之前放弃的人》《一个男人关心的东西，决定了他的层次》……他不但认真阅读了这些博文，还对其经典之处进行了评价，很多内容已经内化或者是运用到自己的学生工作当中了。

同样，小卢的博文中也转载了大量类似的文章，如《中国饭局里的潜规则》《俞敏洪：大学里要做的四件事》《这些话也许是你一生都在寻找的》《我永远铭记三毛的100句》《一天看一遍你就会改变》《20岁了你可以长不大，但是要牢记这40句话》《爷们必看的东西，女生勿入》《每句话都可以品半辈子》……在他看来这些经典的文章经常拿出来品读，工作过程中会适当运用。

在三名被研究对象的"人人网"上发现，他们都对"每天一点小知识"的博主加了关注，转载了里面较多的文章，多是管理和领导方面的知识，如

---

❶ 刘云杉. 学校生活社会学 [M]. 南京：南京师范大学出版社，2000：231.

《领袖人物的16个特征》等。三名被研究对象在深度访谈中,向我叙述了他们在课余时间为了提升自我领导方面的能力所做的一些努力。

经常去听讲座,学校里面的资源很多,我也经常到清华、北大去听。讲座是多方面的,感兴趣的都去听,人文方面的、思想方面的等,想近距离的去感受一下主讲人的魅力,激发一下自己的斗志,树立一下自己的榜样,丰富一下自己的内涵。另外,课余时间做智联招聘的实习兼职,负责接待和日常宣传,大大提升了我宣传能力和协调能力。(贺鹏)

我印象最深的是,我在学生会当部长,感觉一帮子比我优秀的同学特别难管,我听说有一个团队领导的拓展训练营,我当时花了一百块钱,到中国农业大学参加了一天的封闭式训练,一天中不但学习了一些领导方面的理论,重点是通过实战,让我学会了一些领导的技巧,后来在学生工作中,这些技巧基本上都被用到了。(营营)

当了学生会主席后发现自己身上有很多不足,有很多需要提高的地方,于是自己利用课余时间去主动学习。比如去网上查一些资料,看看大家是如何做的,有什么相关的理论我可以用的,借鉴一下别人的经验;我在担任学生会宣传部部长的时候还去听过相关讲座,当时想通过项目的形式领导、管理学生会,学完后尝试了一下,发现并不适合;最主要的是和其他高校学生会干部交流,参加团中央的培训,比如全国大学生骨干培训,都是"211"高校的校会主席,曾经去过武汉、澳门进行过交流,感觉学习了很多内容。(小卢)

可以看得出,三位被研究对象在"前台"的优秀表演,是建立在"后台"的努力之上的,他们利用"前台"休息的空隙,不断练功、不断充电、不断提升自我的领导策略。

(2)"回馈感情":强化团队领导力。

在"前台"的表演和作战,不只是一个人在付出,而是一个团队整体的力量在努力,所以,要继续保持团队的战斗力,不仅要关注"前台",更要关注"后台"。在"后台",所有人没有了角色,角色之间成了非正式关系,通过无形的感情来强化团队的领导是最好的策略。三位被研究对象在"后台"为强化团队领导做足了功课。

营营是个很感性的女孩,在这方面做得最好,基本上每办完一次活动都会通过短信、电话、微信、微博和博文等现代通用而及时有效的方式将自己的感

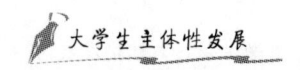

谢、安慰等多方面的感情传达给队员。例如：

> 丰丰，负责我们的节目嗷嗷成功……格菁，文艺部的大美人，毕晚的时候跪着放 ppt，我好心疼……班轩，文艺部里的唯一男丁，每次都冲在第一线……瑞英，名字不错，和播音员的一样，不过将来肯定比她厉害，最爱你的心直口快……阿依古丽，是我见过的超级美的维吾尔族人哦，最美的月亮，服饰大赛的时候特别美……陈筱，用独特的嗓音征服了所有人……上面的想法随想随写，所以很不全面，总结一句就是你们都太可爱了，太给力了，太爱你们了！——（营营《亲们，谢谢你们！爱你们！》(2011-06-27)

> 学生会和研会文艺部的同志们辛苦了，你们很给力！举办了一场很成功的毕业晚会。还有其他各个部门的孩子们，没有你们的努力也没有这么美的呈现，辛苦！——（营营《又是一年"毕晚"》2012-06-12）

以上是摘录营营两年所负责学生会毕业晚会后写的博文节选部分，从她长篇的博文中，我们感受到了她的真情，字里行间饱含着对团队每个成员的感谢、赞许、鼓励和欣赏，团队中的每个成员都被提到了名字，而且多是亲密的称呼，让谁看了内心都是暖暖的感觉。另外，在感恩节那天的微博上，看到营营的几句简短话语：

> 还说啥呀……太给力了，丰丰宝贝儿，谢谢你的卡片，本人稀罕得不行了，么……@丰丰——（营营《感恩节——很感动！》2010-11-26）

这是她的队员送给她的小卡片作为礼物，她收到之后立刻在微博上表示了感谢，而且迅速在网上进行了转发，还得到了很多的"好评"。一个很小的举动，一句很简单的话语，就拉近了她与队员之间的感情，这可谓是成本最低的团结团队的策略。

同样地，小卢和贺鹏也非常注重"后台"对团队的感情回馈，充分利用新媒体的作用，在举办完一场活动后，总是不忘用心写下博客，并转发给每位队员，例如：

> "最受本科生欢迎的十佳教师"评选结束了。这次活动，是你们第一次办活动，也是我们第一次在敬文讲堂办典礼式的活动。广举和我的压力很大，周五的活动，彩排过视频从周一开始，连续四天。各种细节的修改、演练、模拟，使需要播放21个视频的活动未出现状况。由于要排练，

丹晨特地让妈妈来送正装，辛苦阿姨了……子璇，不只平面给力，临时上阵，礼仪也很给力哈……奋杰、晨铭，你们俩是男生，所以也就是多媒体的主力哈……笑妍的主持稿写得很棒啊，速度快且好……扬眉太靠谱了，物资总负责，买的既便宜又好，安排大家运送物资及时准确……最后，当然是要感谢重量级的江师兄！创意、配音、审流程、审彩排、联系泽哥、电视台等。百忙之中还关切询问，不断提出修改意见，宣传部的孩子们对师兄很是崇敬佩服，我就更不用说啦……

——小卢《写在十佳后》（2012-04-21）

关于这个话题，小卢讲："学生会的组织规模很大，要做到事事关心、人人关心很难，我充分利用现在的新媒体来回馈大家，通过大家常用的人人网、微博和QQ空间发一些状态，表示一下感谢、慰问和鼓励。我平时很少在所有人面前露面，一般是办完大型活动了，他们开总结会了，我会去讲几句话，他们聚餐庆祝时，我会去喝一杯酒，让他们感受到我很重视他们！"

三位被研究对象在"后台"如此用心良苦地使用策略维系和经营着他们的团队，实际上是他们的权力在"后台"无形的对"前台"的"位置"发挥着控制作用，使自己的位置更加稳固，强化了团队成员之间的结构。

（3）"打成一片"：进一步积累资本。

资本，具有稀缺性。随着我们的成长，对资本的需求也会逐渐增加，需要不断地去积累。在学生时代，最迫切需要积累的是文化资本和社会资本，而且这是一个长时间不能间断的过程。至于经济资本，等待文化资本和社会资本积累到一定程度，步入工作岗位之后，经济资本自然会得到累积。因为文化资本在"'不断练功'：提升自我的领导"部分已经探讨过，本部分着重探讨学生时代社会资本的积累对领导力塑造的问题。

在前文已经讲过，我们把社会关系作为社会资本的重要组成部分，学校是社会关系的一个汇合点，在学生时代能够把学校里的社会关系积聚在自己身上，这些社会关系就可以作为"在场"打拼的社会资本。三位被研究对象在学校场域中担任学生干部的角色，三四年的时间成本换取了丰厚的社会资本，自己的圈子得到了扩展，他们都形容自己积累资本的策略是"打成一片"，不仅仅是与自己的同学和团队成员"打成一片"，更要重视与各类群体的人结成社会关系。

在学校里办一场活动，要协调很多部门，没有认识的人可不行。比如，我们刚举办不久的毕业生晚会，在毕业季，学校活动场地特别紧张，要能够得到学校审批很难的，怕审批不下来，和审批的老师不熟不行，我就找主管我们的老师，通过她给学校部门求情。有了场地，还得打扫卫生，得需要物业部门，因为之前办活动和物业经理比较熟悉了，每次办完活动都给她送个小礼物，她很高兴，我们就办得很顺利……要办一场成功的活动，得动用你很多资源，得提前和学校里各色人物"打成一片"。（营营）

  我在大学这几年里比较自豪的是，各个院系、学校各个部门，甚至是很多楼管大叔以及清扫大妈我都认识很多，而且都有他们的联系方式，我办点事给他们打个电话，都能得到援助。我常常被同学们称为"万人迷"，各类人等通吃，和所有能够接触到、用得到的人都能处理好关系，否则真是寸步难行呀。（小卢）

  颇有体会的是，有一次我班同学半夜病了，她自己去了校医院，虽然有值班医生，但是说看不了，不给开药，同学给我打电话了，我火速赶到了校医院，正好这个医生是我认识的，她一看是我的同学，也就不嫌麻烦了，简单化验了血，然后打上了点滴。我认识他，是因为我经常去校医院自己看病，过年过节我会主动送个小礼物，后来还给了我她的电话，一来二去就熟悉了。（贺鹏）

当谈到为何有和所有人"打成一片"的意识时，他们也都谈了切身体会：

  经历的活动多了，当办一场活动叫天天不灵，叫地地不应时，你就知道了"关系"和"人脉"的重要性，"吃一堑，长一智"吧，这算是教训！（营营）

  我是因为有榜样的作用，我的班主任老师就是个神人，不但是学校的各种人都认识、都熟悉，学校之外的人都认识，我特别羡慕，慢慢也就学会了，逐渐有了这种意识。（贺鹏）

资本的积累需要时间成本，同样也需要策略。"前台"策略作用的发挥，需要"后台"资本的积累，领导力的塑造正是在资本积累的过程中逐渐形成的。

  （四）学校场域：离场的选择

  场域中行动者的策略主要有三种类型：保守、继承和颠覆。保守的策略常被那些在场域中占据支配地位、享受老资格的人所采用；继承的策略常被那些新参加的成员采用；颠覆的策略则被那些不那么期望从统治群体中获得什么的人采用。三种不同的策略在场域中都可以被看作行动者对其资本进行的投资与转化，三种不同的策略将导致三种不同的发展轨迹：维持原状、向上运动以及向下运动。❶ 正常情况下，场域中的行动者都会将所占有的资本通过策略实现最大的价值，根据自己所占有资本总量的情况抉择是维持现状，还是离开"此地"，进入"高地"。同样，策略的运用、场域进出的抉择就是领导力建构重塑的过程。

1. 离开"此地"，到"高地"

从总体上看，在大学这个场域中，尤其是在临近大学毕业时，被访谈的三位研究对象所占有的资本总量高于一般同学，那么在将要离开这个场域时，三位被研究对象将会选择何种类型的策略呢？

> 本科毕业后的打算是继续读研究生，想走工作保研❷的路子。我一直在智联招聘做兼职实习生，工作过程中比较了解现的在市场行情，现在本科毕业找工作没有任何优势，很多单位入门的门槛就是硕士，很多还要求有工作经验，公务员也是如此，所以不得不继续读！可能正常保送有一定难度，学习成绩一般，但是走工作保研的路子问题不大。研究生读完之后就想工作了，进入社会打拼。（贺鹏）

> 本科毕业要去华东读研究生了，想走出北京去上海看看，在这里待了四年，再去上海待三年，比较一下。当然，到了华东也会选择去做学生工作的，当个学生干部，不一定当主席呀。研究生毕业了可能会选择回到北师大读博士，想搞学术，留在高校，像爷爷一样。也许会考公务员，感觉自己做个公务员还挺适合的，自己根红苗正呀。（小卢）

> 我本科毕业成绩还算优秀，加之对学校的环境和老师们非常了解和熟悉，就直接免试读本校的研究生了，算是顺理成章，也算是比较满意，我想将来要继续读博士，做课程设计方面的研究，最终留在大学当个老师吧……（营营）

---

❶ 张俊超. 大学场域的游离部落［M］. 北京：中国社会科学出版社，2009：147.

❷ 工作保研，是部分高校一种免试保送攻读研究生的途径，不同高校的条件不一样。贺鹏所在学校的条件主要有三条：一是学习成绩排名在本专业的前50%；二是政治面貌是中共党员；三是本科期间做过学生干部；四是英语成绩通过六级；五是有通过需求岗位部门考试和面试。每年大约有10名左右同学通过选拔，通过选拔后先在学校工作两年，然后免试读研究生。

三位被研究对象中，小卢成功保送华东师范大学的研究生，营营保送了北京师范大学的研究生，贺鹏通过工作保研的形式保送北京师范大学研究生，三位被研究对象无论是去华东师范大学还是留在本校读研究生，最终都是自己比较满意的结果。通过对整个社会环境的估计，他们认为，本科学历已经无法帮助他们在社会场域中占据有利位置，已经不具有资本优势。为了将来在社会场域中占据有利位置，获得更多资本，他们将继续深造，增加自己的资本总量，尤其是文化资本。小卢离开了北京，去上海求学，实际上是离场的"颠覆"，寻求不同场域环境的发展。北京和上海都是我们国家的一线大城市，一个是首都，一个是经济中心，都有很好的发展潜力，他到上海是为了比较和选择。离开"此地"，进入"高地"是他们在该场域中实施的策略，该策略帮助三位研究对象达到了一种"向上的运动"的发展轨迹，即将进入一个更高的场域，将现有资本投资或者转化到更高场域，占据发展位置。同时，他们实现了自己的生涯规划，实现了自我领导的目标。

2. 我们正在经历"本领危机"

随着信息化时代的到来，知识更新速度空前加快，社会发展日新月异，我们身边的新情况、新事物、新问题、新矛盾层出不穷，时代对我们每个社会人都提出了越来越高的要求，不断学习，提升自己的本领已经成为一个终身课题。"本领危机"随之凸显，已经开始危及到我们每个社会人，在校大学生和即将走向工作岗位的毕业生更是如此。

"本领危机"是指害怕自己没有足够的知识、技能，常常对于没有足够的社会关系，没有可利用的权力而产生的恐慌。❶ 知识、技能、社会关系都属于资本，而资本是本领的基础，没有足够的资本势必会产生"本领危机"，对于没有离开校门走向社会的大学生，不再是"初生牛犊不怕虎"，而是充满了危机意识。

> 人家都是越上学，知识越渊博，而我总是感觉越学习，自己不会、不懂的东西越多，时常感觉非常苦恼，总是羡慕别人能够侃侃而谈……毕业了找工作也是个麻烦事，看着很多师兄师姐找工作的状态，自己也很焦虑，一是担心自己的能力不行，二是感觉自己没有足够的社会关系，现在又不包分配，找不到好工作，大学就白上了……很怕到最后我也变成了

---

❶ 丁小浩. 社会关系对高校毕业生就业的影响[N]. 光明日报, 2004-09-24 (4).

第六章 大学生领导力建构发展

"蚁族"❶。(贺鹏)

我当院系学生会主席看起来是挺风光的,实际上我时常焦虑、担忧,尤其是办大型活动、处理同学内部矛盾时,办大型活动每次都要做到完美,非常难,要有创意,注重细节,协调校内外各部门关系,邀请嘉宾……很多事情是我能力范围之外的,所以要不断地学习各种管理知识,掌握领导的艺术。(营营)

我要离开读了四年的北师大,去华东师大体验新的生活了,有种期盼,更有一种担心和焦虑。去了一个陌生的环境一切都要从头开始,同学关系、师生关系都要重新积累,一去了没有基础和关系,很难当上学生干部,没有权力了……再一个是,去了之后得好好表现,尤其是在学术上,得假期做些功课,不能给北师大丢了人。(小卢)

大学生领导力是大学生所具有能力和本领的重要组成部分,大学生现在的"本领危机"多是领导力中自我领导的危机,对未来自己的学习生涯、职业发展和社会关系的危机意识。古语讲我们要"居安思危",而现在随着社会发展,我们却呈现了"本领危机",甚至是"社会性焦虑",并不利于我们的身心健康。从三位被访谈研究对象来看,贺鹏焦虑自己将来的职业发展,恐惧成为"蚁族";营营担心自己管理知识和领导艺术欠缺,不足以领导团队;小卢担忧到陌生的环境重建自己的"权力体系"有难度。三位被访研究对象都有"本领危机"的压力,化解危机的最佳途径应该回归到强大自己,提升自己的领导力。

3. 我们是被"流放"的一代

学校场域,是人生中的一个必经阶段,我们都是学校场域中的一个过客,或早或晚都要离场,进入下一个场域中。三位被研究对象结合现在社会的现状以及自身的条件,袒露了自己将来更远的发展规划,并提出了一种无奈的感受:我们是被"流放"❷ 的一代,有家不能回了。

---

❶ "蚁族",是指低收入的大学毕业生聚集群,受过高等教育,主要从事保险推销、电子器材销售、广告营销、餐饮服务等临时性工作,部分处于失业半失业状态;平均月收入低于两千元,大部分没有"三险一金",甚至没有与用人单位签署劳动合同;主要是"80后"的一代;主要聚居于城乡接合部或近郊农村,属于社会的弱势群体。参见廉思. 大学毕业生聚居村实录:蚁族 [M]. 桂林:广西师范大学出版社,2009.

❷ 流放,曾是古代的一种刑罚,主要是指犯人被驱逐到偏远地区。本文的"流放"是指地方的精英群体走出了原在的地方因种种原因不再回去工作和生活。

研究生毕业后，我会选择留在北京工作，不想回郑州，不想回河南，也回不去了……（叹息，表示无奈）。一是在北京这几年已经习惯了这里，习惯了这里的人，这里的环境；二是家里人让我留在北京打拼，算是出人头地的一个象征吧，这是最主要的原因。其实，我是很想回去的，北京工作生活压力都很大，但是可能碍于面子吧，好不容易走出农村，走到了北京，回去会让人感觉很失败，为了父母，我只能选择留在这里"承受"。还有就是，河南不是人待的地方，我们这一代人数最多，等我们有了下一代，人数也是最多的，我不想让下一代再受苦了，我只能接受被"流放"的命运。（贺鹏）

毕业后可能再回北京或者上海发展，不可能回辽宁了，回不去了！！北京、上海这样的大城市的机会更多，更利于我个人的发展，不想回去了！在上大学这几年是我人脉积累最大的时候，关系网络也有了一定的基础，回去之后，我可能是"叫天天不灵，叫地地不应"，这里有一帮好哥们，可以相互帮助。自己是个男人，想在外面打拼！我愿意接受这种被"流放"，实际上也是无奈呀！（小卢）

我志向是留在大学里当个老师，肯定就得在北京发展了。我妈妈也问我为什么不选择回家工作，我说，回家找不到工作呀，家里哪里有大学呀，别说好大学了，再说有大学也没有我要研究的领域呀，回不去了，到时候把父母接到北京吧……（营营）

作为一个局外人，看着身边各行各业忙碌的身影，内心有一种遗憾，山村、农村和小城的精英通过高考进入了大城市，大城市的部分精英通过各种途径走出了国门，他们都对自己说"终于走出来了"，千方百计会留在大城市或者是国外打拼，不愿意再回去，不再是"故土难离"，而是"有家不想回"，为了更好的发展环境和发展机遇，把自己"流放"了。作为一个局内人，对此种情形颇有感受，一个从农村经历十几年寒门苦读的学子终于摆脱了农村，由农民身份转为干部身份，算是从底层进入了社会的中上层，很难接受再次回到原点的命运，更不想让下一代人再次重复走自己曾经走过的老路。另外，家人也不会同意自己回家工作和生活的决定，他们认为，能够出来是光耀门楣的事情，终于让他们在家乡扬眉吐气，迫于家里人的压力，碍于家人的面子，不得不接受被"流放"的现状。上文中所提到的"蚁族"，同样是被"流放"的一个群体。

因为我们这一代被"流放"了，我们作为家乡的精英走出来了，家乡依然是那样的贫穷落后,随着被"流放"的群体逐渐扩大,出现了"空心村"[1]现象,出现了"留守儿童"等一系列问题。我们既然接受了被"流放"的现实,就应该努力提高自身的领导力等多方面的能力,为"释放"积累资本。

四、大学生领导力建构反思

本研究运用质的研究方法,通过"场域—惯习"的理论框架,探讨了大学生领导力在家庭场域和学校场域的建构过程。在对三位被研究对象长期运用扎根理论研究的过程中,结合所学相关理论与研究实际进行了反思,一是关于领导力建构的反思,领导力的建构过程深受场域的影响,受其场域中资本占有量和结构的支配,促使生成不同的策略,不断地被塑造和反塑造;二是本研究有了新的发现,形成了扎根理论,并对家庭场域和学校场域的创设提出了建议;三是对本研究的理论框架和研究方法的创新和局限之处进行了反思。

(一)大学生领导力的建构

本研究的问题是大学生领导力是如何被建构的,具体讨论了在家庭场域和学校场域的建构过程,重点探讨了大学生在学校场域"入场""在场"和"离场"的三种状态,在"入场"过程中重点涉及"资本"概念,在"在场"和"离场"状态下重点运用到了"策略"的概念,本部分探讨领导力的建构过程与场域、资本和策略三者的关系。

1. 领导力与场域

根据布迪厄的"场域—惯习"理论分析,场域是一种场所和空间,在这个场所和空间里,行动者在惯习的指引下运用自己占有的资本进行斗争;场域是一种关系网络,行动者根据自己占据的位置,在场域中扮演着不同的角色;场域还是一个型塑的中介,行动者在场域中被建构、重新型塑和再生产。

场域是一种场所和空间,大学生在学校场域中根据自己领导力的水平,运用所占有的资本在成长和团队领导中实施着策略。场域成为大学生发挥领导力的一个平台,使其感受到自我价值。三位被研究对象在学校场域中,分别应用学校学生会、院系学生会和班级的平台,发挥自我领导力和团队领导力,实现着个人和团队的目标。

场域作为一种关系网络,使场域中的行动者不再是独立的个体,而是一个

---

[1] "空心村"是指随着我国城市化和工业化进程,大量的农村青壮年都涌入城市工作,除去过年的十几天,其他时间均工作在城市、生活在城市,留在农村的人口都是老弱病残群体。

与他人紧密联系的社会人。在这个场域中，每个行动者都扮演不同的角色，发挥着不同的角色功能，使场域成为一个有效运转的关系网络。大学生领导力能够促使大学生有效发挥角色功能，但不一定是发挥领导的功能。领导力的有效发挥，会使关系网络中的位置具有有序性，促进组织的有序运转，进一步加强场域关系网络的和谐度。

场域还是一个型塑的中介，在这个场域中，大学生领导力会不断地被建构、解构和型塑。家庭场域是大学生领导力的萌芽阶段，大学生领导力经历了从无到有的过程，家庭场域中大学生领导力受到家庭成员的模范示范、内部成员互动、家庭间冲突的建构。学校场域是走出家庭场域后的第一个社会化场所，大学生领导力在大学生"入场""在场""离场"过程中不断地被型塑、建构和再生产。

场域中的惯习是行动者所具有的"即兴创作能力"，惯习中蕴含着个体的经验性成分。"惯习不是什么天生的能力。它是'一种被结构的结构'，他来自家庭以及与自己相当的群体的、具有阶级特殊性的社会经验。"❶ 大学生领导力是大学生在不同场域的一种惯习，领导力是场域情景下的"一种被结构的结构"，这种结构是在场域中建构和型塑的。

2. 领导力与资本

大学生在学校场域中所占的位置是依据其在场域中所占资本的种类、数量和结构共同决定的。在学校场域中，大学生所拥有的资本主要是家庭、学校与大学生自身三方共同提供的。在学校这个竞争的游戏空间里，所拥有的资本总量和结构决定了他斗争的水平方式，决定了他领导力水平的发挥。

三位被研究对象在学校场域中都具有充裕的资本。虽然他们所占有的资本结构有一定差距，但是高于一般学生平均水平。小卢和营营家庭富裕，从来不愁吃穿，每个月都有富余的生活费，不用为此花费时间成本，贺鹏虽然家庭没有那么富裕，但是每个月也有较多的生活费，自己经常做兼职，经济上都算是比较充裕的。充裕的经济资本，一是帮助他们减少了做兼职的时间成本，二是可以将经济资本转化成社会资本，可以经常请同学、朋友甚至老师吃饭，送礼物等；三位被研究对象从小受过较好教育，都是通过高考以高分进入大学，而且在学习上一直是佼佼者，文化资本更是充裕；三位被研究对象能够将自己占

---

❶ [美] 戴维·斯沃茨. 文化与权力——布尔迪厄的社会学 [M]. 陶东风，译. 上海：上海译文出版社，2006：119.

有的经济资本和文化资本巧妙转化成社会资本,能够与各种场域成员"打成一片",使社会资本发挥作用。充裕的经济资本、文化资本和社会资本为领导力的建构奠定了基础。

另外,领导力建构过程中对资本的占有具有反作用,换句话说,领导力建构过程中帮助大学生更方便和有利地占有资本,形成了良性循环。充裕的资本把大学生推向场域的领导位置,领导位置赋予了大学生权利、权力和权威,领导力彰显的过程就是资本再次集聚的过程。贺鹏曾给我讲过一个关于他做家教的故事,大一时做家教一小时五十块钱,因为复读过,各种课程知识点烂熟于心,讲课从来不用课本,而且很有感染力,教过的学生都有很大进步。一下子被家长传开了,还登上了报纸,一时间很多家长找他给孩子上课,价格还翻了两倍,很短时间就挣了两万多块钱,他可以有更多时间干别的事情了。他的例子是典型的领导力反作用于资本积累的例子。

3. 领导力与策略

大学生领导力在家庭场域萌芽,在学校场域不断地建构、解构、型塑和重新建构,从本质上来说,大学生建构的过程是大学生一个惯习的变迁过程。惯习是一种"持久的潜在行为倾向系统"❶,是一种"外在性的内在化"的产物,是个人经验的历史性积淀。"惯习的倾向使行动者偏向于选择依据他们的资源与过去经验最可能成功的行为方式。"❷ 在大多数情况下,惯习能够与场域的效应重合,能够帮助大学生在学校场域中程序性、创造性地学习、生活和社交,这种与实践的结合就形成了行动者行动的策略。领导力作为大学生在学校场域中的一种惯习,与大学生的实践结合在一起便生成了策略,策略是大学生领导力的呈现。

在学校场域中,三位被研究对象对自我领导和团队领导都使用了策略,充分利用了自己所占有的资源,在具形化"前台"中,他们自我领导的策略是"做个好学生""我要成为他",团队领导的策略是"协调好角色"。无形化"前台"中的策略主要有"鼓励自己,激励团队","总结过去,规划未来","真心对人,用心对事";在持续性后台中使用的策略是"不断练功"提升自我领导,"回馈感情"强化团队领导,与各种角色"打成一片"。策略的使用与场域中的特殊情境有关,三位被研究对象都以经典案例向我讲述了他们曾经

---

❶ [法] 皮埃尔·布迪厄. 实践感 [M]. 蒋梓骅, 译. 南京: 译林出版社, 2003: 80.
❷ [美] 戴维·斯沃茨. 文化与权力——布尔迪厄的社会学 [M]. 陶东风, 译. 上海: 上海译文出版社, 2006: 123.

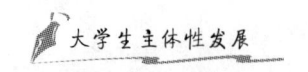

运用的策略，例如，贺鹏讲述道：

> 上初中三年级时，有一次班级打扫卫生，大家相互推诿谁也不干，教室里一片狼藉。怎么办？晚上我犯愁了，这怎么办呢？我一夜没有睡着觉，翻来覆去地想办法，最终我想：一是借助班主任的权威；二是拉拢几个小组长，做组长的工作；三是动员全体同学参与。第二天一早上，我故意晚到一会，看着班主任到了，我几个快步走进教室，"怎么没有人打扫卫生呢，现在快上课了，为了不耽误上课，同学们各自收拾一下自己的附近，几个组长拿着笤帚整体扫一下。"我一说完，同学们看着班主任也都自觉地捡起自己座位附近的纸屑什么的，然后各个小组长也自觉地拿着笤帚把课桌间的过道扫干净了，也有同学主动去擦黑板的，很快教室的卫生就打扫好了。我想，这就是巧妙利用权威和资本的好处。

贺鹏讲述了他巧妙利用策略，通过影响同学完成他预设的目标，最终得到老师好评的经典案例。在这案例中，作为初中四年级的班长，他懂得"借力打力"，借助班主任的权威和马上上课的时机，影响同学们并号召小组长听从他的口令，最终完成任务。这是一种很好的策略，他能够将场域中的资源内化为自己的影响力，去影响他人达到目标，是领导力的充分表现。

实际上，领导力在场域中生成了策略，相反，策略在场域中进一步强化和型塑了领导力，二者是相互的。领导力生成策略，上部分已经论述，此部分不再赘述。在场域中，一个成功的策略会进一步强化和肯定领导力，而一个失败的策略会促使行动者反思领导力，不断修正策略，最终达成目标。

（二）讨论与建议

1. 研究发现与结论

通过对三位被研究对象在家庭场域和学校场域的深入探讨分析，以"场域—惯习"的理论视角透视其领导力的建构过程，得出以下结论。

第一，大学生领导力的萌芽意识源于家庭场域，学校场域强化了领导力的建构。不可否认，大学生领导力的来源有个人特质、天赋和遗传的成分，但是更加不可忽视的是后天环境的影响，尤其是家庭场域和学校场域对其领导力的建构。从三位被研究对象的深度访谈来看，他们都认为自己领导力的萌芽意识源于家庭场域，家庭成员的榜样示范作用、家庭内部的互动以及家庭之间的冲突都潜移默化地给予了巨大影响。在学校场域中，教师的指导和机会的给予以及学长的榜样作用进一步强化了家庭场域建构起来的领导力意识，进入了实践阶段。

第二，家庭场域是大学生领导力建构的基础，家庭场域的完整利于领导力的建构。完整的家庭场域，应该能够提供丰厚的资本，提供恰当的场域位置，帮助成员形成良好的惯习。家庭场域是人生的第一个场域，成员第一次在其中获得资本，占据位置，第一次建构惯习，犹如一块白板，利于领导力的建构形成。三位被研究对象所在的家庭场域都是比较完善的，无论是否是独生子女，在家庭场域中都占据了较有利的位置，获得了较充裕的资本。例如，小卢和营营家提供了充裕的经济资本，而贺鹏从小就获得了丰厚的文化资本，从小接受良好的家庭教育，自我领导意识很早就得到了培养和建构。

第三，对文化资本的争夺是获得学校场域"入场券"和学生干部"入席券"的最主要方式，是领导力得以型塑的前提。在现行社会形势下，通过高考进入大学是个人通过努力实现价值、突破阶层控制和改变命运的主要途径。"分分分，学生的命根"依然在发挥着作用。不仅如此，文化资本，或者说是学习成绩依然是获得学生干部席位的主要条件。三名被研究对象，都是通过高分考进北师大，能成为学生干部，优异的学习成绩起了重要作用；同时，因学习成绩优异，三位被研究对象都成功免试保送攻读研究生，帮助其顺利"离场"，并进入了"高地"，领导力再次得到提升和建构。

第四，经济资本和社会资本对大学生领导力的建构和型塑发挥的作用逐渐凸显。从三位被研究对象领导力建构过程来看，在学校场域中不只是单一的去争夺文化资本，而是转向了争夺经济资本和社会资本。从前面的分析来看，进入学校场域之后，三位研究对象都非常注重社会关系的积累和争夺，作为社会资本主要构成要素的社会关系是大学生领导力建构的重要因素。在场域中，资本之间是可以相互转换的，三位被研究对象在学校场域中争夺资本表现出了不同的方式，小卢和营营因为有充裕的经济资本，努力去争夺社会资本和文化资本，而贺鹏因家庭情况一般，没有足够的经济资本作为支撑，通过兼职等形式努力地去争夺经济资本。

第五，资本的数量和结构决定了大学生在场域中的位置，进一步型塑着他们的惯习。大学生占有的资本数量和结构决定了他们在学校场域中的位置；位置又进一步型塑着他们在学校中的惯习，建构着他们的领导力；这些惯习和领导力又影响了他们的行为策略。三位被研究对象入场前的方式已经有所不同，入场后所获得的资本不同，占据的位置同样不同，一个是校学生会主席，一个是院系学生会主席，一个是班级班长，在不同位置上采取不同的行为策略，展现的领导力也会有所不同，领导力被再次塑造的程度也会不同。

第六，领导力在"前台"和"后台"同时被建构和型塑，"后台"与"前台"具有"持续性"。大学生领导力被建构和型塑的"前台"和"后台"并不是完全分离的，而是具有"持续性"的。建构过程中受到多种因素的影响，如制度规范、榜样示范、教师指导、实践活动等。在"前台"与"后台"应对事件中，虽然大学生会生发出不同的策略，但是这些策略都会型塑领导力。三位被研究对象在"前台"运用各种策略很好地展现了自我领导力和团队领导力，其"后台"依然延续着"前台"，在"后台""不断练功"和"回馈感情"，并通过"打成一片"来积累资本，不断提升领导力，为"前台"占据更有利位置、争夺更优势资源而努力。

第七，领导力成为场域中的一种惯习，对场域中的位置和关系具有一定反作用。大学生领导力使大学生在家庭场域和学校场域占据了有利位置，使其在"入场""在场""离场"中都具有"有序性"，大学生本身具有较高的满意度。三位被研究对象在家庭场域和学校场域都有非常出色的表现，场域中成员对其都有较高的评价，自我领导力和团队领导力在场域中得到了彰显和提升，使得其个人都顺利离场，自我满意度较高。

2. 场域创设的建议

（1）对家庭场域创设的建议。

家庭场域是我们每个人出生后的第一个场域，是我们最重要的关系网络，而在讲究血缘关系的中国尤其如此，从某种程度上说，家庭场域的完整与否直接决定着我们人生的成长和发展。在家庭场域当中，因子女一时无法获取资本，所以对家庭有较强的依赖性，家庭是否提供充足的资本，是否构建了和谐关系网络，家庭成员的角色功能发挥与否，直接决定了家庭场域内的关系规则和策略运用，进而深深影响着子女的性情倾向，再进一步影响着其领导力的初次建构。关于家庭场域的创设有如下建议。

第一，为成员成长提供充足的资本。资本与场域之间是相依共存的关系。人在场域中所占的位置是依据其在场域中所占资本的种类和数量决定的。可以说，资本是决定人在场域中所处位置的关键因素。[1]在家庭场域中的子女还没有独立获得资本的能力，尤其是经济资本，需要家庭给予提供。三位研究对

---

[1] 单册．"场域—惯习"视角下的大学生极端行为研究［D］．大连：东北财经大学硕士学位论文，2012：36．

象，家庭条件虽有不同，但是家庭场域都提供了相对充足的资本，而且资本结构优化，小卢和营营家庭经济条件较好，贺鹏家庭条件也不差，家庭为其提供了充足的经济资本；小卢的爷爷是教授，贺鹏的父亲是校长，姐姐是教师，营营的父母是公务员，从小就受其文化的熏陶，占有了丰厚的文化资本。这些数量充足、质量优良的资本满足了他们领导力的建构基础。

第二，发挥家庭成员扮演的角色功能。在家庭场域中，不同场域位置有不同的家庭成员，承担着不同的角色功能，其功能的发挥维系了场域的关系网络，该网络型塑着成员的领导力。戴维·波普诺认为，角色是对群体或者社会中具有某一特定身份的人的行为期待。❶ 角色期待（role expectation）与角色表现（role performance）之间缩小差距利于角色功能的发挥。社会学家将人类传统的家庭模式分为核心家庭、主干家庭和扩大家庭三类，一般情况下主要有前两种模式：核心家庭（由夫妻及其未成年子女组成）和主干家庭（由夫妻、夫妻的父母或者直系长辈以及未成年子女组成）。父母在家庭中除了担负监护人的义务，还有培养和教育的责任，其他成员同样对其具有引导责任。三位被研究对象的家庭成员对他们都承担了不同的角色引导功能。

第三，构建和谐的家庭关系网络。根据布迪厄的观点，场域是关系网络的集合。家庭场域内同样存在着各种关系网络。比如，父母之间、子女之间、父母与子女之间都存在着一定形态的位置关系。根据单珊（2012）对药家鑫案件和曾世杰案件的分析得出，关系网络失衡将直接导致家庭场域的畸形，进而危害到场域内的所有成员，甚至导致悲剧的发生。和谐的家庭关系网络将会为家庭成员成长提供良好和健康的环境，在和谐的家庭关系网络中，子女会通过自己的努力得到家庭成员的认可，从而获取更多的资本以提升在家庭场域中的位置，利于良好性格的培养和关系的形成，实际上是领导力建构的重要过程。

第四，制订场域规则和运用场域策略。每个场域内都存在一种逻辑规则，这种内在规则决定场域的运行准则和场域内各成员的行事方式。场域规则可比喻为该场域中的主文化，因各个家庭的组成、成员结构和相处方式等的不同，每个家庭的场域规则和运用策略也是不同的。❷ 在家庭场域中会有沟通、互动和冲突，在其过程中遵循何种规则，采取何种策略对家庭成员之间都会有较大影响。民主的家庭氛围、平等的家庭成员关系利于家庭成员养成良好的惯习。

---

❶ [美]戴维·波普诺. 社会学 [M]. 北京：中国人民大学出版社，2007：110.
❷ 单珊. "场域—惯习"视角下的大学生极端行为研究 [D]. 大连：东北财经大学硕士学位论文，2012：33.

以家庭场域中沟通使用的语言为例，根据美国教育社会学家伯恩斯坦的社会语言代码理论研究，人们日常使用的语言是一种文化代码，主要分为精致代码和受制代码❶，在家庭场域中使用精致代码利于家庭成员形成清晰的逻辑关系，利于准确地描述事物，利于沟通合作和发挥领导力。

（2）对学校场域创设的建议。

学校场域是继家庭场域之后对大学生影响最大的场域。在学校场域中，形成较完善的人生观、价值观和世界观，开始向成人蜕变，对原有的惯习进行二次塑造，并不断建构新的惯习。同样，领导力也在学校场域中继家庭场域的萌芽开始茁壮成长。为了开发大学生的领导力，对学校场域的创设提出以下建议。

第一，构建平等的场域位置。理想状态下的学校应该是追求公正公平、理想和自由，能够为每个学生提供平等的受教育机会和施展才华的平台，引导同学之间平等互助，共同汲取知识的养分，培养人格健全的学生。可是，学校是一个场域，没有逃离"场域中资本决定位置"的魔咒，依然是谁占有的资本量大，谁就具有更优势的位置，同样更优势的位置会获得更多的资本，以此形成良性循环。相反，因为场域中的资本量是有限的，另一部分学生会为此形成恶性循环。所以，作为学校一方应该适度调整资本的分配结构，为同学们提供相对公平的竞技场域，以利于更多同学开发和提升领导力。

第二，适用合理的场域规则。在学校场域中，学生最占优势的资本是文化资本，文化资本是可以通过自己后天努力获得的。而经济资本和社会资本会有或多或少通过个人努力取得的成分，但因为大学生没有固定收入，没有走向社会建立社会关系，所以二者不应该成为决定学生场域位置的关键。如果没有明确学生应占有资本的结构，容易造成场域规则的异化，对学生产生误导，导致学生学校场域生活的重心不适当转移。当下出现的不学无术的"官二代""富二代""星二代"便是误读了学校场域规则，虽然在场域中占有一定位置，但是，并不能说他们具有较强的领导力。

第三，发挥场域成员的功能。学校场域是个较复杂的场域，有着多样的场域成员，如辅导员、任课教师、同学、学长、后勤员工、图书管理员、宿舍管理员等；有着复杂的网络关系，师生之间、生生之间、学生与后勤员工之间等

---

❶ 精致代码，具有普遍性和关联性，通常存在于上、中等社会阶层的语言中；受制代码，具有特殊性和孤立性，通常存在于下等社会阶层语言中。

多种关系,大学生的领导力在复杂的网络关系中不断地被塑造着,场域成员的角色功能对大学生领导力都有一定的影响。三位被研究对象的领导力建构,深受场域中班主任、学长和同学多种角色功能的影响,甚至与后勤员工都能"打成一片",在得到帮助的同时也会受到影响。能够发挥场域中每位成员的角色功能,对大学生领导力的建构至关重要。

第四,提供实践的场域环境。每位大学生都有领导力的潜力,只是缺乏开发和提升的场域环境。学生时期是领导力开发的最好时期,如果学校场域能提供给学生实践环境,场域成员发挥其角色功能,大学生领导力势必得到开发和提升。三位被研究对象,都积极地利用了学校提供的实践平台,自我组织团队进行暑期支教、返乡调研、社会实践等,在学校提供资金支持和教师指导的情况下极大地锻炼和提升了领导力。

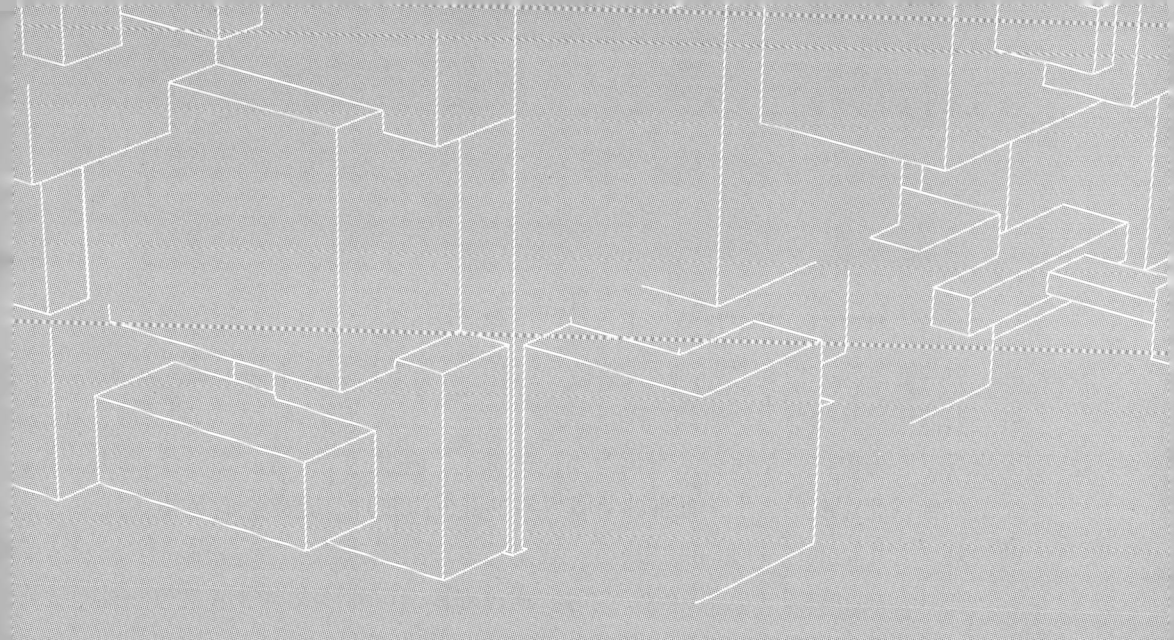

第七章

守望大学生主体性发展

书信，对我们信息时代的人来讲似乎已经比较久远了，是当前很少被用到的一种沟通方式，但却是一种比较有效的谈心谈话方法。对于高校辅导员来讲，书信依然是当前与学生沟通的有效方式之一，一是因为彼此都非常忙碌，无法静下心来说说心里话；二是因为当前的交流工具发达，虽具有即时性，但无法说到彼此需要的点上。而通过书信与学生进行沟通时，经常会有意想不到的效果，尤其是进行一对一的往来时，我是这方面的受益者。

在过去几年的辅导员工作中，我时常通过邮件书信的形式与学生进行一对一、一对多的沟通，通过纸质书信的形式与学生家长进行学生成长记录汇报，通过纸质书信和邮件书信交流学生每学期、每学年的计划与总结。在过去的五年班主任工作中，我积累了30余万字的电子书信往来记录。本部分将抽出我在大学生成长发展不同时段的部分集体信件来分享，每篇信件都体现了我作为辅导员守望学生主体性成长发展的心情。

一、我想说一下"感恩"这个事

亲爱的同学们：

大家好！

刚看完大家合唱的"一二·九"，心潮澎湃！我们终于夺得了桂冠，这是我们学部同学共同努力的结果，尤其是我们新生、我们教育学集体班奋斗的成果！这个美好的荣誉已经离我们远去了很多年，这次终于在我们的努力之下收入囊中！看到几个主要负责的学生干部在接到荣誉证书时喜极而泣，我更加感动，这是我们奋斗的结果，团结合作的结果！

这说明了一个很重要的问题：只要我们努力付出就没有不如意的成绩！我想起了曾经有半个月的军训生活，六连的同学很清楚，起初我们各项评比都不是很理想，但是经过我们日夜的奋战之后，我们最终还是取得了很好的成绩，这一点我更加深有体会！

说了这么多的感慨，目的只有一个，告诫大家：在今后的学习、生活、工作等各个方面都要付出百分之百的努力才能够取得自己满意的成绩，甚至会超出自己的目标！为自己的梦想奋斗吧！

同学们，这是我给大家写的第一封信！希望同学们能够用心读完！能够作为你们的班主任是我们的缘分，更是我的荣幸！我的大学刚刚结束，自身有比较多的经验和切身体会，希望在以后的四年中，大家能够真心与我交流，把我作为你们的朋友，借鉴我的一些经验，少走一些弯路，更快地成长！

今天我们谈一下感恩的话题！

我们能够来到北京师范大学，在这里安心读书学习，一方面是自己努力的结果，其实很大程度上更是社会给我们创造了一个和谐稳定的环境，父母为我们做了有力的后盾支持，老师为我们传授了可以提升人生档次的知识……所以，我想，我们作为大学生，作为一个搞教育的人应该有颗感恩的心，更要有感恩的实际行动！在我们班设立的感恩基金，希望大家能够筹备好、利用好，每个同学都要为此尽一分力量！

我初步设想，我们班的感恩基金设立后，大家要利用课余时间使其增值，比如现在是 8000 元，待到大一结束就应该变成 15000 元，甚至更多。我们通过在大一、大二、大三的暑假到国家级贫困县支教，选定部分贫困而又优秀的学生进行一对一的帮扶捐赠。我们争取三个暑假下来，全国的东北、西北、西南贫困县都有我们的资助对象，争取我们班每个同学都有三个甚至更多的帮扶对象，不但我们大学期间可以关注自己的帮扶对象，就是毕业后也可以以班级名义继续做这件事情！我想，几次下来我们感恩回馈社会的队伍会越来越大，会有更多优秀的孩子得到我们的关注，更加健康地成长！我们也会感觉到自身的价值！我们真正做到了一个对社会有用的人！

当然，这件事情大家要共同努力，比如我们第一年支教东北地区，大家一要有意识地提升支教能力，二要有意识地联系东北区贫困县的教育局，三是有意识地宣传我们的感恩理念，希望一些商业单位加入给予支持等。

同学们，我们需要做的工作很多，只要你思考了，行动了，你绝对会有很大的收获！千万不要在宿舍里荒度了你的宝贵时间，爸妈把你送入北师大不容易，你自己考入北师大也不容易！珍惜时间，为社会做点贡献吧！很多人还处于水深火热之中呢，很多人渴望着你的帮助呢！这也是我一直玩命学习和工作的原因！一直是我奋斗不息的动力之所在！

同学们，有事情可以找我！有感想可以给我写信！有心里话可以找我谈心！同一个宿舍的弟兄们相互转告：是否收到我的邮件！

在我的倡议下，班级创立了"四叶草教育感恩基金"，并荣获校级思政工作实效奖，班级也因此多次荣获北京市十佳班集体、优秀团支部、校级十佳班集体等多项荣誉，共资助 120 余名贫困地区的中小学生，部分受资助者考上了

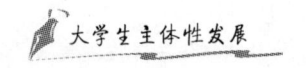

北京师范大学、北京科技大学等重点高校。

附"四叶草教育感恩基金"成立两年后的简介。

感恩实践，真情奉献
——记教育学部"四叶草教育感恩基金"工作实例

感恩教育作为思想政治教育的重要部分，是学校德育教育永不枯竭的教育资源，是弘扬社会主义核心价值观的有效途径。"国以才立，政以才治，业以才兴"，大学生是未来社会的中坚力量，也应该是道德高尚、修为良好的人，但缺乏感恩意识却成为部分大学生综合素质方面的软肋。高校在德育工作中重视和加强对大学生开展感恩教育，着力提高人文素质，从根本上塑造大学生的精神动因和导向素质是培养高素质的社会主义建设者和接班人、实现中华民族伟大复兴的必要措施，是从整体上提升我国文化软实力的重要途径。

高等学校开展感恩教育，更应鼓励和引导青年学子走进基层、投身实践、真情奉献、服务社会。本着传递感恩理念、实践奉献精神的目的和宗旨，教育学部在 2011 年 5 月成立了"四叶草教育感恩基金"，力求吸引和感染更多的人，切实参与到感恩奉献的具体行动中来，汇聚爱心，为需要帮助的人们积蓄力量。作为教育学部精心打造的思想政治教育特色平台，"四叶草教育感恩基金"面向在校学生开展感恩教育，同时又针对需要帮助的学校和孩子开展志愿支教服务和筹集物资、善款活动。在"四叶草教育感恩基金"这个感恩、实践、奉献平台上，向全社会传达教育人"心系教育，兼济天下"的理想夙愿。

1. "四叶草教育感恩基金"的创立

2010 年 10 月，教育学部 2010 级教育教管班班主任邱化民老师最早发出倡议，提出要成立一个教育感恩基金的想法。随后，该建议得到了 2010 级教育教管班全体同学，尤其是获奖、得助学金同学的大力支持。同学们一直认为，在感恩行动、服务意识相对缺失的今天，作为新时代的大学生，我们不仅应该懂得珍惜今天已有的点点滴滴，更要学会感恩、奉献他人，用自己的力量去帮助那些更需要帮助的孩子们。于是，借鉴其他中小型非保本基金的成功做法和经验，教育教管班决定筹办"四叶草教育感恩基金"项目。2010 年 11 月至 2011 年 3 月，经过几次教育教管班班委会的讨论，创立教育感恩基金的可行性得到论证；通过向北京师范大学教育基金会和教育学部领导的介绍，教育感恩基金项目得到了老师们的大力支持。随后，精心起草的教育感恩基金章程在本班班会上高票通过。2011年4月，基金第一届管理委员会经选举产生。由此，管委会正式开始各项工作进程；管委会决定将"四叶草"作为感恩载体，项目正式定名为"四叶草教育感恩基金"。将基金成员分为四种角色：白云，代表捐赠者，她身在蓝天，心怀大地，将一腔热血化作丰沛雨水传递丝丝爱意；雨露，代表志愿者，她轻盈纯净，润物无声，将晶莹身躯汇成汨汨清泉拥抱枯涸心灵；绿芽，代表受助者，她渺小坚毅，渴望关爱，将坚定信念化为不灭希望播撒生命籽种；大地，代表守护者，她朴实无华，默默奉献，将宽阔肩膀铸成厚实堡垒抵御雷电风雨。同时，管委会成员和同学们还自己录制了《四叶草之歌》，设计了基金的标志、徽章、卡贴、吉祥物等。在各部门老师和同学们的大力支持下，在邱老师和管委会的不懈努力下，"四叶草教育感恩基金"项目于2011年5月12日正式启动。

2. "四叶草教育感恩基金"的工作目标

"四叶草教育感恩基金"以"汇聚爱心，传递感恩，投身实践，真情奉献"为口号，面向北京师范大学及其他有志于捐助和志愿服务基础教育方面的人员募集资金，将多方的力量和爱心汇聚。通过开展日常志愿服务、扶贫助困、暑期社会实践、帮扶结对子、图书捐赠等公益活动，为需要帮助和支持的学校和孩子带去温暖，传递感恩奉献精神。

"四叶草教育感恩基金"是由2010级教育教管班发起成立的，我们的目标是通过学校领导、学部领导以及教育基金会的高度重视和大力倡导，师大校友、慈善人士的关心和推动，师大学生的积极拥护和"四叶草"执行团队的辛勤工作，让"四叶草教育感恩基金"不断发展壮大，使活动范围不断拓展：从在班级内组织运作，逐渐发展到覆盖学部、面向学校，最终面向社会；活动形式逐渐多样、体系逐渐完善：从单一的暑期"帮扶结对子"活动发展到以"四叶草"教育为特色、以暑期社会实践和日常志愿服务为重点、以扶贫助困和扶危救急为拓展的多方位服务平台；吸引更大范围内的人员参与，使之由主要以班级内部人员为主发展为立足教育学部、面向全校、吸纳全社会志同道合人员共同行动。

作为一个面向教育的公益基金项目，"四叶草"希望能通过自身的努力，吸引和感染身边更多的人，切实参与到感恩奉献的具体行动中，在人生的道路上，体悟感恩，实践奉献，传递爱心，回馈社会，服务你我。作为大学生自主创立、自主组织、自主管理的公益基金，"四叶草"希望开创全国高校先河、创学生自创基金新模式，成为高校贴近基层、投身实践的思想政治教育平台和

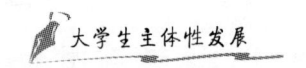

典范、立感恩特色、树教育理想、传奉献精神。

3. "四叶草教育感恩基金"的思路设想

"四叶草教育感恩基金"的思路设计遵循两条主线：宏观上，从资金的来源与输出角度，基金本着"体悟感恩，实践奉献，回馈社会，服务你我"的宗旨，一方面积极吸纳合法的社会资金，呼吁有奉献意识和爱心的人士捐出自己的爱心，作为基金的主要资金来源；另一方面，组织各种志愿服务活动，深入基层，身体力行，用实际行动践行点滴爱心。基金将把面向北京师范大学及其他有志于捐助和志愿服务基础教育方面的人员募集得来的资金或物资用于慈善捐助、志愿支教、扶贫助困等公益活动，并对社会实践活动补充资金，建立有针对性的帮助服务活动。

微观上，根据自主资金受众和具体工作内容的不同，建立不同的项目。以各项目为导向，有条不紊地开展志愿活动。基金管委会统筹，各项目分工明确，各司其职而又相互联系、相互扶持，共同促进"四叶草教育感恩基金"的发展、壮大，通过志愿行动将基金的力量扩散到更广阔的区域，用"四叶草"的海洋将爱汇聚，传递感恩，传递真情。

我们希望能通过同学们的实际行动，吸引感染更多的人尤其是身边的老师和同学们，切实参与到感恩奉献的具体行动中。我们力求将"四叶草教育感恩基金"在学校各部门的监督下，在管委会的领导下，建设成为大学生自主创办非保本基金的示范项目，并真诚地邀请更多的朋友加入我们的队伍中，在点滴捐款中汇聚爱心，在志愿帮助时奉献真情。真正达到基金口号"汇聚爱心，传递感恩，投身实践，真情奉献"的目的。

4. "四叶草教育感恩基金"的主要举措与工作成效

自正式启动一年以来，"四叶草教育感恩基金"始终秉承"体悟感恩，实践奉献，回馈社会，服务你我"的设立宗旨，先后启动"大手牵小手，帮扶结对子""关爱生命，幸福续航""助力明天，共爱一家""志愿行动，心系教育"和"捐赠图书，传递知识"五大项目；先后募集善款29166.29元，共资助24人，资助总额达17860.19元，共支持六支暑期社会实践队开展四叶草"大手牵小手，帮扶结对子"活动，支教队员们与34名优秀寒门学子结成帮扶对子；先后开展志愿者交流、爱心募捐、校园宣传等活动。立足于创新思想政治教育的模式，成为感恩教育的新典范，"四叶草"从无到有，从小到大，形成了五大工作亮点，打造为五大主题特色活动，现分项目介绍如下。

（1）大手牵小手，三位一体结成帮扶对子。

"大手牵小手，帮扶结对子"项目的创立目的是通过志愿者与孩子们结成一对一的帮扶对子，在长期稳固的联系中建立深厚感情，使需要帮助的孩子长期得到大学生朋友们的物质支持和心灵关注，尤其是思想上的引导。发挥榜样和示范效应，使孩子们获得精神动力，助其走向成功。志愿者们用"结对子"的方式将"四叶草"的籽种播撒到全国各地，让更多的孩子得到切实的帮助，让爱心、感恩与奉献传递。

2011年暑假，"四叶草教育感恩基金"与教育学部六支社会实践队伍携手，预期在他们支教期间成立数对"一帮一"帮扶对子，以帮助品学兼优的贫困学子顺利考上理想大学。在实践中，此项活动确也开展良好。六支支教队分别在四川南溪、四川乐山、新疆阿克苏、陕西渭南、北京通州、黑龙江兰西共资助22名贫困学子，共与34名优秀学子结成帮扶对子，资助金额达6300元。

2011年9月，新学期伊始，"四叶草"就积极筹办"感恩七月，爱洒四方，我与'绿芽'共成长"的暑期帮扶对子交流会。"雨露"们从各个方面展示了他与他的"绿芽"间点点滴滴的感人故事，得到了在场同学、老师的肯定与赞许。这个展示交流会是"四叶草教育感恩基金"对"雨露"志愿者们的支持与鼓励，以给那些扎根在祖国边远贫困地区的"绿芽"更多的物质和精神的帮助。

（2）为生命续航，大爱凝聚铸写幸福人生。

"为生命续航"项目的成立是依据《四叶草教育感恩基金章程》中业务范围第一条："组织慈善活动和回馈社会的活动，包括对重大事件、突发事件进行集体捐款等"的规定。主要是以基金名义进行重大事件、突发事件的物资、资金筹集和捐助，为需要帮助的人增加一份力量。

2011年11月，甘肃女孩张伟勇身患重症白血病，命在旦夕，"四叶草"义不容辞地代表学校加入百校爱心联盟，积极组织爱心募捐活动。此项目由此成立。活动期间，教育学部师生在"四叶草"的感召下，纷纷伸出援助之手，共捐得10060.19元，"四叶草"将全部资金交与张伟勇父亲，用于后期的治疗与康复。同时，四叶草"雨露"志愿者与张伟勇同学结成对子，为张伟勇今后的康复和成长继续护航。

（3）助力新希望，亲如姐妹关怀新生一家。

"助力新希望"项目主要是针对教育学部的新生，为家庭贫困、需要帮助的同学提供关怀和资助，帮助他们更好地适应大学新环境，获得情感支持，保障其学习、生活的顺利进行。

2011年12月，2011级教育技术班，新疆维吾尔族图如普同学的弟弟因家庭极度贫困而面临着辍学的危险。在得知此消息后，该班班主任庄秀丽老师迅速与"四叶草"管委会取得联系并说明情况。后经"四叶草"管委会成员集体讨论决定，和庄秀丽老师合作通过"四叶草"为图如普同学捐献一定的资金以使他的弟弟能够继续读书。此项目也由此成立。

2011年12月27日，由"四叶草"主办的捐赠仪式在英东楼318成功举办，庄秀丽老师通过"四叶草教育感恩基金会"为图如普同学的弟弟捐款1200元，使其得以继续自己的学业，创造不一样的明天。

（4）志愿在行动，心系教育走进小学、幼教。

"志愿在行动"项目，主要是在中小学中进行日常的支教活动，传递知识，奉献爱心，播撒希望，传达教育人"心系教育，兼济天下"的理想夙愿。

2012年3月，经过多次考察与研究讨论，"四叶草"管委会决定在燕京小天鹅打工子弟公益小学、大兴区中学和新世纪幼儿园开展志愿支教活动。志愿者经过前期的选拔和简单培训，最终确定能够参与支教的同学，以保证支教活动顺利、高效地开展。

每一个支教队伍都是"四叶草"的精神载体。每个周末，都可以看到支教学校里他们为孩子们精心准备的课程活动，或给孩子们教授高思数学，或组织心理素质拓展活动，或和幼儿园的小朋友玩彩泥、画油画等，孩子们在其中快乐学习，不断成长。体悟感恩、实践奉献的大"教育感恩"精神在其中展现得淋漓尽致。

（5）引知识源泉，捐赠图书构筑心灵家园。

"引知识源泉"项目的主要内容是根据支教学校的需要，为其筹集图书、教材、建立图书室等，为孩子们的学习和阅读创造条件，将知识传递，将爱心播撒。

2011年7月，到达四川乐山的"川花梦之队"在支教期间发现，当地学校图书资源极度匮乏，无法满足学生的阅读兴趣和要求。于是该队同学携手"四叶草"，为当地马边雪口山中学捐赠了一批价值300元的图书，并为学生们开设图书角，以提供良好的阅读氛围。此项目由此成立。

"四叶草"的所有活动无一不是围绕其宗旨而展开的，走进每一个需要帮助的个人或集体，奉献自己的点点滴滴。每一件事情都很平凡，但这平凡足以使其中的精神感动我，感动你，感动他，相互感染，并相互传递，以传遍整个爱的世界。

短短一年的时光，"四叶草"在北师大师生们的关心与呵护下茁壮成长。从启动仪式首次募捐，到暑期支教大手牵小手遍及天南海北，"四叶草"雨露滋润着孩子们的心灵；从为关爱白血病女孩续航生命，到助力明天托起大一新生家庭的希望，"四叶草"温暖着需要帮助的人们；从为公益小学辅导数学，到在幼儿园里手把手地教创意彩泥，"四叶草"关怀着祖国含苞待放之花。

二、我们得说一下"选择"的事

同学们：

时间过得很快！一周眨眼就过去了，请我们一起反思这一周过得怎么样，收获了多少东西？也许你很忙碌，但是问一下自己忙的东西是自己所需要的吗？如果你不忙碌，你是不是感到自己开始落后于其他同学了呢？无论这一周或者以前你过得怎么样，关键是自己反思之后是否想要从现在开始改变自己！

我计划每周都给大家写点东西，与大家分享，或者说交流！首先，夸奖一下我班得助学金的同学，你们写的感谢信绝大多数是发自内心的，也是三个班中写得最为深刻的，也许可以反映出我们的感恩之心受到了激发！希望接下来的感恩回馈做得更好！你们的感谢信已经上承学校。另外，我上次给大家写的邮件只有任正博、沈芃、孟扬、万蜓婷给我回复了，非常感谢这几位同学能够与我主动交流！

我想这周给大家谈一下关于选择的事情。

到了大学，给我们的机会很多，每天的事情很多，每天的讲座很多，每天需要开的会议很多，每天需要见的人很多……可是我们的时间却很有限，如何正确处理这些事情，的确令人头痛！我说一下我的看法。大家一定要明确个人目标，自己需要什么，需要提高哪些方面的能力，自己要成为什么样的人，自己最适合往哪个方向发展？很多时候我不会强制大家遵从我的安排，但是，请大家记住，我绝对是从绝大多数同学的角度出发安排事情的。比如，今天晚上的提高口才讲座，我们花了不少钱请知名教授为学部一年级学生来讲，都没有通知其他年级同学，可是我们的弟兄们没来几个，他的讲座我已经听过三场，感觉很不错，很受启发！至于你们没来的原因我不想再追究，目的只有一个，改变绝大多数同学不会说话的表现，以后我们要干事业、要支教、要带学生、要当教师、要当领导，话都不会有条理地讲，如何立足？从此以后，我就当大家很会说话了，口才也不错了！希望大家能够在我面前展现你们的口才！大家一定要尽快把握自己，缺少什么，补什么！否则，机会很快就会与你擦肩而过的！

即使又到了周末，弟兄们也不要一睡直接到自然醒啊，否则你会感到很愧疚的，因为很多同学都是早起读书、兼职和工作的！

我是个奋斗型的人，也希望弟兄们能够不断奋斗！

周末奋斗的人快乐！一周一直奋斗的人快乐！

以下部分同学的回信摘录。

1. 黄卉佳

邱老师，感谢您的来信。

今天也是有学生工作才想起来登录邮箱，以后要养成定时查看邮件的好习惯了呵。我在高中时代很向往大学的讲座，总以为会见到来自各界名人名流的面孔，每天都会过得很精彩。实际上，一开学的时候我也是这样做的。热衷于查看路上的各式海报，参加各式讲座。

不过当我渐渐发现，现实中讲座被各式教育机构垄断，而主题也被各式考试与应用技能所占据，我感到有些失望。加之我一直在期盼着足够震撼、足以触动我核心价值观、我的人生哪怕是一丁点波澜的那样一场。即便是奢求。

不过您说得没错，就现在来说，提升能力是当务之急。伴随着学业跟学生工作的增加，不可否认的是，我听讲座的时间越变越少了。这也从侧面反映出我上进心的一种流失吧。

突然觉得习惯是个很恐怖的东西，因为你一旦习惯了，也就意味着放弃了紧绷的神经而变得懈怠。

感谢您的提醒，为我们敲响了警钟。祝周末愉快~

2. 甘俊婷

邱老师：

谢谢你的评语，其实，在未上大学之前，在我所能知晓的环境中，大学班主任一般都是一年见不着几次而且也不会花太多时间去管理班级的。但是，自从我在9月11日进了教育学班，我的观点发生了改变。在大学还能找到一个时刻监管着你的学习和生活的人是不容易的，能有人时刻关注着你的健康发展更不是一件易事，我为自己大学能够遇见你而感到幸运！（这是真心话哦……）

第七章　守望大学生主体性发展

上大学快三个月了，让我懂得最多的就是：责任！无论在什么时候都要有一颗责任心。面对最多的就是：选择！无论做什么都需要有个明智的选择。在军训与不军训中选择，在学习和玩中选择，在待在宿舍和参加活动中选择，在积极参与和找借口中选择……听得最多的就是：大学时光很宝贵！现在属于我的大学时光已快过去了八分之一，日历上翻过的数字有时会让人心惊，时光竟如此快地飞逝，而自己似乎没有看过几本好书，没有听过几场心动的讲座，没有背熟几个单词，没有参观过几个博物馆，没有去喜欢的专业蹭过几次课……但我相信一切都需要过程，好好计划明天才是正确的选择！

听讲座之看法：

刚上大学，大家都脱离了那种每天坐在教室里背书的生活，换成了自主的学习生活。但是，三年的习惯不是一朝一夕就能改变，有时，对于勤奋的同学而言，听一场讲座不如在自习室里看《人体解剖》来得实际，仍沉浸在一种高中模式中，以课本为主，其他为辅。

听讲座的效率应如何提高？对于一场讲座，当面对周围众多的选择：去上自习？去逛街？陪朋友去喝杯饮料？在宿舍睡觉？当一连串的选择出现，我们总会不经意地选择了后者。因为我们会想：讲座也只是一家之言，讲座内容可以在网上浏览……我们总会缺少对讲座的正确认识……

以上是我的一点感想。相信每个同学都能感受到时刻联系的教育学班……

3. 陈婷婷

谢谢老师的及时提醒，其实很多时候我也有这种感觉，整天觉得没闲着，但一天过后再回想一下，却不知道自己学到了什么，今天比昨天有什么进步。就拿周六这一天来说，检查宿舍卫生花去了一个上午，下午被安排去采购物资，一个下午又没了，但是我从中学到了什么呢？时间悄悄地流走了，好快好快，大一上半年已接近尾声，想想就感觉害怕，因为我真的觉得我并没有成长多少。想起在暑假时给自己规划的大学路——竞选一下班委，不管结果怎样；多参加一些锻炼自己胆量与口才的活动；让自己别再那么内向……但是现在看来，我并没有实现那些愿望。我觉得自己好失败，常常面对机遇不敢去抓，而机遇走后又自责。辩论赛、英语演讲比赛，内心也有过一种想去报名的冲动，但总是没勇气、没信心付诸行动。我一直想本科上完之后就回家乡当老师，但有时又问自己这真的是自己想要的生活吗？我不是那么确定，而且我知道当老师对口才及表达能力也有很高的要求。不过我知道其实身边还有很多让我学习成长的机会，希望我勇敢地抓住它们，从中慢

· 219 ·

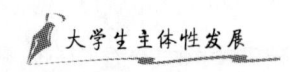

慢发现我最想要什么。

4. 赵亚君

老师,您真是认真、细心、负责。每次听您说话,我总会想起高中时的"老班",我也是跟了她四年,你们一样,对待自己的学生,并不拘泥于与学生的狭隘而刻板的师生关系,你们总是发自内心去关爱学生各个方面整体素质的提高。真的对你们又敬又爱。在你们的悉心关照下,嗯,我们会更大胆地走未来的路,并且把它走得很好。

老师,今天我和其他两位同学跟着基金会的何老师去清华面试那个"盛氏女儿"助学金了,一切都还挺顺利的,结果大概周一周二这两天会出来吧。我还记得挺清楚,那晚开班会张文景(男生)说他也想申请,您笑嘻嘻地说回去给他问问,呵呵。我后来查了查这个,这个是美籍华侨盛孝威先生1999年首次在清华创办的,基于现在社会上的"母亲危机",还有就是盛先生认为,提高中华民族的整体素质,关键在于教育,而对孩子的教育重在家庭教育,母亲这个角色在家庭教育中起着至关重要的作用,哈哈,因此就有了这"女儿"助学金,以此来让她们更好地回馈社会。男生就自然与它无缘了。

老师,周末愉快!

5. 雷雪玉

这是第一次听见邱老师称我们为弟兄们,有些许的惊讶,但更多的是欣喜,欣喜于你可以暂时脱掉作为团委书记、教育学班主任的政治面具,与我们称兄道弟,敞开心扉说我们自己的故事。

正如你所说,我们应该抓住身边提高、充实自己的每一次机会,昨天那个珍贵的机会已经从我指尖溜走,来不及后悔,但幸运的是,有一位朋友在身边提醒着我,使我更注意以后的路该如何走,如何在有限的时间做出无限的价值。

的确,时间的脚步追赶我们不断前进,离期末一个月的倒计时已经开始,今天开始复习的时候,发现确实有很多东西平时没有掌握,但是越早发现就意味着能越早解决。所以呢,我要为了最后一个月而奋斗,为了一个月后回家见妈妈而奋斗,为指日可待的假期而奋斗,Fighting!!

我的好老师,好师兄,好哥们,你也要加油哦……

6. 潘瑞瑞

感谢老师在百忙之中仍然关注着我们,关心着我们。谢谢您!我自己没电脑,也很少看邮箱,直到现在才发现老师的邮件,实在抱歉。老师,我真的不知道昨天的讲座是你专门为我们准备的。就去看未来教师大赛的决赛了,我能理解老师的良苦用心，老师想让我们早为未来做准备，希望我们能赢在起跑线上，比别人多一些成功的砝码。请老师包容我们的年少无知，原谅我们的率性而为，枉费了老师的一片苦心。老师，当多个特别好的活动冲撞的时候，真的很难抉择，错过哪一个我都会痛心的。

7. 赵悦

老师：您好！每个周末可以收到您的邮件，真的很开心（*^_ _ ^*）嘻嘻……

时间过得好快，转眼间来北师大已经四个多月了，也已经快接近学期期末了。其实，我会经常想自己在这些日子里得到了什么，学到了什么，可是我真的弄不清楚。说实话，有时候我会很压抑，我总觉得自己很忙，好像总有做不完的事情，但事实上我现在只参加了咱们学部的学生会这一个社团而已。前些日子，可能由于辩论赛和"一二·九"合唱有些忙，甚至会熬夜到一两点以后，然后第二天上课就会想睡觉，听讲就不好，晚上又需要拿出时间补课堂笔记，这样的生活持续了一个月左右，那些日子总觉得自己生活在被动中。

老师，我真的感觉自己来到这里后变化好大，变得我都觉得不是以前的自己了。你应该不记得了，上次咱们开班会，你让每个人说说自己的情况。我说，我觉得自己可以做好的事情我却没有去做，我也不知道这是不是一种放弃，但是每次事后我都会难过，因为我会后悔自己没有去试一试，恨自己竟然变得懦弱，恨自己竟然怕在别人面前失败。也许是因为大家都很优秀吧。我觉得自己缺乏勇气去做自己想做的事，我还记得那天班干部选举，其实我有想参加竞选的想法，但是最终还是放弃了。晚上回到宿舍一直睡不着，我在想，以前一直是团支书或班长的我为什么连这点勇气都拿不出来，然后哭着在心里对自己说了无数遍：你怎么回事啊……还有，像部里或学校里会有演讲比赛等，其实虽然我以前没有参加过，没有经验，但是我很想试试，但最终总是被一些事情把时间占据了，这样就一次又一次失去锻炼自己的机会，我真的真的很想改变一下自己的状态，调整一下自己的生活，但是我不知道应该怎样一步一步去做。

老师，其实，我的目标是学好基础课和外语，努力争取出国学习的机会，所以，不管以后怎样，我都坚信在老师和同学的帮助和鼓励以及自己不懈的努力下，最终一定会实现自己的理想！

有很多次，想去找你谈谈心，但是每次俊婷开完会回来都会说你每天特别忙，所以我一直没有去找你。今天和钱鹤鹏一起去你的办公室，可是你去开会了又不在，说实话有点遗憾，所以就想给你写封邮件，希望可以得到你的建

议，谢谢哈，O(∩_∩)O~

最后也祝您工作顺利，天天开心！

回复赵悦：

很高兴能够收到你的回信，其实我很期望和同学们拉近距离，能够心与心一起交流，当然绝不是因为我是你们的班主任而有这份责任，原因是我很热爱这份事业，这份育人的事业。

你谈的问题是很多同学都会面临的问题，但是有的同学没有在意就过去了，你是一个很心细的女孩，这是很好的！你现在已经发现了大学三个多月做得不是很好的地方，错过了一些属于自己的机会，这是好事，关键是能否从现在开始行动，抓住身边每个属于自己的机会。

我的确很忙，因为我要工作还要学习，你们的活动我也要参加，还要关心每个同学的情况，所以很多时候很难照顾到每个人，这也是我很遗憾的！

你找时间来找我吧，本周末也行。

三、我想问，你是否有"主动性"

同学们：

首先感谢黄卉佳、陈婷婷、甘俊婷、赵亚君、雷雪玉、潘瑞瑞、赵悦、任正博、李天一、乔善斌、施婉儿还有几个无名的同学在百忙之中回复我的邮件！我这周出去开会，下车第一件事就在想，这个周末跟大家聊些什么内容，看有哪些同学回复我的邮件，班级里同学们都在忙什么，一个合格的辅导员应该做些什么……

这周主要和大家谈一下"主动性"的话题，不管你是否认可我的想法，还是请你仔细、认真地读完，然后静下心来思考一下！尤其是那些事事都要别人催着动弹的弟兄。

我认为，一个人能否成功不是看他有多高的智商，长得有多帅、高大和靓丽，最主要看的是这个哥们是否能够主动出击，主动发现自身存在的问题，主动去改变自己，主动去寻求拯救自己的方法，主动去拓展自己的能力，主动去积累人脉资源，主动去发现提升自己的机会……大家一定要记住，没有天上掉馅饼的好事，如果有那是施舍；没有别人主动给你机会，如果有那是怜悯！万事需要靠自己的积极努力！

用我们身边的例子可以说明，就说你们都很熟悉的吕国栋师兄，他是我们今年的十佳大学生，他的年龄应该不比你们大多少（1991年的），为什么他能够这么优秀？主要是他什么项目都能够积极主动去申请，主动去找老师要项目，主动去竞选学生干部，主动去思考、组织并参与学生活动。即使他的能力差了点，这些都会感动上天给他机会的，何况他的能力还不差！如果同学们上进点儿的话，如果同学们算是我教育教管班同学的话，希望你们能够主动出击，不要坐以待毙！你们现在水平差不多，但是四年之后会有人是十佳大学生，有人是中共党员，肯定会有人找不到工作，会有人考研失败，原因很简单……

可能很多同学不清楚我现在的状态，我是咱学部团委书记，一个人干好几个人的活，还要学习，还要带你们，几乎没有周末的概念。如果都要我来找你们的话，我没有那么多时间，你们不主动找我，会失去很多的成长机会，比如本周五要和香港大学生交流的事情，原计划是给研究生的，我为大家争取了交流机会，可惜只有不到一半的同学报名，给的机会都不要，那我就没有办法啦。以后我肯定是根据大家的表现来提供机会，希望弟兄们好好表现！

周末快乐！韩丰生日快乐！

部分同学的回信摘录：

1. 杨晓

邱老师：您好！感谢您每周宁可不休息，也要抽时间和我们交流。

从第一次班会您就要我们抓住机会，机会是争取来的。说实话，也许是习惯了中学时老师的安排，什么事都不需要我们关心，第一要事便是学习。机会于我来说，好像是一个很大的概念，不知怎么去抓，甚至不知该去抓什么。就好比您给我们写的信，昨天才看了您上周写的，幸亏您是每周都写点，要不然我岂不是又失去了一次与您交流的机会？这也是一个经验了，不要总等着某人通知你说：我有邮件发给你了，注意查收。也有出乎意料的，有事没事打开邮箱看看，有一个资源就要充分利用。机会从不会与你打招呼的，抓的多了，也许就找到规律了，应对自如了，对吧？

最近才明白您为什么一开学就要我们在宿舍排出大哥兄弟，我之前总觉得与宿舍的同学关系好是好，但不贴心，挺羡慕别的同学的。在这次的宿舍文化节关于我们是不是要出节目时，大家讨论一番，顺便说说自己对宿舍的意见。我说出自己心中的困惑，大家相互提了意见建议后，共同商议，居然决定都叫我姐，当时真有点受宠若惊。一下子觉得与她们的关系近了一大步。以至于陈悦说："姐，去给我打点洗脚水吧。"我倒觉得挺开心的。每天给宿舍打两瓶水，成了自己心甘情愿的工作了。

今晚宿舍展示，看到西南428学姐们的展示，更觉得宿舍这个小家庭的重要。她们6个人，1个主席助理，5个其他部门的部长，而且专业奖学金、国家奖学金也都包揽，这除了与她们的刻苦努力有关，更得益于她们之间的相互激励、相互竞争和相互帮扶。可见宿舍所起的巨大的作用。

还要说明一点的是，大学里活动实在太多了，而且似乎是像选黄道吉日一样，集中在一天举办。我们初来乍到，对这些也不太明确，只有一些大众的评论。"未教大赛"是北师的一个重要项目，但那晚就与您为我们办的活动冲突了，之前并不知道那是您的精心准备，而且大家已去"未教"了，班长发短信说去听讲座。这次的交流会刚好是圣诞节前夜，有同学参加的社团可能担任一些工作，必须去，就推了。也许不是我们不珍惜您的良苦用心，而是我们不知道那是您为我们准备的营养餐，您莫非在考验我们的火眼金睛？我们经过这两次考验，也学到一点东西。

谢谢您能抽空和我们交流，谢谢您能看完我的邮件。

祝您：忙中偷闲、有空休息！

（祝工作顺利就小看您了，您工作一流；祝身体健康，也没必要，您不是经常锻炼吗？）

回复杨晓：

根据自己所需，灵活应变，我的安排不一定是你们最需要的，宿舍是你们生活学习的最重要场所，班级是你们最有归属感的家，我们有责任建设好这两个家，有事请及时和我沟通。

2. 韩丰

首先要感谢邱老师，在百忙中还惦记着我的生日。今天我收到了很多祝福，感到很温暖。最近邱老师煞费苦心为我们提供的机会我都没有抓住，因为我觉得我前段时间落了很多功课，现在临近考试了，除了那个意外被拉走练的元旦晚会节目，我想全身心投入复习中去。我觉得机会虽然不多，但毕竟还会有的，成绩要是不理想可就补不回来了。我希望期末有个好成绩，而不仅仅是及格。我想现在抓学习，考后利用假期好好规划一下自己的未来，特别是下学期该怎么过，怎么才能最优化地安排自己的学习、社团和项目实践。假期我想好好充一下电，再者，如果老师有好项目或者我从别的途径找到一些好项目，我希望能好好锻炼一下。吕国栋师兄的确很优秀，有时我也会向他取取经。他的积极主动、勤奋上进，不放过任何一个可以锻炼自己的机会的那股劲儿，着实令我敬佩。不论是专业成绩，还是综合能力，他都能表现得如此出色，我真是很佩服。我向他看齐，但好像还没使出他那股子劲儿，不够刻苦，不够用心……最近我经常熬夜学习，白天喝咖啡撑着，精神还可以。但有时还会不自觉地浪费些时间。我不知道是因为我还没紧张起来，还是没养成良好的习惯，还是熬夜导致精神不够好、效率不高，也可能三个原因都有。这就是我现在的想法和状态……

回复韩丰：

学习是我们最主要的业务，无论做什么工作都不能够落下学习，学习成绩差了做什么工作都是无法弥补的。但是，一般社会工作好的同学，他们的成绩都不错，他们都能够很好地安排时间，这一点不用担心。

你的身体也不是很好，我建议你要有个好的习惯，抽点时间锻炼身体，最好不要熬夜。

祝好！

3. 乔善斌

期末考试快到了，我们对大学里期末考试还是很陌生的，总有些担心，因为平常所学实在是太不扎实，大学的学习方法我也是才刚刚探索出雏形。这段时间我还是把更多的精力投放在这里。

虽然家里并不算贫穷，但其实也不是多宽裕。第一个学期考虑到适应问题，没有接家教。然后申请助学金的话，自己心里也过意不去，总是想给更有需要的人吧。家里人不怎么希望我出去做一些工作赚钱，说好好学习就好了。所以每当浪费时间的时候，也很自责。家里人怕我不好意思张口要生活费，所以也提前给我打。其实我自认为还是个很勤俭朴素的孩子，自己生活上也是能省就省。一直希望自己能学好，多少拿点奖学金。其实从刚入学不久，我就发现，拿奖学金实在也不是容易的事儿，因为自己对知识的掌握太不好，也因为我们班实在强人太多，自己在学习上的信心也始终建立得不是很好。

自然而然，在考试来临之际也很希望自己好好恶补之前的课程，尽自己最大努力吧。至少，现在熟悉了这种学习模式了，下学期从一开始我自然能更有经验，安排得更合理了。

好担心今天早上一开手机就会看到你发过来的新邮件，还好没有。从一收到就想着回复，想好了在回复中要说点什么，结果还是拖了一个星期。

不要介意我的格式写得不规范，内容写得也很乱，不是外人也就不客气了。

老师每周都给我们写一些话，这个确实很好的。很像初中的时候老师在批改日记的时候，给我们写下比日记还多的评语。大家也应该回复些东西，这样的交流还是双向的。另外，还有每个人为班级也该写点东西。那一次新班委产生的时候，你给老钱一个本子我没听清楚那个本子是做什么用的。好像是班级日志吧。前几天看李忠蔚他们高中的班级，他们是山东省实验中学的实验班，气氛很宽松而且学习也很牛，活动也蛮多，我看他们的东西给我的感触很大。我慢慢能理解，他上次班会为什么说现在不如高中自由了。其中我看到他们高中三年班级日志的扫描版，他们的班级日志是每位同学轮着写的，据他说，因为他们班同学都有才，所以都抢着写，而且不落俗套很出彩，同学们之间交流也形成了。当然大学的一个班和高中里一个班，这种感觉是不同的。

和好几位同学交流的时候都会聊起之前的班级。原因很多吧，或许，之前的班级都给我们留下了一些让我们感动和值得回忆的东西，比如照片、视频或者他们的班级日志。

我们的同学很多话可能不太好当面说的，我们也可以增加虚拟的交流。比如可以设定一个时间段，例如周六晚上七点到九点，老邱和有电脑的同学可以一起在 QQ 群里随便聊聊，也不必非要找一个教室坐下来谈心，这样反而严肃而拘谨。当然只是打个比方，这个也是我简单设想的。

你在信中说的，缺什么补什么对我也很有启发的。这个也是我们对活动讲座取舍的一个标准吧。有时候还是有话说的，我还是比较习惯于利用网络交流。去办公室吧，影响你工作，我不当班委去办公室也别扭；在路上碰上吧，打个招呼也都有忙的事情。总之，感觉自己还是逐渐适应这样的生活了，之后就是慢慢调整适应，安排得更好就是了。

4. 雷雪玉

今天是圣诞节，首先要祝邱老师圣诞节快乐呦！

因为这是一个特别的周末，很多同学都选择了走出自习室和自己的亲爱的们一起玩耍。对于我们寝室来说，这是第一次大家在八点以前聚在一起，抛开学习，尽情欢乐，在狂 high 的同时，也让我想到了他们这个学期的得失。他们都是教技班的，学习压力比较重，从开学到现在，出校门的时间少之又少，对校园外的世界根本不了解，他们仍然像高中一样地学习，偶尔参加学生会的工作，总之，把自己再次封闭在了学习的小笼内。可能我们教育学班有不少同学也每天都往返穿梭于校园中的宿舍、食堂、自习室、图书馆，但我们不可能永远生活在单纯的象牙塔内，外面还有更精彩的世界等待着我们去发现，去欣赏，去享受。其实，大家选择来到北京读书，大部分是因为北京是个多元化、包容性强的城市，我们能看到更高层次的社会，同时，也能得到二级城市所不能提供的资源，从而开阔我们的视野。一个学期就快过去了，我们到底"在北京"得到了什么？仅仅是课本或者老师所传授的那些知识吗？

回想我这一学期，实在是太丰富。我去参加过北京一些其他高校组织的活动，从中财、北外、首师、首体到北大、清华、人大，每个学校的品和气都不一样，这也就随即产生了学生之间的差异。周末去游历了恭王府及周边各大人物的故居、天坛公园、国家图书馆、国家大剧院（还看了两场演出）、奥林匹克体育场和森林公园、欢乐谷等，从古代的京城到今日的首都，巨大的变迁可以让我既看到了古文化的韵味，又感受了现代的高速发展。很多同学一般都会选择到新街口或西单购物，但我觉得，了解时尚文化也是作为一种提高人素质的必修课，所以中关村、王府井、西直门、建外SOHO（还参与了优米网的节目录制）、三里屯、蓝色港湾都留下了我的脚印。我甚至还跑到顺义、密云、平谷这些更远的地方溜达了一圈。尽管学习对现在的我们来说仍是处于第一的位置，但是在我们目光放远的同时也应该横向扩展，从多方面去完善我们的人生阅历，丰富人生经验。不得不说，大学四年的时间很长，它完全可能彻底改变一个人在过去18年中所形成的所有，至于最后是学术帝、工作狂、交际花还是百事通，都得靠我们自己选择，自己去培育。去观察这个社会是我们面向未来所能做的第一步，如果仅仅是因为"我要学术"这个借口而阻碍了我们去拓宽这个道路，那来北京上学真是得不偿失。

随着考试周的临近，我们的重心又一次全部转移到学习中，这是必然也是必须的。我们以后的路还很长，如果可以的话，我建议我们下学期组织一些活动，使大家的生活更有意义。

四、我们都应该在意"同窗情"

同学们：

周末好！首先感谢同学们在即将考试的重压下仍然给我回复邮件。尤其是雷雪玉同学，她能够主动出击，给我写了一封"写在周末一封信之前"，看来部分同学还真是把我的建议付诸实践了，我很欣慰！经过征求她的意见，愿意和同学们分享，总体感觉雪玉已经适应了大学生活，并且有了很大的成长和进步，为她加油喝彩，有可能是四年后的北京师范大学十佳大学生！

今天要和大家谈的话题很多，比如考试、成长、自立自强和"同窗情"，即使考试最重要也要等到下周再谈，我这周和大家分享一下"同学情"这个话题，敬请思考和付诸行动。

最近一周班里的事情很多，有两位同学没有提前说一声就离校好几天，刘志强同学因病一直住院，还有几个其他事情不便说。临近假期希望弟兄们都能够平平安安，最终考完试安全回家过年，不想看到某位同学出事，大家千万不要以为自己是大学生，有足够的能力处理自己的事情，如果那样你就错了！学生手册大家也学习了，未经允许擅自离校是要记过甚至开除学籍的，希望大家高度重视。

刘志强，你们的强哥生病住院了。我首先感谢那些一直在病房默默照顾他的以及多次前来看望的同学们，尤其是任正博、许韵、林惠妍，是你们给他送去了温暖，体现了我们班集体的团结互助，是值得我们学习和表扬的。大家都来自天南海北，远离了父母和亲人，现在近距离最亲近的人就是我们一个班级的同学，一个宿舍的同学。虽然我们无法与"一起扛过枪、一起逃过荒"相提并论，但是在最困难的时候我们仍然可以见真情，同学们可以耽误课、放弃休息、放弃自己温暖的宿舍来到无法坐下的病房陪护，有时一个昼夜都无法合眼打盹，我可以不顾及受伤的脚被感染一瘸一拐来医院，为了什么，是为了我们的缘分，为了我们的情分。北医三院，是我大学去过最多的地方，比去金五星还多，也是最不想去的地方，花钱如流水的地方，当然都不是我得病，而是因为我的同学，现在是你们。曾记得我有个过生日的晚上还陪着同学在病房里熬夜，那是这辈子都不会忘的情谊，我们班同学知道后都主动请缨，轮班照顾他，大半个月时间很多同学比他的女朋友来的时间都多，照顾得还体贴，我们班的凝聚力进一步提升，更加有干劲、有活力！大家要记住，现在不是你们强哥一个人在住院，更不是两三个同学在陪护，而是我们这个班集体在住院，在陪护！同学情，是个沉甸甸的词汇，含着深刻的情谊，某些年后，你发达了或者你落魄了，我想你依然会记得你上铺的兄弟，你依然会记得我们这个班集体，同学们为我们这个同学情、这个班集体努力吧！

祝同学们周末愉快！祝你们的强哥早日康复！

部分同学的回信摘录：

1. 夏洁

老师真得很用心，很负责，你基本上是我见过的最负责任的大学班主任了。印象中的大学班主任主要是学期初、学期末开个班会，给班委传达点事情，基本上其他的事就是大家自己来做了。现在看老师在学部交代如此多工作的情况下，仍然为班级想得细致周到，我真的很受鼓舞，即使事情再多，就像你说的，要学会选择，选择重要的事情，才会使自己做的事情有价值。人与人之间相处，最需要的是真诚，真诚的交往才能带来真心的朋友。昨天跟文文、甘俊婷去北医三院看刘志强，心里挺难受的，刚来北京的小孩就被折磨成那样，看着叔叔阿姨也忽然想到了自己的父母。我们这些离家的孩子，有时候是那么脆弱，背后的父母同样是那样脆弱，我们这些离家的孩子，一定要好好照顾自己，一定要好好照顾彼此，班级的意义在哪？班级，是我们这群离开家的孩子们共同的家啊，不管家在何方，此时此刻，我们在北京的60个人就是一个家啊，彼此是家人，彼此有依靠。

昨晚，也深深地被任正博、许韵、林慧妍感动了，三个孩子真诚地陪护，任正博昨晚细心地交代，等等等等，好多的事情，我都无法表达，那句"来了北京，一定要好好照顾你们"让人心里很温暖，面对他们，我开始惭愧了。之前班里的事情，总是最后一个才知道，我这个助理做得是不是太失职了，总是忙、忙、忙，难道就忙得一点询问班级同学情况的时间都没有吗？必须改，做你们的姐姐。

希望孩子们真的依赖、奉献这个家庭，在这里，我们是家人。邱老师，就是我们的大哥哥吧，好多事情，我们一起互相学习努力吧！大家开开心心每一天，祝刘志强早点康复出院。

回复夏洁：

你的邮件我反复读了四遍，看来确实是经过思考的了。我也曾经说过，跟着我干活肯定比较辛苦，但是肯定过后能够学到很多东西，我们俩能够带着班也是个缘分，为什么不尽力做好呢？既然接了这个工作当然就要全力以赴，以免遗憾终生，甚至毁人一生。

2. 施婉儿

老师圣诞节快乐！！~

强哥生病住院，让我开始感受到同学之间的情谊。我看到了几个同学不眠不休地照顾他，我看到了同学从医院探望他回来后焦虑的表情……即将携手度过大学四年的同学，正是在一次次的同甘苦、共患难中凝聚起深厚的情谊。

我还想讲讲关于雷雪玉的那一封信，我读了后感觉真的自愧不如。这学期来我并没有好好利用周末。不仅没有像她那样参加那么多高校的活动，而且就连博物馆也没有去过几个，我去过最多的地方是中关村和西单……然后除了班里组织的活动，还去过一次动漫展，看过一次话剧，以及少许景点……转眼一学期都要过去了，我下学期一定要好好规划，向雷雪玉学习，向她了解一些有关这一方面的信息，充实自己。

3. 潘瑞瑞

圣诞的欢乐气氛尚未消尽，元旦的庆祝帷幕即将拉开。紧张而充实的一周就要开始了，新奇而刺激的一学期快要结束了。回想起报到时的情景，仿佛就在昨天。回头看看半年来我留下的足迹，似乎没什么要言之处。但是，我能真切感受到半年来我实现了怎样的蜕变。从只会考试到学会做事，从埋头苦干到学会思考，从随波逐流到找到自己的坐标，从迷茫彷徨到明确自己的方向，从盯着小村庄到放眼全世界，从唯命是从到有了自己的判断与思考，从保守刻板到包容多种价值观，从单枪匹马到学会合作，等等。或许，这些都不会带来现实的利益，不会产生立竿见影的效果，但我依然把这些视为人生中的宝贵财富。感谢邱老师在我化茧为蝶的过程中所提供的帮助与支持，感谢邱老师为我们营造的家一般的温馨氛围，感谢邱老师高瞻远瞩提前为我们谋划未来，感谢邱老师细致入微对每个同学的喜怒哀乐都一清二楚，感谢邱老师作为我们这个大家庭的大家长为我们日日操劳。邱老师，辛苦了！周末就要过完了，祝您下周愉快！

4. 杨晓

您辛苦了！今天我说话若冒犯请原谅。您别说自己做得不好了，您做得的确够多了，够好的了。教技、学前的同学还总羡慕咱班的集体活动多。班委与其他同学一样，会被大学丰富多彩的活动社团吸引，不能说他们参加了社团就处理不好班内事务。您不是也一直要求全面发展吗？刘志强生病，虽有的同学没去探望，但很多同学也打电话问候了。咱们班还是很团结的。

回复杨晓：

怎么叫冒犯呢，我又不是什么权威、领袖、家长之类的，我们大家都一样，家庭的一分子。可能我对大家要求太高了，我也自己安慰自己，慢慢来吧，毕竟舞台是你们的，加油，我相信你们能行！

五、我会不间断地关注你们成长

亲爱的兄弟姐妹们：

每个教师节的前夕我都会简单地向师长们送去祝福！今年我也把这个祝福

送给你们大家，我们一起享受快乐的节日，向往美好的明天！

亲爱的各位，你们个个都是好学生，有很大潜力的好学生！我们能够在一起共事是缘分，能够作为你们的班主任是我的荣幸，为了这个缘分和荣幸，我会一如既往、坚持不懈地对你们负责，关注你们的成长，关心你们的生活！你们绝大多数人都知道，我对我们这个班级、我们这个家是十分用心的，说实话，对你们的事情比对我的事情都用心，都有激情来做，当然这也是我所愿意做的！这也是我快乐生活的绝大部分！

做班委的同学，你们这一年十分辛苦，我感同身受！一是你们受了很多的委屈，担当了很多的责任；二是我对你们批评了很多，少了些许鼓励和表扬！这是我心痛的！在这里我代表我自己和同学们感谢你们！当然，这一年我看到你们成长了很多，改变了很多，这是我欣喜的！在这里我祝贺你们！也许这是成长过程中必须经历的吧，其实，你们也是比较幸福的，在大学的成长路上有人为你们指点迷津，有人为你们操心，怕你们摔倒，怕你们走了弯路……这些是我当年，是其他同学现在所没有享受到的地方！我提议：我们班级设立一个光荣班委日！

现在有些班委不做了，但你们也是我班级的一分子，希望在今后的班级活动中你们依然能够站出来为班委出谋划策，为同学们送温暖，为班级贡献力量！不做班委了，肩上可能没有了那份沉甸甸的担子，但是我们作为一个普通的北师大学生，也应该要有强烈的责任感和使命感，作为一个普通的教育教管班学生，也应该要有争当拔尖领袖人才的意识！我们每个人都应该有强烈成长的意识和动力！这不是大话、空话，而是内心的真实反映！

同时，借此机会我说一下上学期考试情况。

我认为，大学考试主要考的是你浅表性记忆能力，而非深度的，尤其是我们文科专业。大家经过几门考试就比较熟悉大学考试的套路了，所以之前的担心都是没有必要的，但是态度上还是要高度重视的，如果想取得好成绩或者有出色的表现还是需要平时多读书、多思考。

大家的考场我去了几次，我还是比较满意的。首先大家都能够认真对待考试，有序入座，落笔有神，认真、深度思考，态度端正。当然这应该是我教育教管班应该具备的素质和水平，最主要的是看到同学们没有作弊的动机，希望同学们都能够保持下去，不只是在大学这四年而是一生保持诚信，甚至是为人师表。

成绩是大学考察内容之一，并不是全部。我们大家都是经过高考独木桥的勇猛战士，深深知道成绩对我们的重要性。可是，我们已经迈过了那个成绩决定命运的门槛，在通向社会的走廊里，最重要的是我们融入社会的能力，比如组织协调能力、为人处世能力、团队合作能力等。

　　成绩固然重要，但更要重视诚信。成绩对于保送研究生、获得奖学金是比较重要的，可能会有某些学生不择手段地作弊，更有可能因作弊被严重警告甚至是退学，这是一件十分可悲的事情。我想问，成绩的重要性能超过做人的重要性吗？现在社会很大程度上存在诚信缺失的问题，直接导致大学生国家贷款不还、师范生不遵守协议、毕业生毁约等现象，毁坏了学校的名誉，断送了下一批学弟学妹的后路，更给自己的人生添加了灰色的记录，得不偿失。关于诚信教育是我们本学期活动的重点内容之一。

　　就写到这里吧，弟兄姐妹们，有什么事情直接找我！我很愿意为你们服务的！祝大家节日快乐！大学能够积极向上，阳光每一天，收获每一天！

六、亲身经历来述说安全事项

亲爱的同学们：

　　开学第一周，我先不谈学习，先给大家提个醒，关于人身安全和财产安全！

　　我先讲几个身边的例子，供大家分享，就发生在你身边，也许还没有到你身上，但是你要小心了，现在骗子特别猖狂……

　　第一个是发生在我身上的，骗子差点就成功了。年前假期的某天晚上，我还在教八楼的自习室看书，看的是社会学方面的，突然接到一个飞信的短信："邱，在吧？"她是我曾经的一个领导，或者说是同事，现在学校关键部门，是大 boss 的秘书，以前也通过飞信安排我给她帮点忙，做点重要工作。我知道，这大秘书肯定是有事，我马上回复："在，有啥事，请说"，她立刻回复了："领导手机欠费了，先充 300 吧，谢谢！"我猜，因为放假，她可能不方便为领导服务，麻烦我是重视我嘛，我立刻回复："好的，尽快去办"。装好书包，离开了教室，准备去给领导充值，我没有支付宝，不会网上充值，只好去营业厅或者较近的教工合作社买充值卡，可是有点晚，都关门了，我只好背着书包快步到小西门的小店买了 300 元的充值卡，刮开密码准备充值，再次接到了她的短信："同志们，千万不要信刚才飞信的内容呀，不是我发的，被盗了！"我这个气呀！然后，给那个要充值的电话打过去，是关机状态！真气死我啦！我感觉自己真蠢，差点上当！还好，没有经济损失，长了教训，这种事,下次不给我打电话求我办,谁都不好使!

第二个是发生在学部某班的,具体情况只是略知一二。教育技术某研究生在元旦时收到了自称是班主任而且是在外地出差的祝福短信,于是他就存下了"班主任"的新号码。1月10日,这个"班主任"给这个学生打来电话说,在外地出差钱包丢了,急需一万块钱,请学生帮忙。更牛的是,这个假班主任的声音和他班主任的声音非常相似,而且知道这名学生是谁,直呼其名。学生也没有这么多钱,虽然奖学金刚发下来,但是还不够,然后又给家里要了2000,一并在当天晚上给这个该死的"班主任"汇过去了。然后,打电话确认一下,电话不通了。你说……有多崩溃!学生,感觉不妙,给原来的班主任电话打,电话通了。班主任完全不知情,赶紧报案。公安局的答复说,骗子是利用伪基站技术手段模仿了班主任的口音,只能立案,等待下文。公安局哪有时间查呀……无语!

第三个例子,更是气人!受害人是我的助理,过年为了做研究,离校晚。期间,在京东上买了东西,并已经通过银行卡进行支付了。收到东西,好心好意地去给予评价,收到了一个小窗口,说京东支付未成功,还给了个链接,他就打开了,果然显示未成功,然后支付不上,翻来覆去折腾了一会,先用中国银行支付,输密码,不行!然后再用工商银行吧,输密码,还是不行。然后客服说,告诉一下密码,他直接帮助支付就可以了,脑子一热告诉了密码,五秒钟不到,意识到了"不应该告诉他密码呀",然后,再次上网上银行,发现两个卡里的一万两千多块,一分没剩!哭天抢地……还好,我助理跟着我练出了强大的内心,接受住了打击和考验!赶紧报警吧,同样只是立案而已……

其实,这几天还有个更让人心痛的案例,发生在你们身边,在赶集网上找兼职被骗了七千多。你们晓得,我就不说了。现在,各种骗子防不胜防,前些日子还经常接到"我是你领导,来我办公室一下"的电话,骗子技术也不断升级,而且骗子骗术屡试不爽,我们同学都比较天真可爱,都是骗子关照的客户,所以我们要小心了!无论是谁,只要涉及财产、电话、短信、微信、飞信,都不要轻易相信,都要多问几个问题,是骗子总会露馅的!被骗后,立即立案,公安局不积累到一定程度,没有时间去查,钱拿回来的机会很渺茫……我们提高警惕是关键!

以上说的都是防骗,在我们现实生活中各种安全都非常重要,否则他会困扰你很长时间,我也曾经深受其害。结婚后,想提高自我待遇,买个电动车花了2000多,在师大校园里刚骑了一次,就丢了。进出门不到半小时,你说有多气人吧！这事不只是发生在我一个人身上，我办公室的老师也是丢了两辆电动车了！而我只能乖乖地骑破自行车上班，或者步行了，命苦吧？这是物品安全！

再说说人身安全，人身安全高于财产安全，这是根本呀。年前，感觉寒假时间比较长，计划和媳妇出去放松一下，定了个旅行社，999元云南一周游，包机票、吃住和各种景点票，媳妇很高兴的就预定了，感觉挺划算，交了定金。回来告诉我后，我一听感觉不靠谱呀，简直是天上掉馅饼，哪有这种好事，机票都不止这个价，我也不贪图便宜，再说看看各种坠机事故，我好怕！为了安全起见，我还是乖乖地看看书，好好休息一下吧，于是退了旅游计划，费用只能退还一半，因为我违约。没关系，我还是心安理得，真是怕出事，去了云南肯定得更多的花费才能安全而有自尊地回来。这个例子，说明了我很胆小，的确如此！为了再次见到你们！

说了这么多，希望同学们在接下来的生活当中，小心谨慎，不贪图小便宜，注意提高警惕，加强自我保护！祝愿我们一生都能安全、顺利和幸福、快乐！

祝周末愉快！

七、要守望梦想，更要脚踏实地

亲爱的同学们：

还记得我上周给各位播放的《后勤人的梦想》吗？不知道各位在看的过程中是否受到了一定的触动？看完之后是否结合自身的情况思考自己的梦想呢？怀念自己梦想之后是否开始行动了呢……

我给本科生的同学播放之前有几个问题，现在再次拿出来引发一下大家的思考，包括各位研究生同学。

大学生活适应得怎么样？学习、生活、经济、情感……

你还记得你上大学或者读研的初衷吗？为什么来到北师大呢？

你现在的生活是你之前所期待的吗？有什么不同？

你的专业是你喜欢的吗？你了解你专业学长的发展吗？

你还记得儿时的梦想吗？你现在的梦想是什么呢？

你打算如何度过你的大学剩余的三年半或者两年半呢？

还有很多个此类的问题……

我想，各位都是有梦想的人，要不然大家也不会成为我的学生。我们身边有很多值得我们学习的有梦想的人，后勤人是我们身边的，我们学校的教九大

第七章 守望大学生主体性发展

叔、红薯大妈、快递老曹、门卫苗仁杰……都是师大有梦想而不断奋斗的一群普通人。正如我给大家分享我的个人经历一样,我也是个屌丝,这不重要,重要的是我在逆袭!

给本科生上完了《规划与梦想》这堂课,很多的同学来找我要课件,找我做咨询,但是咱班同学较少,也许我和你们太熟悉,你们感觉和我接触的机会还很多,或者认为我也就是那样,不值得成为你们的榜样,这都无所谓,重要的是你有梦想而不迷茫。

本周四下午,一个大四女生来找我做咨询,说自己很迷茫,不知道找什么样的工作,家庭条件不好,父母给了很大的压力,问我怎么办。我问了她几个问题:你想做什么工作你不知道,你有梦想吗,或者曾经有梦想吗?或者说你想成为什么样的人?她沉思!无语!低头!我接着问,你认为你的大学过得怎么样?收获了什么?她还是无语!开始显现痛苦的表情!我不知咋回事……不敢再问,片刻后,我说家里人啥想法?她开始哭泣……泣不成声,情绪缓和之后,我了解到:这同学家庭条件一般,但是比我好些,来到学校比较自卑,与其他同学逐渐有了差距,开始自暴自弃,成绩较差,整天宅在宿舍,打打游戏、看看电视剧,自我封闭起来,家里人要求最好留在北京工作。各位,这是某位大四学生的状态,值得你们思考,北师大的本科生,当年也是响当当的吧,至少是当地前几名,如今将要毕业混到这个程度值得我们把她当成教训。还好,在我的鼓励下她开始出击,思考自己的未来……各位,你们刚入学还有较多自我成长的机会,而她相对已经有些晚了,前车之鉴!

这个同学走后,有一名研三的毕业生来找我做咨询,这名同学和上一个同学产生了鲜明对比。刚见到这位女生,感觉她状态也和上一个女生一样——很不好,脸上起痘,嘴角有泡,肯定是上火、焦虑的状态。我说,我们开门见山,后面还有同学等着,她说自己很纠结,手里有好几个offer,不知道选择哪个,介绍了自己的情况:本科地方一般高校,研究生北师大学前专业,本科过得一般,来到北师大非常积极,自己梦想是开所幼儿园,终生从事幼教,现在肯定自己无法创业,先跟着别人学习,一是公办的幼儿园好几家,有户口,待遇一般,可以做园长助理,但是签约五年;二是私办的幼儿园集团,有王府井、红黄蓝等好几个,待遇很高但是不解决户口;三是珠海等一些特别好的城市也想要她,她在犹豫。帮助这样的同学分析,是我最幸福也是最拿手的活儿。一个小时后,她豁然开朗了,说"老师,您的事业真是太有价值和意义了,给您赞一个!"在感动之余,我想告诉大家的是,自己有梦想,脚踏实地

· 235 ·

去追逐了，前行的路上会有很多机会等待着你。从她的描述中看，这个女生本来也一般，但是研究生阶段的磨炼特别大，自我提升了很多，包括思想、意识、规划、执行力，希望你们的师姐能成为你们学习的榜样！

学部每年毕业生近700人，我见过的学生情况太多了，当然优秀的居多。不管你是保送的研究生，还是自主招生的本科生，千万不要认为自己非常优秀，不见得！看长远的发展才行……希望各位能够守望梦想，立足脚下，脚踏实地，做好自己，不要虚度了大学美好的时光，对曾经自己的梦想有个交代，对含辛茹苦的父母有个回应，对想你、爱你的人有个惊喜……让我们一起加油吧！

再重申一遍：我每周二、四下午都会在学而书院106，可以和我促膝交谈。我是你们的资源，你们不用，别人肯定会用的。

祝周末愉快！

八、我们一起畅想美好新学期

亲爱的同学们：

新年快乐！再次向你们拜个晚年，是否记得给我拜个年呀……

四十多天的假期已经结束，让你我告别家乡父老，告别丰富的美食，告别温暖的被窝和自由散漫的日子，一起开始新的一学期了，不知道你是否已经准备好，我是准备好了，并已经在路上了……

在你们开学的日子里，我想通过这种形式和大家分享一些我的想法。

1. 为教育人撰写家书，潜心交流

很多同学可能不了解辅导员的工作，甚至是看不起辅导员这样的工作，这是可以理解的，因为这样的同学没有去观察如我一样辅导员的工作内容和辛苦付出，没有用心体会辅导员或者班主任为你曾经做出的服务和指导。其实，我本科的同学大部分是如此的。自从我本科担任了班长，了解了学生工作，才知道辅导员工作的高尚之处，所以我毅然决然地放弃本科专业，选择了教育管理专业，放弃央企优厚的待遇努力留校成为一名辅导员，也就成了你们的班主任。换句话说，辅导员是我的一个职业梦想，我努力成为各位大学生的人生导师，成为你们的知心朋友，成为你们学习、生活和职业发展的引路人。

我要如何才能不断发挥自己的价值，实现自己育人的梦想呢？我做了很多的思考，我努力真正做到"以学生为本"，深入学生，依靠学生，发展学生，这是我的工作理念，从工作以来我做到了。所以，花时间和精力陪伴大家军训、开座谈会、深入宿舍、周末外出集体活动、给你们写邮件……这个假期思考了一件事,我要每周给你们写点东西,陪伴你们成长,让你们通过我的邮件寻找自己的发展路径,碰撞自己的激情和灵魂,当然,除了我的认真态度和坚持不懈的精神,更需要我的能力,邮件名称暂定为《化民守望教育人成长家书》,希望各位能够受益,希望各位看完后能够给予评价和建议,也算是我们多少年后的一个成长纪念,有机会、有能力的情况下也许能够出版。

2. 总结假期生活,班级当中分享

这个寒假时间比较长,四十多天,不知道各位过得如何,是否有收获,是长膘了,还是长见识了,都无所谓,因为已经过去了,关键是当下如何。但是,我建议你还是总结一下。我们是在不断总结中成长进步的,不是吗?我还建议各位能够建个文件夹,把自己三年、四年或者以后更长时间的假期、学期、学年总结放在一个文件夹里,时常翻出来看看,看看自己是否在不断成长,现在的你和过去的你有何不同,哪个是期望中的自己,还是都不是呢?我是这么做的,不仅提醒了自己应该成长、奔跑,还了解了自己的能力和本事,会不断清晰自己的职业发展。

我们都来自五湖四海,每个人的假期生活都千差万别,我想我们占用点时间,大家聚一聚,开个假期生活分享的主题班会,每个人精心准备一个主题与同学们分享一下假期生活,每人3~5分钟吧,我希望看到各位的精彩展示。希望各位把握,这是让你人生出彩的机会之一呀。

3. 调整状态,尽快进入正常模式

新年过完了,假期生活结束了,意味着我们又长大了一岁。从今天开始,报到注册完,你得开始研究你本学期的课程了,研究社团工作,研究课题项目,研究读书计划,研究兼职工作……来到学校,我们就应该告别任性的慢节奏,开始奔跑的节奏。也许你会觉得很累,假期还没有休息过来,国外回来的同学时差还没有调整好,还有同学还在返校的路上。但是,我要提醒你,已经有同学走在了你的前面,有同学已经开始研究出国申请了,有同学已经开始主动请缨来做学生助理了,可能有点太快,过于倒逼了,这个社会就是如此,这就是现实。

4. 入学适应完成,摸索生涯规划

我一直唠叨,上学期是入学适应,适应学习、生活、人际和导师等;这学期开始寻找自己兴趣了,为自己的梦想确定自我发展目标了,多和过来人聊聊,多向班主任和导师请教一下,多多参加交流活动,正确定位自己,提升自己。生涯规划,不只是到了毕业才开始想的事情,而是一直思索前进的过程。

到了毕业时再想这个事情肯定晚了，我们迟早要走入社会，面临工作，学生时代只是个过渡而已。我希望各位能够提前去学部网站—学生园地—求职就业—就业辅导栏目看看往届学长都去了哪些单位，干什么样的工作，再结合自身的情况，描绘一个自己发展的蓝图。

5. 一起做大"四叶草教育感恩基金"

四叶草教育感恩基金，是我带着2010级教育教管的本科生在2011年做起来的，做了三年的时间，然后他们毕业了。这三年的时间里同学们做了很多的工作，一对一帮扶资助了近120名贫困地区中小学生，现在已经有学生上大学了，还为白血病患者募捐，周末开展支教活动，同学们参与积极性很高，捐了不少钱，受益匪浅，社会反响很大。目前还有两万余元的基金，我想通过咱们这两个班一起再把它做起来，让更多的同学在这个平台上受益，培养大家感恩社会、服务社会的心，毕竟我们是教育人。关于这个基金的介绍，可以上百度百科了解一下，我们下一步要重组"四叶草教育感恩基金"管委会，希望原来的元老乔善斌等同学能够继续出力，欢迎更多同学加入做公益。另外，学部已经发出通知，评奖评优以及入党都需要志愿服务时间，这算是我们自己的一个平台吧，希望各位能够支持和参与。

6. 把握机会，让自己的人生出彩

各位，机会不是等来的，肯定是自己争取来的，我想，这一点大部分同学应该会认同。但是，各位想想，北师大这么多的资源和锻炼机会，你把握住了多少呢，利用了多少呢，你出彩了吗？不说北师大大师的资源，单说我和你的关系，你是否来过我的办公室，是否和我探讨过问题，我手里的资源你知道多少，利用了多少？我的邮件你是否用心读过并回复过呢？更极端点，你的手机里是否有我的电话呢，没有的话，赶紧百度一下吧。我比较信奉一句话："一个人的目标和发展水平是随着能力的提高而不断提升的"，我认可，我也努力地去做了，争取做个积极主动的人，学习、工作、私事和公事从不拖延，努力争取能够够到的机会，让自己的生活丰富，让自己的人生出彩！我们的年龄相差无几，希望你们能够多和我交流，多多把握机会，让自己的人生出彩，你知道吗？我就靠你们的人生出彩而找寻自己的价值呢，你不会不满足我吧……

祝各位新学期有新收获，欢迎各位来电来信，多提宝贵建议！期待你们的反馈！

爱你们的邱哥

九、好聚好散，你是我的牵挂

亲爱的同学们：

大家好！

我们师生一场或者是兄弟姊妹一场，历经不长不短的四年时间，好聚好散吧！在这最后离别的日子，我还有些话想和大家分享，请花点时间看完。

四年前的这个时候，我以学生事务助理的身份留在教育学部工作，计划由我来做教育教管班的班主任，第一次将成为班主任、人师，我内心充满了期待、兴奋、忐忑和责任，感觉自己的教育梦一下子要实现了，辛苦付出十几年的苦楚一下子解脱了，我自己立志要把我带的学生带好，所以在你们入学前两个月，我就开始策划对你们的教育方案，两个月的暑假，我检索了大量的国内外资料，回顾了自己大学四年的成长经历，特为此制订了"领先一年级计划"，把我带的学生定位于拔尖创新型人才，希望在我的呵护下能够健康快乐地成长，把各位培养成有梦想、有责任、知感恩的社会优秀人才！

经过近四年的实践，我感觉我的"领先一年级计划"在我们班学生身上是成功的，虽然到现在为止，还有几名同学没有完全落实去处，但是我对各位是有信心的，班里绝大部分同学的发展还是达到了自己的目标，能够比较满意地结束四年的大学生活，这就是很难得的！四年的时间里，我对各位犹如兄弟姊妹一般，直接或者间接地关心着每个人的动态，从你们入学、家长见面会、军训、班会、入学教育、各种考试、参观国子监到社会实践、学期班会等多种活动，只要我有时间我就会深入男生宿舍，约谈同学；通过写邮件、写感悟、写家书、联系家长等多种方式接触各位，给各位建立了成长档案，到目前已经累积了30余万字的文字材料，并已结集成册。在这四年的时间里，我要特别感谢以钱鹤鹏为首的班委同学，班委为班级同学付出了很多，当然他们在付出的同时也得到了很多，我们班多次获得了市级、校级荣誉，我们在一起创立了"四叶草"，一起募捐，一起资助贫困学生，一起支教，你们还成立了各种兴趣小组，这些都将成为我们共同的回忆。在你们身上我收获了太多，在我眼里，你们每个人都是我学习的榜样，都是我的骄傲！你们实现着我的教育梦，满足着我做兄长和老师的成就感！每当我得知你们取得了成绩时，我都满心的自豪，也许这就是作为老师的一种虚荣心吧，实际上和我一点关系都没有，成绩都是你们自己的，但是内心里希望每个人都有好的发展！

各位，不知是否还记得我在你们入学时说过的一句话："一定要把班集体当作家，这是各位永远的集体，几十年后相聚，不会是某个社团，而一定是这个班级！"在这四年时间里，我也极力打造班级家的文化，我们有班旗、班徽，各种班级活动，极力把大家凝聚在一起，各位在一起相处融洽，相互关爱，没有一名同学掉队，现在看来已经达到了目标。现在各位要毕业了，有同学要出国了，有同学要走向社会工作了，有同学要留在北师大或者外校继续深造，我想各位虽然离开了这个集体，某段时期肯定会怀念这个小家，毕竟我们在一起或喜或悲共同度过了四年的时间，希望以后各位能够以班级的名义共同做点事情。

毫无头绪地写下了内心的一些感受，现在想对各位毕业后做最后的嘱托。

第一，要有梦想。各位，你还记得你刚来北师大时的梦想吗？大学结束你实现了吗？那时候你是否是踌躇满志、信心满满，而如今呢，你还有梦想吗？还有下一阶段的梦想吗？大学四年，你的棱角是否已被磨平，你的个性是多了，还是没有了？你认为你的大学四年是成功的吗？达到了你最初的目标了吗？入学时，你们站在同一起跑线上，现在你是佼佼者吗？你现在除了计较于眼前的得失还有更大的追求吗？我发出的这几个问题，是被你笑话了，还是触动了你的内心？我希望是后者，希望每位同学大学过得都很充实，实现了梦想或者为自己的梦想奋斗了，无愧于大学四年的黄金时光！但是，每个人都做到，这很难。当然，没做到也不要紧，任何一个时间点都是我们梦想的起点，只要你还有梦想，我们就不是失败者！各位，我是个有梦想的人，所以我想我的学生们、兄弟姊妹们也应该有梦想，如此，才能有前进的动力，才能将你占有的资源和你的潜力发挥出来，才能不辜负我们含辛茹苦的父母和期待满满的师长，最终才能成就自己。各位牢记自己的梦想，为之奋斗吧，着眼于当前，放眼于未来！

第二，要做好人。各位，我提这个要求，也许你更会笑，自认为已经是个好人，不错，我们现在也许都是好人，但是永远做好人，那可是难事！我们是学教育的，以后大部分同学都要教育别人，至少得教育子女吧，做好人是个原则问题！好人，很宽泛，好人，得诚实吧，得靠谱吧，得讲原则吧，得正义吧，得求真吧，不能贪污腐败吧，不能好色忘义吧……我们是北师大毕业的，算是社会的上层精英了，以后我们对社会的贡献能力要高出一般人，但是如果我们没有做好人，对社会的危害也肯定是一般人的好多倍。所以，各位一定要严格要求自己，做一个堂堂正正的好人，一个出于北师大教育学班的好人，好教师、好工作者！

第三，要会感恩。各位，"感恩"这个词，也许更虚、更假，但是感恩的确是我们应该做的，现在这个社会过于浮躁，过于追求功名利禄，把感恩早都抛掷脑后了，无论是自己应得的利益，还是不应得的，都会千方百计去争取，而不会去考虑社会更需要的群体。如果我们班的同学没有感恩之心，这是我的悲哀，教育教管班的悲哀，北师大的悲哀！愧对于我们的"四叶草教育感恩基金"！之所以强调这个问题，我是看我们社会缺少感恩，师大学生同样缺少感恩教育，我们要感恩于父母、师长、学校和社会，在自己力所能及的范围内为别人做点什么，该出手时一定要出手，拉别人一把胜造七级浮屠！

第四，提升领导力。我们人人有领导力，关键是看自己如何将其发挥出来了。领导力对于我们至关重要，尤其是我们学教育、搞教育的人，各位想想，我们没有学科专业背景，做老师不如师专生，做理论不如研究生，还能干什么？能做的就是领导这些师专生和研究生，实现我们的梦想。清华的学生之所以牛，不是因为他们专业学习水平高，而是因为他们有较高的领导力，能带领团队做事情，能领导一个国家！这一点，我们是相对欠缺的，各位在你还有足够时间和平台的情况下，一定要重视领导力的培养和提升！

算是最后的嘱托，只说四点，多了无益！现有两个要求向大家提出，在毕业之前，请各位花点时间给我提交两份材料，一是大学四年自己的总结和展望（题目自定），我是一直非常重视总结和规划的，实际上这是领导力的一部分，希望各位能够认真撰写，不是给我交代，是对自己大学的认真总结。我在大学毕业时写过两篇《讨己檄文》《深思熟虑，终归初衷》，希望各位通过此方式给自己一个总结，开始新的征程。二是给我提出和我相处四年的意见和建议，便于以后我的成长发展，我和各位同时毕业，留在学部继续工作，以后还是为人师，所以你们的每一点建议都是我要认真思考的，希望你们能够给我说些心里话，提些建设性建议。希望你们在毕业离校前，能够把这两份资料发给我，算是纪念吧！不给我，我会跟着你要，直到你给了我。

祝各位前程似锦，一生平安，做一生好人！

你们永远的班主任大哥

化民成俗

十、毕业的你们，现在还好吗

亲爱的兄弟姊妹们：

你们好呀！

快过春节了，邱哥虽然有了新的学生，但是依旧割舍不下你们，依然不断思念我们在一起奋斗的美好时光，依然在大脑中想象着你们每个人的面孔，总而言之，挺怀念你们的！所以抽点时间给大家写个简短的邮件，问问各位这半年的情况，说不上汇报哈，只是作为老朋友想了解你的近况如何而已，别无他意。

首先，说说我自己的情况吧，邱哥和你们一起毕业了，算是各方面都比较圆满吧，继续留在学校做辅导员，还是负责之前的工作。因为工作轻车熟路了，所以主动请缨，今年带一个本科班和一个研究生班，现在是两个班级的班主任，我对他们和你们当年一样严厉和苛刻，照样给他们布置寒假作业，咱班的善斌和马跃不幸再一次成了我的学生。工作上的事情也就这么多，并无多大进展，半年多的时间还是看了不少书，邱哥老土一个，没有啥追求，只能在工作之余多读点书，弥补过去的缺失。生活上你们都知道了，在你们的帮助下，我已结婚一年有余，但是还没有造人的计划，你们要当叔叔阿姨还得等个一年半载。

我的情况比较简单，我想了解你们这半年多的情况，无论你是在国内外读书，还是境内外工作，无论你是否单身还是即将迈入婚姻的殿堂，抽点时间给我写几句吧，发几张照片，留个地址和联系方式，说说你的近况吧，我希望我们永远在一起，更希望各位能够在学习和工作之余常常相互联系，常常回到母校，我请各位吃食堂。

祝各位新年快乐！提前拜年啦！祝身体健康，事业有成，阖家幸福！

爱你们的邱哥

部分同学的回信摘录：

1. 李天一

很感谢邱哥繁忙之中还惦记着我们这些娃娃😁，预祝邱哥春节快乐！

还在上班的孩子伤不起哦。哈哈，我们还要再上 9 天班才放假。

今年在北京一切都好，在公司内发展还好，领导比较认可咱的能力，自己也在努力学习房地产领域知识，努力提升人力资源专业能力和经验，按照公司安排，开春了预计会被外派到新项目上负责综合管理部相应事宜。也希望能够在未来一两年内能够有更大的担当和收获吧，嘿嘿。

手机号未变，准备长期持有，有空常联系。

再次祝福邱哥、邱嫂春节快乐！万事如意！早生贵子！事业蒸蒸日上！

2. 潘越

邱哥：

以前一直叫邱老师，现在突然叫邱哥，还是有一些不习惯，嘿嘿！不过以后会慢慢习惯的啦!

九点半刚下课回到家看到您的邮件,感觉很温暖,被人惦记着真好!

在我心目中,邱哥就是人生大赢家啦,事业和家庭双丰收啊!我要向您学习啦!

我今天穿了一件白色加黄色图案的衣服,结果被老师称为长颈鹿了,是不是很好笑,感觉好丢人哦,嘿嘿,似乎来了香港之后我在课堂上更愿意去表达自己了,跟老师的沟通也更多了,这边的学术氛围很好,我很喜欢,粤语和英语授课的模式我也在努力习惯,只可惜今年11月就要毕业走向工作(虽然以后有读博士的打算,可能会接触下社会缓一缓再念吧),所以倍加珍惜读书的机会。生活上,我和婉儿成了舍友,我们还和以前一样"甜蜜",我还学会了很多家务事,厨艺也有了长进(因为快餐很少有蔬菜,所以有时候会在家做),但最近因为reading和考试、论文太多没空在家做饭又不习惯偏西方的饮食习惯,所以胖了一些,就不发照片啦,等我瘦了再发,我要努力健身!!!

春节就要到啦,因为假期太短,我今年要在香港过年啦,还是第一次不回家过年呢!

邱哥新年快乐,和嫂子要一直幸福下去哦,以后去江苏找我啦!

3. 徐蕾

可爱的邱老师:

您好!情人节快乐!

很抱歉,因为眼睛受伤才刚恢复,所以现在才回信。

非常感谢您还挂念着我们!很开心能够收到这封邮件~我现在在社科院读法硕,跟孟杨在同一个学校。其实原本不太想去,但是家里坚持要我读研。想想只要专业知识学好了,学历的阻力也不会特别特别大,所以就去社科院了。学校在一个特别偏僻的地方,方圆两里地荒无人烟,公交车半个多小时一辆,地铁站在千米开外。学校人数总共只有3000余人,一到节假日,学校就是一座空城,走一圈都遇不到超过5个人。这里老师都还不错,上课主要是讲他们那个研究领域的一些研究前沿,跟本科不太一样,但是跟实践的联系好像不够紧密,自我感觉学得也不算很好……我计划下个学期自己多读点书,然后努力学习,争取把司法考试过了。

我的联系方式没变,您和师姐有时间可以来我们农村散散心哦!

祝:身体健康!万事如意!早生贵子!

4. 李忠蔚

邱哥好！

看到你的来信心里很温暖，出国之后更加怀念在师大的时光，谢谢你的问候，也很高兴得知你在师大一切顺利。

我现在剑桥还算顺利，学习自然很忙，但觉得生活充实，每天都有新的收获。现在正在准备博士申请，争取可以拿到全额奖学金，继续学业，如果有进展一定告知！说到食堂真是非常想念学五乐群，夏天回国一定要回师大回味一下！

祝邱哥身体健康，工作顺利！也提前给你拜年！

5. 熊昱晨

亲爱的邱老师，新年快乐！对不起没有及时回复，最近刚开学各种作业，所以很久不上QQ邮箱了。

在异国学习中，换专业了所以适应起来有点吃力，加上语言问题，还是蛮累的，但是我会努力，不能荒废这大好时光。

邱老师依然还是那么关心学生，好感动，马跃和乔善斌是幸运，哈哈哈。希望老师工作顺利！

当然还是要多注意身体才好，记得您貌似因为工作太忙导致胃不太好？身体是革命的本钱！希望老师身体健康，身心愉快！

以及，祝邱老师爱情甜蜜，家庭幸福，哈哈哈！早日让我们当上叔叔阿姨！

祝好！

十一、用我的话照亮你前行的路[1]

亲爱的同学们：

作为有着五年学生工作经验的班主任，在新学年伊始，我有一些话要写给北京师范大学的新生，希望能为你们点燃一盏明灯，照亮你们即将开始的五彩缤纷的大学生活，为你们的大学梦启航。

1. 要做一名有梦想，并能持之以恒、为之奋斗的大学生

大学是个梦想之地。其实每个大学生都有梦想，只是大小、远近不同而已。如果你的梦想太大，可以将它具体到一个个阶段目标。比如，首先明确自

---

[1] 邱化民. 写给新生 [J]. 北京教育（德育），2014（10）：71-72.

己大学阶段的目标,这个目标可以是读更多的书,增加自己的涵养,提升自己的素质能力,积累自己的文化资本、社会资本,或者是发挥自己的潜能,创造更大的价值,目标确定之后,就应努力为之奋斗。如果刚刚开始新生活的你还在迷茫,不知道想通过本科或研究生阶段的学习达到什么状态,那就做好眼前的事,不虚度每一天,做到每天有目标、有计划,让每一天都过得有意义。

如果一个人在他人生的黄金时期都没有梦想,那是一件非常可怕的事。在校园里,我看到过不少这样的学生,他们具备优秀的学习能力,以优异的成绩考入北师大,但是他们没有梦想、目标和追求。因此,离开了父母的耳提面命和老师的谆谆教导,他们便迷失了方向,开始堕落,他们不去上课,不参加集体活动,甚至不参加考试,不写论文,不找工作。一些学生因此被劝退,一部分肄业的学生甚至走入犯罪的歧途。这些学生因为没有梦想,毁掉了最美好的青春年华,辜负了含辛茹苦的父母,同时也败坏了学校的声誉。

大学生更要有梦想,更要脚踏实地为之奋斗。大学,不同于中学,一方面你们中的大多数已经是成年人了,有着独立的思想;另一方面,大学学习环境宽松,学习资源丰富,可以使你们充分安排自己的时间,做自己想做的事情。很多学生认为,大学生活相比中学更加自在、自由,无拘无束,我认为并非如此。因为要想成功,就要为自己的梦想奋斗,要比其他学生多付出,要做他人不愿意做、不敢做和做不到的事情。走进大学校园,你会看到很多学长行色匆匆,奔波于自习室、实验室之间,这是他们实现梦想、走向成功的节奏。

2. 要做一名以学习为本职、综合素质过硬的大学生

无论是本科生还是研究生,最基本的任务都是学习。有的学生认为,进入大学或者研究生阶段就可以放松了,于是产生"必修课选逃,选修课必逃""60分及格万岁"的想法;还有的同学说,对自己专业不感兴趣,是因为老师讲得不好,或者认为课程没用……这些都是借口。一位教师曾说,"人生会面临很多选择,要么选择你喜欢的,要么喜欢你选择的。"上大学是你自己的选择,学习自然是学生的义务。北师大是一所非常注重学习的学校,挂科过多的学生会被劝退;英语考试不通过或毕业时尚有挂科情况便不会被授予学位证和毕业证;学校的所有"评奖评优"优先考虑学习成绩,如果你没有拿到专业奖学金,学校的大部分奖项都会与你无缘,这将直接影响到申请保研和就业。

大学里有太多的学习资源,课堂、图书馆、国内外的大师等都应该是大学生成长的阶梯。一些学生没有好好利用这些资源,在学校期间没读过几本书,没听过学术讲座,一些研究生没有做过研究,没有发表过文章,最终浑浑噩噩

过完了大学生活，平平淡淡毕了业；而另一些学生则在无数个教室都留下了自己奋斗的记忆，最终去了剑桥、哈佛这样的学府继续深造，或者找到了自己理想的工作。在大学这个殿堂里，大学生一定要谨记自己的目标，不能漫无目的，要时刻用学习武装自己。

学习能力是大学生的基本能力，大学生还应该具备更加综合的素质能力。强调学习的重要性，不是让我们一味地读书，死读书、读死书，而是要在读书的过程中去提升能力，通过各种平台去锻炼自己，培养自己"站起来能讲，坐下来能下，静下来能思，跑出去能干"的本领，只有这样才不会留下"大学生种地不如老子，养猪不如嫂子"的笑料。要培养和提升综合能力，就要多参加各种实践活动，充分利用课余时间走出学校，甚至是国门，做一些兼职活动和支教调研活动，以此开阔自己的视野，丰富自己的阅历。在大学里，要学习的不只是知识和技能，还要学习培养和塑造自己的情感、态度和价值观。能考上北师大的学生在智商方面应该都是不错的，而且水平应该相当，那为什么通过本科或者研究生阶段的学习后，学生之间会有那么大的差距呢？我认为这取决于学生个人的领导力和规划自己、影响别人及统筹团队的能力。大学期间的重要任务之一就是开发自己的领导力，通过培养和塑造自己的情感、态度和价值观，积累社会资本，利用学校平台提升自己。

3. 要做一名能抵得住诱惑，耐得住寂寞的大学生

不得不承认，现在你们面临着太多的诱惑，各种网络新媒体会让你应接不暇，网络游戏的厮杀声向你传来，路边情侣的缠绵会让你羡慕不已，各种肥皂剧让你天天紧追不舍……如果你被这些景象所诱惑，这预示着你的大学生活将走向平庸，预示着你将离成功越来越远。来北师大读书的你们，绝大多数不是"官二代""富二代"，而是没有太多资本的普通学生，你们肩负的是父母殷切的期望。因此，在大学里，你们应该持之以恒地去拼搏，去为实现自己的梦想而挥洒汗水，而不是去潇洒地享受。当你面临诱惑时，当你把过多的时间浪费在玩乐或者感情上时，请想想自己的梦想，想想为你劳累奔波的父母，督促自己做一个抵得住诱惑的大学生。

耐得住寂寞就是要去除浮躁，不要随波逐流，要有自己的思想。大学应该是思想的高地，但是受一些浮躁风气的影响，一部分教师和学生已经很少能够静下来思考了。刚入学的你们，要静下心来多读书，尤其要多读哲学、文学、史学、艺术等领域的经典；要静下心来倾听大师的心声，深入挖掘思辨他们的思想。在我们这所研究型的大学，需要风风火火的做事风格，更需要平心静

气、耐得住寂寞的品性，要能坐冷板凳，多去思考、研究和创造，只有这样你才能成为一名合格的、有非凡领导力和美好前程的大学生，成为一位拥有独到见解的思想者、研究者和创新者。

十二、这个假期我们要注意什么

亲爱的同学们：

我们马上就要放假了！内心有点小激动吧……但是，你是否感觉这学期过得很快呢，这学期是否有收获呢，无论是学习、生活还是感情都算；这学期是否已经适应了北师大的生活了呢，是否对下学期有新的憧憬呢……

是否感觉自己是大学生了，不需要我这个天下最小的主任来唠叨了呢？但是，我还是情不自禁地从我个人的角度通过邮件和你交流一下，原计划要开班会的，但是怕耽误你们的时间，只能出此下策了，希望你花点时间浏览一下。

首先，表达一下我和你们在一起相处的感受。我对咱这个班非常花心思，时时处处总想为班级同学做点事情，回家的话题也经常是班级的事情或者是班级的某位同学。爱人对我的评价是"你真是爱你的学生，胜过爱我！"我笑呵呵地对答"我不只是爱我的学生们，而是恋爱着他们"。和你们相处这半年时间，感觉自己挺幸福的，你们每个人都给了我很多正能量，当然接触多的给我的能量更多，也希望你们能够更加积极地来接触我，我没有把大家当外人，你们都是我的兄弟姊妹。希望我的成长经历能够对你们有所借鉴，我们彼此共同成长。

第二，我要表达一下对你们假期的要求，部分同学应该看到了我在QQ上发的"放假不是让你过年的，而是让你自我提升的，弥补与他人和过去自己差距的！"当然，我的话有点不尽如人意，甚至有点过激，但是供你们思考。假期这么长时间希望各位好好利用，利用好了你会收获很多，利用不好也就吃喝玩乐地过去了。关于假期，我提出以下要求。

1. 安全意识记心间，防抢防盗防诈骗

近期，抢劫、偷盗、电信诈骗（包括手机诈骗、网络诈骗）等案件非常猖獗，前两天我差点上当受骗。在此提醒广大同学，外出一定妥善保管好个人物品；离校前贵重物品（如电脑）一定要落锁或带走；若宿舍无人，一定关好宿舍门窗。外出时要提高警惕，不要轻易相信陌生人的短信、电话，即使自称学校老师、班主任，一旦涉及钱财，一定要多方核实；不要贪图便宜；不要轻易相信中奖、航班取消、包裹违规、民意调查等涉及钱财、个人身份信息的短信电话；做兼职或找工作，一定慎重核实相关信息，多与家人沟通商量，不要心急，以免上当受骗或误入传销陷阱。希望各位能够有很好的自我保护意识，最近大家都知道"女大学生安全事件"，希望大家引以为戒，能够安全回家，安全回来，年后我等着大家一起团聚。

2. 做好本学期总结和下学期计划

通过和班级所有同学的座谈发现，大家对第一学期的适应没有问题，但是感觉时间过得太快，收获没有预想的多，可能部分同学会有懊悔之感，当然也有部分同学感觉收获满满，也有部分同学无所谓。实际上，第一学期各位经过自己的大学适应、努力和拼搏，你们的差距已经逐渐显现，你们积累的资源已经有所不同，你们与自己的梦想远近也有了不同，这可不是夸张呀，也许你还没有察觉，但是我作为旁观者可是看在眼里、记在心里啦。所以，我建议各位利用假期时间对自己第一学期充分反思一下，认真总结一下自己的学习、生活、工作和情感，重温一下读大学最初的梦想，看一下哪些已经做到了，是否达到了自己的预期，还有哪些还没有做，什么原因没有做，是客观的原因还是自己的原因。没有达到的目标是否要克服困难继续探求下去，还是想放弃了……同时，请各位根据自己的总结、现状、兴趣和梦想，详细列一下自己下学期的计划，可以长，可以短，但是要切实可行，具有可行性，看能否找个同学下学期做个监督。希望在开学前能够给我发一下你的总结和计划，不做强制要求，根据个人想法(个人发展，靠我督促就不好了)。

3. 有意识地做自己的职业生涯规划

我做学部毕业生就业指导工作，一是学部毕业生就业率比预想的低，总会有部分学生找不到合适的工作，先在这里给各位提个醒；二是学部很多毕业生就业目标不明确，不知道自己将来要干啥，实际上从来没有做过职业生涯规划。这两点给我们的启示是"我要做个有准备的人"，而非是到了毕业时才去纠结找什么样的工作，到了毕业时才知道自己还有哪些能力不足，到了毕业才悔恨很多事情没有做。为了避免看到部分同学的惨状，我作为班主任需要提前给各位敲一下警钟。第一学期是适应，你自己适应得怎么样，就只能是这样了，没有时间等你再适应了。第二学期就应该做个人的规划了，你是工作、继续深造还是出国，需要思考了。工作，做什么样的工作，自己的哪些能力比较欠缺，需要去有意识地弥补；继续读书，要读啥专业，为啥要继续读呢；出国，为啥要出国呢，出国要准备各种英语考试，都需要提前准备。

啰啰嗦嗦就写这么多吧，写多了你们也不愿意看。之前我给上一届学生布置过寒假作业，你们有时间可以看看。另外，放假回来我们第一周开本硕班会，需要每位同学展示假期的活动，请各位提前准备一下，分享假期的收获，大约每人五分钟。另外，希望各位能够安全如期地回到学校报到！这是最重要的！

最后，祝愿各位亲爱的同学新年快乐，学习进步，阖家欢乐！多陪陪爸妈！

十三、我想和幸福的你们唠几句

诸位亲：

时间过得就是快，你已经入学三个学期，成为了大二的学长；而我呢，已经到了而立之年，成为了孩子的爹，有感慨，更有期待！今天特别想和你们唠几句，你可以挑重点或者黑体字看一下，希望对你能有用！

1. 我想说，你每次的选择都要三思，多打听一下，我可以做你们的咨询师

从昨天开始分专业方向选课了，我想大部分同学是有自己的想法的。我个人认为，专业方向的选择要与自己的职业生涯一致，要与自己本科毕业后的方向，与自己的就业方向相一致。当然，你现在想换专业、重选辅修，甚至换院系都还来得及，我在这方面有些经验和研究，你可以抽时间来找我聊聊，最近有部分同学来找我，表示明晰了方向和目标，当然还有多位家长与我电话、微信沟通，但是这样解释不清楚。这是专业的选择。我们再谈下交友的选择，经常听到各位要脱单的愿望，心情我理解，我认为交男女朋友也要三思，不要随意地答应人家或者是承诺什么，男女朋友的感情最好是建立在各方面都能相互促进的基础上，千万不要出现经常拌嘴、整天心情不好、双方不愉快的境况，既然是两情相悦，就要用心去经营这份感情。当然，我是鼓励大家谈恋爱的，虽然我大学没有谈过。

2. 我想说，你每次的参与都应有收获，多尝试一下，我可以为你们搭建平台

我认为，我有你们而成为班主任是非常幸运而幸福的，你们每个人都很有才，比我有才多了，能天南地北聚在一起，实属天大的缘分，是你们给了我做班主任的机会，我特别珍惜与你们在一起的机会，喜欢你们中的每一位。我们班成为团中央第一书记联系的团支部，我替你们感到幸福，学校为我们创造了如此好的机会，可以向全国的高校展示风采，可以去井冈山实践，可以借助学

校平台做专题研究。当然，这个过程中，你们承担了很多，尤其是班团委，我相信这个过程你们成长了。这个班级是大家的，班级的成长要靠大家，需要每个人的参与，我们不能只想着从班级、学校获取，而应该要想想如何为班级、为学校做出自己的一份贡献。有同学可能会认为，参与这些事会耽误学习。从相关数据来看，恰恰相反，看我们的班团委不但工作干得好，成绩也没落下，反而成上升趋势！我相信，只要积极热心参与，不要抱着打酱油心态就会有收获，何况，我会在后面做后勤保障。希望今后班团委积极利用学部学校平台多设计活动，班级同学多多参与，展现才华，凝聚班集体，在多少年后，我们才会有很多美好的回忆。

3. 我想说，你每次的出行都要注意安全，多小心一点，我愿做你第一时间的联系人

马上要放假了，你们回家的那张车票都早已买好了吧？你们考试很多，我本想给大家开个班会的，看你们这情况也很难开成，干脆在这信里嘱咐几句吧，无论你假期是回家、出境出国还是调研、走访等都一定要注意安全。爸妈把咱养这么大实在是不容易，我现在有孩子了深有体会，该买保险的一定要买保险，外出的一定要告知父母，甚至是要告知我一声，我愿意了解你们每个人的动向，分享你们每个人的幸福。过年过节的，小偷也挺忙，诈骗也不少，都要多加防范。我认为，假期里一定要干些有意义的事情，比如陪伴父母、做些家务，顺便调研、准备下学期课程，为职业做点准备等，不要让一个多月昏昏欲睡过去。

好了，唠叨不少，实质内容并不多，我只想和大家说说心里话，把我的期待写出来、感情表达出来。对了，接下来我会陆续再找同学面对面聊，不要有压力，我也会邀请同学们到我遥远的家去做客。

祝大家诚信考试，取得好成绩，安心过年，平安顺利按时来报到、来分享！

十四、请你们接受我的真情表达

诸位亲：

今天是2016年的最后一天，我想，你可能正在忙于期末的众多考试，我建议你今天与宿舍的小伙伴或者是亲密的朋友聚一下，吃顿好的，总结下你的2016，畅谈一下美好的2017，我想你肯定有很多的感慨。

在这岁末年初，我和你们唠几句，你可以挑重点或者黑体字看一下，希望

第七章 守望大学生主体性发展

对你能有用！刷刷屏，换个心情！

1. 我热爱我们这个班集体，我会努力做我能做到的，希望你给我提需求

之前我已经讲过，我之所以带一班和二班，是希望两个班级在比较与合作当中共同成长，在不同班级特色的情况下对比实验着建设，不知各位在这个小集体当中是否有较大成长和收获？一班被选为团中央的联系团支部，对于咱班我是有愧疚感的，所以我格外关注咱这个班、关照班里每名同学的动态，我努力了解你们的成长需求，努力为你们创造机会和搭建平台，总怕你们在比较当中感觉失落，所以经常找部分同学座谈，提供实习实践机会，组织大家到红黄蓝参观交流，将"四叶草教育感恩基金"设在咱班里。学部、学校能够为大家提供的机会。都很多，希望大家能够充分利用。当然，我也是你们可以利用的资源，努力提升自己的各方面能力，全面发展。大家是否还记得我曾说"大家入学时都差不多，但是到了四年毕业，你会发现周围同学的差距还是很大的，关键在于自己的努力！"希望各位总结下过去，想想你接下来的成长需求是什么，找我聊聊，看我能否帮得上你。

2. 我喜欢你们中的每一位，我会努力支持你们的成长，希望你人生出彩

前几天的元旦晚会大家都参与了，看到了精彩的演出，这里面的骨干都是咱班同学，看你们的领导力这么强、才艺这么多元，我是何等的自豪，比我多才多艺多了！我给你们做好后勤保障。我们这个班是比较多元的，有转系过来的同学、有师范生，在地域上更是境内外都有。我们班人才辈出，有文博这样的政治明星，张刘依然这样的体育奇才，梦雪和开一这样的学工达人，慧真和紫屏这样的中国好声音，当然还有敬天、晗月、沈玲这样的公益人士，卓尔和逍航这样的学术达人……你看你们比我当年上学时候棒多了，我没有理由不支持你们吧？希望我们班接下来能够将师范生的学前教育特色发挥出来，是班级每位同学都会受益的特色，尤其是师范生同学，对你的专业成长极其重要。希望我们班接下来将"四叶草教育感恩基金"发扬光大，咱班大部分同学都参与过，但是效果还远不够，希望它能够作为你们志愿服务的一个平台、实习实践的一个平台、凝聚大家的一个平台。

3. 我关心你们中的每一位，我心系你们的成长发展，希望你健康快乐

这段时间，我们班部分同学身体抱恙、心理压力过大，我没有及时关心到每一位，部分同学或者是家长告诉我后才知道，在此深表歉意。希望大家一定要注意身体健康，北京天气寒冷干燥、雾霾不断，大家要注意添衣保暖，多喝热水，选择锻炼，有状况及时就医；注意适当减压，我知道你们学业压力比较

大,但是要学会适应和自我调整,多交朋友,多渠道放松,有问题及时咨询;学业上有困难的、家庭突然遭变故的、感情上受挫的、经济上有压力的同学,及时找我寻求帮助,千万不要一个人硬扛着,你们最大的幸福应该是还有我可以做你的终极依靠!当然,同学们要相互关心、关照和关注,尤其是一个宿舍的同学,雪绒花使者和班委也多发挥作用,争取让我们每个同学都不掉队。

好了,就唠叨这些,我只想和大家说说心里话,把我的期待写出来、感情表达出来。关于专业选择、假期安排等事宜我在一班说过了,大家可以去看看。接下来我会陆续再找同学面对面聊,不要有压力,我邀请同学们到我遥远的家去做客。

祝大家诚信考试、取的好成绩,安心过年、平安顺利按时来报到、来分享!

十五、亲,你现在的状态如何?

各位亲,新年好!

虽然现在还没有开学,我看到大部分同学都已经回到了校园,开始为找工作、实习、写论文、做科研等一系列事情忙碌了。总体来讲,大家的状态应该是不错的,为你们而高兴。

年前就想找每个同学单独聊聊的,但是你们都很忙;那就想给你们写封过年的信吧,但是想想还是放在年后的开学初吧,如此,各位不会因为我的信而过不好年,所以,这封信比较迟,希望对各位有益无害。

各位,你们是我工作开始带的第一届硕士班,我格外重视,尤其是你们每个人的职业生涯成长。在你们被北师大录取后,我让昌健帮着收集了你们每个人的简历,不但是为了入学初了解你们每个人的状况,也是为了每学期、每学年的关注。时间很快,一晃的工夫,你们要毕业了,上学期我请班长又收集了你们的简历,我对照发现每个人在这两年多的时间里做了大量的科研项目、实习实践,并获得了多种奖项,取得了多类证书;每个人都有了惊人的进步、出乎意料的长进,比我当年幅度大多了,为你们而自豪!现在各位已经是硕士的最后一个学期了,我想,各位现在的状态应该是差不多,是忙碌、忙乱还是迷茫?各位现在的心情应该是不同的,是焦虑、平和、满满还是爆棚?

针对现在各位的状态,我想说一下我的看法,仅供各位参考。

先说,正在找工作、计划找工作的同学。我们班大约有一多半的同学要就业,这里包括已经有三四名同学已经搞定了工作,二十多名同学正在坚持不懈地努力找工作，还有近十名同学在观望考博成绩出来后决定是否找工作。我先说一句鼓励的话：以大家的水平找个工作没有任何问题，找个满意的工作可能相对难些。所以，大家要根据自己的基本情况，不断地调整期望值，不断明晰工作单位和工作岗位。总起来讲，今年的就业形势同样严峻，尤其是北京的户口指标不断压缩，如果你想留在北京，要解决户口和编制，进高校、进中小学是相对容易的，但是存在的问题是，某些区县教育局的规定我们的专业落户可能有些障碍，这需要公关应聘学校让他们想办法，只要是努力总会有惊喜和机会的。选择了体制内的户口和编制，这是在京的第一步，否则就是我们讲的"北漂"，很多相关的待遇无法保障，当然，在中小学校工作，显性的待遇并不是很高，工资一般。我说的都是比较实际的，如果你一定要户口编制，就得有所取舍，比如放低工资、选择郊区县等。选择高校辅导员是不错的，待遇相对好点，但现在要求大幅度提升，比如北师大辅导员要求博士学历，各位没机会了，而很多高校的辅导员也逐渐取消户口编制了，但是工作的平台相对大些。有同学到现在为止还没找到合适岗位，开始着急了，我说：没关系，淡定出击！到目前为止，很多单位招聘职位还没有出来，年前只是物色人，即使是找到人了，但是指标依然没下来，也就是说，很多单位还会再招、补漏等，现在你需要做的是时刻准备着，随时出击！再说，"找到工作没有签约、但是我还不甘心"的情况，很多人很多时候都会这样想："下来会不会有更好的单位，我现在是不是屈才了！"我是这么认为的：选择一个单位时，要慎重分析，比如用SWOT分析下，这个单位到手了是否是你真想要的，如果不是，果断放弃，让给别人补漏；如果是的话，早点开始上岗吧，入职适应很重要！人生抉择，一定是要有取舍的，不能脚踩两只船、犹豫不决。

再说，计划读博士、可以读博士的同学。两位班长将班级同学毕业意向调查给我时，我还是挺诧异的，没想到我们班这么多学霸，这么多同学选择了博士，选择做学术！这当然是好事！我支持！大部分同学依然选择了北师大教育学部，选择在这里深造，为此积极努力地准备着。我想说的是，各位未来的博士，选择读博也要慎重，读博是一项艰巨的工程，而读完博做学术又是一项艰难的长征，除非你乐在其中，不要盲从，同样要想好了再开始。现在的博士学位攻读难度逐渐提高，毕业率大幅度降低，积攒了一大批延期博士。博士毕业了，依然要选择工作，所以，各位读博士要有个长远打算，想做学术，读博士，博士期间一定花大力气做科研，千万不要因读博而荒废了多年。假设你读博士了，我再说一句：读博士，不要死读书、死做科研，同样要参与多种社会活动，努力全面发展、全面提高，不要只锻炼了智商，降低了情商，那真成了傻博士。

　　最后，重点强调接下来的时间应该如何度过。各位，不好意思，我开始倒计时了，离各位硕士毕业的7月1日，你还有四个月的时间，这段时间你将如何度过，希望各位能够给自己一个明晰的计划。比如，第一，尽快完成你的大作——论文。无论你是否要读博士，是否是你想要做的论文，是否已经满意的完成了，但是，我劝你一句：请你对你的论文多花些心思，多投入些精力，一定要把你的论文做到你满意的程度，再去找老师看。这是为什么，因为论文是你三年的成果，是检验你水平的标准，是你自己给自己的交代！也许你的论文在将来会被你的子孙看到，希望你能够很自豪地说起这段经历。第二，抓住毕业的尾巴追逐梦想——终身大事。我说的终身大事，是指未来的发展，希望大家都能在毕业前搞定自己的工作、博士和出国事宜，最好不要拖到毕业后再去解决，当然，特殊情况也是没办法的，只是那时候你的状态不一定很好！如此，你的毕业会相对比较轻松。如果你工作定下来了，最好是提前到用人单位实习或者入职，提前与领导和同事磨合；如果你读博士了，最好就要跟着导师读书、做科研了，不要做读博前紧追导师、读博后找不到人的不靠谱博士，提前给自己做个三年博士的规划。再进一步，自己的事业定下来，缘分到了，可以加深自己的恋爱进程，谈婚论嫁了，我等你们的喜糖、喜酒。第三，我要强调一下最后一个学期班级活动、团体活动不能少。也许你很忙碌、忙乱和茫然，但是多参加点活动、多交流一下，可以调试你的状态，减轻你的压力，希望班委、团委、党支部的同志每个月组织一次活动，哪怕是在一起吃个饭聊个天都是可以的。

　　各位，我和你们的年龄差不太多，你们现在的经历在几年前我刚经历过，所以有什么想不明白的、想找人帮忙的都可以来找我，当然，我会陆续找大家过来，聊聊你的状态。最后，用习总书记的一句话来结尾，有信念、有梦想、有奋斗和有奉献的人生，才是有意义的人生！祝大家前程似锦！

后 记

2010年9月，我作为学生事务助理担任了2010级教育教管班班主任，他们是我带的第一批学生，他们的成长承载着我的希望和教育梦想，我对这54名学生关怀备至，呵护着每一名学生的成长。经过四年与同学们的共同努力，这个班集体成为北师大十佳班集体、标兵团支部，荣获了北京市十佳班集体等多项荣誉。在班集体的组织管理方面，我积累了较多的经验，同时对大学生的成长发展也有了一些教育研究和思考。针对当前大学生的特点，学生工作最应该做的不只是工作方法的开拓创新，更重要的是形成推动大学生成长发展的理念。

2014年9月，我开始担任2014级教育经济与管理硕士班、2014级教育学本科一班班主任，两个班级共计96名同学。根据我的教育实验设想，计划将硕士班与本科班结对子，形成"联帮带"的朋辈互助体系，实验一年后发现，教育效果非常好，硕士班学生发挥了他们的教育影响力，本科班学生也受到了硕士班学生的教育熏陶，同时我也是受益者。

2015年9月，我又再次担任2015级教育学本科一班与本科二班的班主任，设想在"联帮带"的基础上，继续做我的教育实验——一班与二班两个特色不同班集体建设的对比实验，两个班共93人。一个班级主打创新创业教育的特色，培养学生的创新意识，提升学生的创新能力；另一个班级主打生态教育的特色，培养学生教书育人的能力，努力培养学生的教育情怀。我作为教育研究者和教育实践者，在自己的教育试验田里，大胆耕耘，播撒着自己的教育情怀，实现着自己的教育梦想。

我虽然是小小班主任、辅导员，是全国13万高校辅导员中最普通的一员，被赋予了大学生知心朋友和人生导师的使命，直接担负着189名大学生成长发展的育人责任。因为是教育专业出身，心里一直绷着一根育人理念的弦，在导师楚江亭教授的指导下最终凝练出"促进大学生主体性发展"的理念，并在北京师范大学教育学部我所负责的学生工作中实践探索。

本书成果的形成是众多领导、老师和学生共同努力的结晶。

首先要感谢教育学部学生办楚江亭教授、刘立老师、刘姗姗老师、鲁妩媚老师、任雅才老师、赵爽老师和张斐老师，各位领导和老师为我实施大学生主体性发展理念搭建了平台，对我的各项工作给予了极大的包容和指导，才有了我实践探索的机会和如今的成果。

要感谢我曾经带过的教育学部 2010 级教育教管班 54 名学生和现如今四个班级的 184 名学生。他们都是精英人才，在班集体建设中贡献了巨大的智慧和力量，能成为他们的辅导员是我的荣幸，让我对教育实践有了更深的认识和思考。

要感谢为本书理论提炼和实践应用做出贡献的各位老师和同学，他们是王显芳老师、葛玉良老师、刘立老师和罗艺、孙玮、呼丽娟、赵春雪、张文馨、姜绵茹、李凌、彭玉婷、熊玥悦、郑皓月等同学，尤其是罗艺同学为本书理论综述部分贡献了自己的教育智慧。

更要感谢中国教育学会名誉会长、北京师范大学资深教授顾明远先生，能够对本书不吝赐教，并不惜笔墨为本书写下序言；感谢北京师范大学教育学部部长朱旭东教授百忙之中指导本书并精心撰写序言；感谢教育学部滕珺老师、科研办的刘洋老师和曾兰芳老师对本书的指导和项目支持资助；感谢知识产权出版社的国晓健编辑为本书贡献的智慧与力量。

本书的撰写成稿伴随着女儿邱吉阅的出生和成长，女儿的诞生和每天的成长发展，进一步激发了我对人主体性发展的探究，将此书作为献给女儿的礼物，希望她能够健康快乐地主体性成长，同时感谢爱人鲍红玉对我的支持和鼓励。

在研究过程中，参阅和引用了许多学者的研究成果，在此深表谢意！尽管我付出了很大的努力，数易其稿，但由于水平有限，书中依然会有较多谬误之处。敬请各位读者批评指正、不吝赐教。

邱化民
于北京师范大学
2017 年 5 月